W0066329

Oswalt Kolle

Ich bin so frei

Mein Leben

Rowohlt · Berlin

1. Auflage September 2008

Satz aus der Foundry Old Style PostScript (InDesign)
bei KCS GmbH, Buchholz bei Hamburg
Druck und Bindung CPI – Clausen & Bosse, Leck
Printed in Germany
ISBN 978 3 87134 618 7

Inhalt

Von Kiel nach Frankfurt

Noch heute, nach fünfundsiebzig Jahren, spüre ich den Schrecken, wenn ich an diese Nacht in Kiel denke. In unserem Kinderzimmer geht das Licht an und reißt mich aus dem Schlaf. Draußen ist es stockfinster, in der Ferne das Gebrüll von Männerstimmen. Meine Mutter streicht mir zärtlich über das Gesicht, dann muss alles ganz schnell gehen. Sie zieht mir den Schlafanzug aus, und zum ersten Mal, solange ich denken kann, streift sie mir, ohne mich vorher gewaschen zu haben, Pullover, Hose und Schuhe über. Und meinen Kindermantel.

Mutter spricht kaum ein Wort, eilt kurz zu meinem achtjährigen Bruder Peter, der sich selber hastig ankleidet, dann wieder zu mir zurück. «Schnell, Kinder, schnell.» Sie ist so aufgeregt, wie ich sie noch nie erlebt habe. Vor Angst bringe ich keinen Ton heraus.

Nach wenigen Minuten sitzen wir im Auto meines Vaters, dem offenen BMW. Viele herrliche Sonntagsausflüge an die Ostsee haben wir mit ihm unternommen, doch jetzt soll er uns woandershin bringen, das ahne ich.

Als mein Vater Gas gibt, sind die johlenden Männer schon ganz nah. Sie laufen hinter uns her, recken drohend die Fäuste in die Luft, bleiben allmählich zurück, während das Auto immer schneller fährt.

Schweigend sitzt mein Vater hinterm Steuer. Meine Mutter hält mich im Arm, und ich spüre, wie sie am ganzen Körper zittert. Peter kauert sich mit weit aufgerissenen Augen in das Polster des Wagens. Als wir die Stadt hinter uns gelassen haben, fragt er die Eltern: «Wo fahren wir denn hin?»

«Zu Opa Wilhelm nach Frankfurt», sagt die Mutter.

Zu Opa Wilhelm. Das beruhigt mich etwas. Dann kann ja alles nicht so schlimm sein. Den Rest der Reise schlafe ich in Mutters Armen.

So endet jäh meine glückliche Kindheit in Kiel. Wäre er nur eine Stunde später gewarnt worden – die Nazis hätten meinen Vater, den Psychiater Kurt Kolle, festgenommen und eingesperrt.

Vor kurzem stieß ich auf eine Liste mit «bedeutenden Söhnen der Stadt Kiel». Darin war auch ich aufgeführt: «Oswalt Kolle, geboren am 2. Oktober 1928, Journalist, Schriftsteller, Filmemacher, Vorkämpfer der sexuellen Revolution.»

Ich kann die Kieler von heute nicht dafür anklagen, was in der Märznacht 1933 geschah. Aber wenn ich an die tiefe Demütigung meines Vaters denke, spüre ich noch immer Beklemmung. Mir fällt es schwer, mich als Sohn der Stadt Kiel zu fühlen. Und dennoch – ich denke gern an meine Kindheit in dieser Stadt zurück. Nicht nur, weil ich sie bis zu jener Nacht als sehr glücklich in Erinnerung habe. Sondern auch deshalb, weil sich im Rückblick auf achtzig Jahre mehr und mehr die Gewissheit einstellt, dass alles, selbst die schlimmen Momente, seinen Platz in diesem Leben hat.

Butz und der Weihnachtsmann

Meine Mutter war eine sensible Frau mit einem Hang zur Romantik. Sie hat wunderbare Gedichte geschrieben, wenn auch nur zum Privatgebrauch, und seit ihrem achten Lebensjahr führte sie minutiös Tagebuch. Für mich legte sie ein spezielles Diarium mit dem Titel «Oswalt Kolle» an, und sogar in den Kriegstagen fand sie fast täglich eine Viertelstunde Zeit, ihre Erlebnisse und Erfahrungen mit mir festzuhalten.

Das auf 109 Seiten mit dem Füllfederhalter eng beschriebene Büchlein in seinem blauen, abgegriffenen Leinenumschlag, das 1944 endet, vier Jahre nach der Geburt meines Nachzügler-Bruders Gert, befindet sich heute in meinem Besitz. Kurz vor ihrem Tod im Jahr 1967 hat meine Mutter es mir geschenkt. Es gehört zu meinen kostbarsten Schätzen.

Unser Hausmädchen Pepita, die mich schon deshalb heiß und innig liebte, weil ich an ihrem Geburtstag auf die Welt gekommen war, nannte mich «Butz», und so wurde ich auch in der Familie gerufen. «Butz», notiert meine Mutter, als ich zwei Jahre alt bin, «ist ebenso heftig, wie er zärtlich ist, und ungeheuer selbstherrlich.» Prophetische Worte! Mein Aussehen beschreibt sie so: «Er hat strohblondes dickes Haar – ein drolliger Gegensatz zu den dunklen Augen.»

Zu meinen frühesten Erinnerungen gehört die Weihnachtsfeier in der Großen Aula der Klinik, in der mein Vater arbeitete. 1932 war das, ich war gerade vier und sollte ein Weihnachtsgedicht aufsagen. Ich meinte mich später zu entsinnen, dass ich es nur bis zur ersten Zeile schaffte («Lieber guter Weihnachtsmann»), zögerte, stockte und dann – zum Entzücken der Ärzte und ihrer Gattinnen, der Angehörigen, Schwestern und Patienten – ausrief: «Den Rest weiß Mutti.» Großer Beifall. Mein erster Publikumserfolg!

Doch als ich jetzt das Tagebuch wiedergelesen habe, musste ich entdecken, dass die Mutti das Geschehen etwas anders protokolliert hat. Nach der Vorbemerkung «Oswalt sieht reizend aus in seiner weißen Bluse» schreibt sie weiter, ich hätte artig alle vier Zeilen aufgesagt, nur die Verbeugung zum Schluss nicht mehr hinbekommen und sei «mit zwei großen Sätzen auf Papas Schoß geflüchtet».

So also hat er ausgesehen, mein erster öffentlicher Auftritt – von der Bühne getürmt. Das ist mir zum Glück nie wieder passiert.

Sehr intensive Gefühle kehren wieder, wenn ich an meine frühen Jahre in Kiel denke: unendlicher Kummer, als Peter eingeschult wird und mich allein zu Hause zurücklässt; freudiges Entzücken, wenn der Vater einen Löwen imitiert; Aufregung und Neugier, als er uns alle einlädt, vor dem Haus das neue Auto zu besichtigen; Jähzorn, wenn mir ein Wunsch verweigert wird – ich brülle, stampfe mit den Füßen, trommle mit meinen Fäusten auf die Tischplatte. «Oswalt tyrannisiert das ganze Haus», schreibt meine Mutter. Schließlich Überwältigung, als ich in Schilksee zum ersten Mal das Meer sehe, und nie gekannte Glückseligkeit, als ich mit Freudenschreien hineinlaufe.

Von dem politischen Unheil, das sich wie überall in

Mit Mutter und Bruder Peter (links), um 1931

Deutschland auch über Kiel zusammenbraute, bekamen wir Kinder kaum etwas mit. Auch wenn die Zeichen nicht zu übersehen waren.

Wir lebten in einer kleinen Neubauwohnung in der Esmarchstraße. Neben uns wohnte ein Professor mit Frau und Tochter. Eines Tages, 1932, kam Duschka nicht raus zum Spielen. Das Haus war leer. Die Leute waren weg, buchstäblich über Nacht! Ich war traurig und verstand nicht, was geschehen war. Meine Eltern sagten nur: «Sie sind woandershin gezogen.» Nach dem Krieg habe ich Duschka in Frankfurt wiedergetroffen, in der Uniform eines Leutnants der US-Armee. Sie seien damals gerade noch rechtzeitig rausgekommen, erzählte sie, und nach Amerika gegangen.

Unsere Nachbarn waren Juden.

Wie gefährlich die Lage bereits war, kann ich auch daran ermessen, dass sich im Tagebuch meiner Mutter kein einziger Eintrag dazu findet. Sie muss Angst gehabt haben, die täglich wachsende Gefahr, die unserer Familie drohte, in Worte zu fassen. Bei einer Hausdurchsuchung hätten solche Aufzeichnungen verheerende Folgen haben können.

Längst war der Nervenarzt Kurt Kolle, linker Gesinnung und linker Verbindungen verdächtig, im Visier der Nazis. Sie hatten die Flinte schon angelegt.

Mein Vater, Sohn des Frankfurter Bakteriologen Wilhelm Kolle, war seit 1926 Oberarzt in der Kieler Universitätsklinik für Psychiatrie. Als ich geboren wurde, war er dreißig. Er hatte in Fachkreisen bereits einen weit über Norddeutschland hinausreichenden Ruf. Seine Lehranalyse hatte er bei C. G. Jung in Zürich gemacht, dem neben Freud bedeutendsten Psychoanalytiker der Zeit. Kurt Kolle galt als große Hoffnung seiner Disziplin, über die er später ein bis heute gültiges Lehrbuch vorlegen sollte.

In den frühen zwanziger Jahren hatte ihn seine erste Assistentenstelle in die Landesirrenanstalt Sachsenberg bei Schwerin geführt. Der Leiter der Anstalt, Obermedizinalrat Felix Matusch, war als Irrenarzt (so lautete damals noch die offizielle Berufsbezeichnung) eine internationale Koryphäe und stand im Ruf besonderer Fortschrittlichkeit. So hatte er, was als revolutionär empfunden wurde, als Erster die Zwangsjacken für Geisteskranke abgeschafft. Seine schizophrenen Patienten ließ er ungefesselt im Klinikpark am Schweriner See arbeiten und herumlaufen. Für viele konservative Fachkollegen war dies, wenn nicht eine Provokation, so doch ein gefährliches Wagnis.

Für Kurt Kolle wiederum, der sein Leben lang selber ein unbequemer, unangepasster und dem Fortschritt verpflichteter Mediziner sein sollte, war die Arbeit mit Matusch eine inspirierende und prägende Zeit - nicht nur in beruflicher Hinsicht.

Matusch hatte vier Töchter, darunter die bildhübsche Hilde, die sich vor Verehrern kaum retten konnte. Erhört hat sie nur einen: Kurt Kolle, ihre große Liebe. 1924 heirateten sie, ein Jahr später wurde mein Bruder Peter geboren.

Dass die Nationalsozialisten meinen Vater ablehnten, war nicht anders zu erwarten. Als junger Mann war er Mitglied im Marxistischen Studentenbund gewesen. Er pflegte einen intensiven Briefwechsel mit Karl Jaspers in Heidelberg, der ihn als eine Art Ziehsohn betrachtete. Der berühmte Psychiater und Philosoph war wissenschaftlich unantastbar, aber politisch hochverdächtig. Einige Jahre später wurde er wegen der beharrlichen Weigerung, sich von seiner jüdischen Frau zu trennen, von der Universität vertrieben und in den Ruhestand geschickt.

Mit Abscheu und Verachtung verfolgte mein Vater nicht nur, wie der braune Pöbel sich selbst an der Universität breitmachte, er sprach auch ungeniert darüber. Schweigen, Wegsehen, Anpassen - diese Eigenschaften hatte man ihm nicht in die Wiege gelegt.

Sein Leben lang hat sich Kurt Kolle nicht den Mund verbieten lassen. Sein cholerischer Charakter, den ich von ihm geerbt habe, war ebenso gefürchtet wie seine beißende

Ironie. Freilich konnte er sich, wenn der Zorn verraucht war, ganz schnell wieder in den fürsorglichen Ehemann, Vater, Chef oder Arzt verwandeln.

Doch in Bezug auf die Nazis verrauchte sein Zorn eben nicht. Er sah die Katastrophe kommen, er beobachtete, wie SA-Männer und andere Aktivisten im Dienste des bevorstehenden Terrors die Studenten aufwiegelten. Mit seiner Verachtung hielt er nicht hinter dem Berg. Jahre später hat er uns eine Episode aus dem Krankenhaus erzählt, die typisch für ihn ist.

Kurt Kolle, 1932

Der Oberarzt Kolle marschiert mit seinem Gefolge durch den Wartesaal der Psychiatrie und sieht einen Patienten, der in die Lektüre des «Völkischen Beobachters» vertieft ist. Er bleibt stehen, betrachtet den Mann und sagt laut und vernehmlich: «Wer dieses Blatt liest, kann nur ein Paralytiker sein.» Einige aus seiner Entourage lachen, andere schweigen betreten. Ein nazitreuer

Assistent hat das Ganze aufgeschrieben und den Spötter bei der Partei denunziert.

Nach dem Krieg bat eben dieser Denunziant meinen Vater, ihm zu bescheinigen, dass er immer gegen die Nazis gewesen sei. Natürlich vergebens.

Um den Jahreswechsel 1932/33, noch kurz vor der Machtergreifung Hitlers, erschien in den «Kieler Nachrichten» ein Schmähartikel, böse, gehässig, demagogisch: Der Arzt Kurt Kolle sei an der Klinik und im Universitätsbetrieb nicht mehr zu dulden. Das Machwerk gipfelte in der Forderung: «Hinaus mit diesem Mann!»

Wer weiß, was passiert wäre, hätte es nicht den befreundeten Kriminaldirektor von Behr gegeben, Nazigegner auch er, dessen Tage im Polizeidienst schon gezählt waren. Eines Abends warnte er meinen Vater: «Es gibt Schwierigkeiten heute Nacht. Die SA-Leute wollen dich aus der Wohnung holen.»

Unter dem Datum des 30. März schreibt meine Mutter nur einen Satz ins Tagebuch: «Wir verlassen sehr unerwartet Kiel.»

Geheimrat Kolle

In Frankfurt wartete ein neues Leben auf uns. Mein Großvater Wilhelm, ein in meinen Augen unermesslich reicher Mann, wohnte mit seiner Frau Alwine in einem vornehmen alten Bürgerhaus im Westend, Schumannstraße 13.

Was für ein Unterschied zu unserer kleinen Kieler Neubauwohnung! Wir bekamen drei Zimmer auf dem Dachboden.

Ich kannte die Großeltern schon von diversen Familienbesuchen. Meine Großmutter, Tochter einer Französin

und des Berliner Publizisten Bernhard Brigl, von dem der legendäre und bis heute gültige Satz «Politik verdirbt den Charakter» stammt, verbrachte die meiste Zeit in ihrem Zimmer.

Sie litt an einer schweren Depression, die sich rapide verschlimmert hatte, seit zwei Jahre zuvor ihr zweiter Sohn mit nur zweiunddreißig Jahren an einem angeborenen Herzleiden gestorben war: mein Onkel Helmut, den ich in Kiel nur selten gesehen hatte und dessen alte Knickerbocker und Jacken ich auftragen musste. Immer wenn ich bei Oma Alwine vorbeikam, schenkte sie mir Wiebert-Lakritze und sagte: «Junge, ich will tot sein, hilf mir doch beim Sterben!»

1934 hat meine Großmutter dann ihrem Leiden selbst ein Ende gesetzt und sich das Leben genommen. Sie wartete, bis ihr Sohn und seine Familie aus dem Haus waren, zur Sommerfrische am Bodensee. Dort erhielten wir die Nachricht und fuhren sofort nach Frankfurt zurück. Nach der Einäscherung hörte meine Mutter, wie ich abends in unserem Zimmer zu Peter sagte: «Die Omi ist ja nun tot, da braucht sie nicht mehr getötet werden.»

Vor dem Großvater hatte ich gewaltigen Respekt und immer auch ein bisschen Angst. Ein kleiner Mann, der den Mangel an Körpergroße mit lautem, herrischem Auftreten kompensierte und keine Widerrede duldete. Kindern gegenüber hielt er es mit dem Satz, der dem Prince of Wales zugeschrieben wurde: «Ich habe nichts gegen sie, solange sie den Pferden nicht lästig werden.»

Wenn Professor Wilhelm Kolle in seinem offenen Mercedes mit Kompressor («der Wagen des Kaisers») durch Frankfurt fuhr – am Steuer sein ihm treu ergebener Chauffeur, ein strammer Nazi namens Hermann –, regte er sich immer fürchterlich über Leute auf, die auf der falschen Straßenseite spazierten. Hermann musste dann langsamer fahren oder sogar anhalten, und mein Großvater brüllte zu ihnen hinüber: «Gehen Sie gefälligst auf der richtigen Seite!»

Für solche Eskapaden war er bekannt in Frankfurt, aber da er ein so bedeutender Wissenschaftler war, nahm man sie ihm nicht übel, sondern schmunzelte eher über den exzentrischen, selbstherrlichen Alten, der den Titel eines Geheimrats trug und mit «Exzellenz» angesprochen wurde.

Es regte sich auch niemand darüber auf, dass der Geheimrat Kolle eine Geliebte hatte: Galanta. Weil die Oma ja bettlägerig war und das Haus nie verließ, war es auch für meinen Bruder Peter und mich ganz selbstverständlich, dass Galanta mitkam und den Proviantkorb auspackte, wenn die Familie auf die Jagd oder zum Picknick ging. Außerdem war sie Peters Patentante, gehörte also ohnehin fast zur Familie. Sie ist mir nicht nur als auffallend schöne und zu uns Kindern liebevolle Frau in Erinnerung, sondern auch als ein Mensch, der meinem Vater, als der Großvater schon lange tot war, in seinem Existenzkampf in unnachahmlicher Weise geholfen hat.

Natürlich aber hatte sich die Bedrohung in der neuen

Die Brüder mit Großvater Wilhelm, 1932

Umgebung nicht in Luft aufgelöst. Wie überall im Land wüteten die neuen Machthaber auch am Main. Wie überall gingen sie auch hier täglich ihre schwarzen Listen durch, vertrieben Politiker, Unternehmer, Wissenschaftler, Ärzte, Rechtsanwälte, Filmregisseure, Schriftsteller, Journalisten aus ihren Ämtern und Stellungen, zerrten sie nachts aus den Wohnungen, ließen sie zusammenschlagen, schleppten sie in die Gefängnisse. Auf einer dieser Listen stand auch der Name Kurt Kolle.

Doch über ihm lag – noch – eine schützende Hand: die meines Großvaters. Ein Satz, den ich auf unserer Flucht aus Kiel aufgeschnappt hatte, sollte sich bewahrheiten: «Bei ihm sind wir erst mal sicher.» Noch konnte mein Vater praktizieren und wissenschaftliche Artikel publizieren.

An den allseits respektierten und unantastbaren Wilhelm Kolle hat sich kein Nazifunktionär jemals herangetraut. Als Mediziner und Wissenschaftler war er eine Ausnahmeerscheinung. Er blickte auf eine große Karriere und ein abenteuerliches Leben zurück.

Eine, wenn nicht die entscheidende Weiche für diese Karriere hatte seine Mutter Agathe gestellt, indem sie so geschickt, wie es eben nur Frauen können, eine romantische Jugenderinnerung aufzufrischen verstand. Als Sechzehnjährige hatte sie, Tochter eines Försters, schwärmerische Briefe von einem Jüngling erhalten, der Jahrzehnte später Weltruhm als Bakteriologe erlangen sollte und 1905 mit dem Nobelpreis ausgezeichnet wurde: Robert Koch, geboren 1843 in Clausthal.

Die beiden Familien waren eng befreundet. Aber Agathes Mutter, vom verliebten Robert «Tante» genannt, war gleichwohl gegen eine Verbindung gewesen und hatte ihm die Briefe zurückgeschickt mit der Bitte, von weiterer Korrespondenz mit ihrer Tochter abzusehen. Der Freundschaft der beiden Familien tat das keinen Abbruch. Robert Koch nahm eine andere Clausthalerin zur Frau, eine Pfarrerstochter. Und im Jahr 1868 brachte Agathe, die inzwischen den Königlich-Preußischen Bergrat und Hüttenwerksdirektor Albert Kolle geheiratet hatte, ihren Sohn Wilhelm zur Welt.

Als der nun fast zwei Jahrzehnte später sein Abitur gemacht hatte, schrieb Agathe ihrem ehemaligen Verehrer einen Brief – zu welchem Beruf, fragte sie darin, könne er Wilhelm denn raten? Robert Koch waren bereits seine bahnbrechenden Entdeckungen im Kampf gegen Krankheiten wie Milzbrand, Tuberkulose und Cholera gelungen, er war Professor und eine Autorität in der gesamten wissenschaftlichen Welt. Auf Agathes Brief antwortete er, der Junge solle Mediziner werden, und wenn er tüchtig sei, könne er sich später bei ihm bewerben.

Nach dem Studium hakte Agathe nochmal nach: der Junge sei jetzt fertig mit der Ausbildung, ob er sich nun bei ihm vorstellen dürfe. Er durfte, und so trat mein Großvater als junger Assistenzarzt in das neue, eigens für Koch gegründete Königlich-Preußische Institut für Infektionskrankheiten ein.

1896 wurde Robert Koch von der englischen Regierung gebeten, nach Südafrika zu reisen, um die dort wütende Rinderpest zu bekämpfen. Kaum hatte er seine Arbeit aufgenommen, brach in Indien die Pest aus und die Engländer beschworen ihn, sich der Bekämpfung dieser noch schlimmeren Seuche anzunehmen. Wen er denn als Nachfolger für Südafrika vorschlagen könne. Seinen 28-jährigen Assistenten aus Berlin, Wilhelm Kolle. Mit seiner Frau Alwine kam der junge Bakteriologe, dem mittlerweile eine glänzende Zukunft vorausgesagt wurde, nach Kimberley; dort wurde 1898 mein Vater geboren.

Wilhelm Kolle rettete mit dem von ihm erfundenen Rinderpest-Serum die Viehherden von Südafrika – später sollte er das erste Serum gegen Diphtherie entwickeln. Er ging zurück ans Berliner Institut, wo Koch ihn zum Abteilungsleiter beförderte. Noch einmal wurde er in Afrika gebraucht, diesmal im Sudan, und 1906 schließlich auf den neu errichteten Lehrstuhl für Hygiene und Bakteriologie in Bern berufen.

Was mich nicht sonderlich erstaunte, als ich mich später mit dem Leben meines Großvaters beschäftigte: Trotz seiner Weltgeltung als Mediziner und Wissenschaftler bekam er mit seinen Berner Studenten immer wieder mächtigen Ärger, und das lag an seinem selbst für damalige Verhältnisse außerordentlich autoritären Gebaren. So kannte ich meinen Opa schließlich.

Doch auch wenn er im Universitätsbetrieb wie in den eigenen vier Wänden auf das alte Prinzip Befehl und Gehorsam setzte – in gesellschaftspolitischen Fragen war mein Großvater ein zutiefst liberaler, ja fortschrittlicher Mann. So gehörte er, schon bevor er 1917 zum Direktor des Staatsinstituts für experimentelle Therapie in Frankfurt berufen wurde, zu den Unterzeichnern der berühmten Denkschrift gegen den Paragraphen 175, die der bedeutende Sexualwissenschaftler Magnus Hirschfeld («der Einstein der Sexualität») an den Berliner Reichstag gerichtet hatte. Dieser Paragraph stellte Homosexualität unter Strafe.

Einen Homosexuellen gab es auch in der Familie: Wilhelm und Alwines zweiten Sohn, besagten Onkel Helmut, dessen frühen Tod meine Großmutter nicht verwinden konnte. Er war Maler, seine Bilder signierte er als Helmut vom Hügel. Noch heute hängt in der Münchner Pinakothek der Moderne sein Bild «Der Zeitungsleser». Anerkennung fand Helmut Kolle, der lange in Paris lebte, vor allem in französischen Kunstkreisen. Hier stellten die bedeutendsten Galerien ihn aus, hier pflegte er Freundschaften mit Pablo Picasso und Jean Cocteau.

1935, vier Jahre nach Onkel Helmut, ein Jahr nach Oma Alwine, starb auch mein Großvater, erst achtundsechzig Jahre alt. Er hatte jahrelang an schwerem Rheuma und zuletzt unter unerträglichen Schmerzen gelitten.

Sein Begräbnis machte einen ungeheuren Eindruck auf mich: Da waren Soldaten mit Gewehren und schossen zu seinen Ehren dreimal in die Luft. Ein Hauptmann trug ein rotes Damastkissen mit allen seinen Orden, darunter dem Pour le Mérite und dem Schwarzen Adlerorden vom Kaiser. Die Honoratioren der Stadt verneigten sich vor seinem Grab.

Solange Opa Wilhelm gelebt hatte, war es uns gutgegangen, sehr gut sogar. Wir hatten das Dasein von Privilegierten genossen. Das sollte sich nun ändern.

Plötzlich hielt keiner mehr die schützende Hand über den Sohn des Geheimrats Wilhelm Kolle. Und während der noch um seinen geliebten und verehrten Vater trauerte, musste er gleichzeitig mit der Sorge um die Zukunft seiner eigenen vierköpfigen Familie leben.

Onkel August und der Patriotismus

Kaum war mein Großvater tot, verstärkten die Nazis den Druck auf meinen Vater. Er erhielt Publikationsverbot und durfte keine Kassenpatienten mehr behandeln.

Dazu kamen unerwartete wirtschaftliche Schwierigkeiten. Das Vermögen des Großvaters war während der Inflation zusammengeschmolzen. Er hatte zwar von seinen Einnahmen als Institutsdirektor auf großem Fuß gelebt, aber keinerlei Rücklagen gebildet und konnte seinem Sohn deshalb auch kein Erbe hinterlassen. Das schöne große Bürgerhaus war bis unters Dach mit Hypotheken belastet; es musste nach seinem Tod sofort verkauft werden.

So versuchte mein Vater in unserer neuen winzigen Wohnung eine Privatpraxis aufzubauen. Das Zimmer, in dem Peter und ich schliefen, diente als Wartezimmer. Jeden Morgen, wenn wir aufgestanden waren, musste meine Mutter in aller Eile die Betten abziehen und zusätzliche Stühle aufstellen, dann ins Elternschlafzimmer hinüberhasten und es zum Behandlungsraum umrüsten.

Ich war inzwischen zur Schule gekommen, sodass die häuslichen Probleme mich zum großen Teil nicht berührten. Und als mein Bruder an Typhus erkrankte und ich vorübergehend zu einer befreundeten Familie geschickt wurde, bekam ich noch weniger vom Existenzkampf meiner Eltern mit.

In dieser schwierigen Zeit gab es einen Mann, der meinem Vater half, wo er konnte, und der ihn nach Kräften auch finanziell unterstützte: meinen Patenonkel August Oswalt, Bankdirektor, ein Halbjude. Nach ihm bin ich benannt.

Mit dem Vornamen Oswalt verknüpft sich eine bizarre Geschichte. Mit dem Buchstaben t am Ende geschrieben, klang er in der perversen Begriffswelt der Nationalsozialisten «jüdisch» – also musste er ab 1933 mit d geschrieben werden. Plötzlich war ich Oswald Kolle. Sogar im Tagebuch meiner Mutter hieß ich nun Oswald – allerdings nur vereinzelt, so richtig durchgehalten hat sie es dann doch nicht. Nach dem Krieg habe ich dann stolz allen Verwandten und Freunden mitgeteilt: «Ich heiße jetzt wieder Oswalt.»

August Oswalt und Kurt Kolle waren dicke Freunde. In der Jugendbewegung waren sie gemeinsam bei den Wandervögeln gewesen, hatten zusammen nackt gebadet und am Lagerfeuer gesessen. Am Ersten Weltkrieg hatten sie im selben Kavallerieregiment teilgenommen, Onkel August im Rang eines Rittmeisters. Bei einem Angriff, so erzählte er, habe man ihm «das Pferd unter dem Arsch weggeschossen». Wegen besonderer Tapferkeit war er mit dem Pour le Mérite ausgezeichnet worden, worauf er ungeheuer stolz war.

Er war ein Patriot vom Scheitel bis zur Sohle. Wie so viele Juden, die fürs Vaterland, für Deutschland, in den Krieg gezogen waren, konnte er sich einfach nicht vorstellen, nun plötzlich zu den Geächteten zu gehören und drohender Verfolgung ausgesetzt zu sein.

Ein Erlebnis mit Onkel August hat sich mir nachhaltig eingeprägt. Es war an dem Tag, als Hitler im Saarland einmarschierte, im März 1935. In unserer Nachbarschaft befand sich eine Kommandantur der neuen Wehrmacht, mit zwei Wachhäuschen davor. Da liefen nun die Leute aus dem Viertel zusammen, jubelten in nationalem Taumel und ließen den «Führer» hochleben.

In der begeisterten Menschenmenge auch August Oswalt. In patriotischer Aufwallung hatte er sich in seine alte Rittmeisteruniform geworfen und den Orden um den Hals gehängt. In diesem Aufzug erschien er dann bei uns zu Hause. In der Eile hatte er zu seiner Uniform einen falschen, zu hellen Gürtel angelegt. Er war völlig aus dem Häuschen und rief meinem Vater zu: «Mensch, Kurt, wir sind wieder da, wir haben eine Armee!»

Mein Vater war fassungslos. «Bist du verrückt geworden», herrschte er seinen Freund an. «Du als Halbjude! Hast du denn nicht ‹Mein Kampf› gelesen? Weißt du denn nicht, was los ist?»

Den Rest des Dialogs habe ich nicht mitbekommen, ich wurde aus dem Zimmer geschickt. In meiner und Peters Gegenwart wurde fast nie über die politische Situation gesprochen. Wenn das Thema aufkam, mussten wir stets den Raum verlassen. Die Eltern wollten uns nicht ängstigen – hinzu kam sicher die Furcht, dass wir auf dem Schulhof irgendetwas hinausposaunen könnten, was wir zu Hause aufgeschnappt hatten.

Aber wir spürten sehr wohl Vaters Wut auf die Nazis. Wir merkten, dass es unserer Familie nicht mehr so gut ging wie zu Lebzeiten von Opa Wilhelm. Wir ahnten, woran es lag, dass immer weniger Patienten in seine Praxis kamen.

Schließlich war er so gut wie bankrott und gab auf,

nachdem er eine große Gelegenheit, die Misere zu beenden, verpasst hatte. Karl Jaspers und der Psychoanalytiker C. G. Jung, bei dem mein Vater studiert hatte, hatten mit ihrem Einfluss dafür gesorgt, dass er einen Ruf an die Zürcher Universität erhielt. Mit einem Schlag wären viele

Probleme aus der Welt gewesen. Allerdings kam ein neues hinzu. Er hätte nur allein in die Schweiz ausreisen können. «Auf Sie können wir hier gerne verzichten, aber die Familie bleibt hier», erklärte man ihm auf dem Amt. Aber die Familie zurücklassen, das wollte er nicht.

Noch etwas führte dazu, dass er das Angebot ablehnte. In Zeiten der Not stiehlt man sich nicht einfach davon – das war eine seiner unerschütterlichen Maximen. Er, den sie aus Kiel vertrieben hatten, verlangte trotz allem Verantwortung und Pflichtbewusstsein von sich selbst, auch gegenüber dem Vaterland. In diesen Dingen war er ein richtiger Preuße.

Verantwortung übernehmen und mit einem regelmäßigen Einkommen für die Familie sorgen – mein Vater fand schließlich einen Weg, beides zu vereinbaren. Er ging zur Armee. Nach ein paar vorbereitenden Wehrübungen meldete er sich als Reserveoffizier bei der Sanitätstruppe in Kassel. Wir konnten uns wieder eine größere Wohnung leisten, am Untermainkai, umbenannt in Hermann-Göring-Ufer. Und dort mussten wir auch nicht ganz auf ihn verzichten, denn als Oberstabsarzt konnte er zwischendurch nach Hause kommen und sich um die Familie und seine wenigen ihm verbliebenen Patienten kümmern.

Der Krieg bricht aus

Trotz unserer Sorgen, Nöte und einschneidenden Erlebnisse schafften es meine Eltern, uns Kinder von alledem recht unbehelligt zu lassen. Wir verbrachten die Ferien in Pommern. Auf Wangerooge sah ich zum ersten Mal die Nordsee und erhielt meine erste Reitstunde. Wir fuhren in die Berge, und ich war begeistert, als ich meine Ski-Debüt geben und einen Hügel hinabsausen durfte.

Ein Paradies war unsere Jagdhütte im Odenwald, in der wir kurze Ferien und Wochenenden verbrachten. Mein Vater war nicht nur ein leidenschaftlicher Jäger, er konnte uns Kindern diese Begeisterung auch vermitteln. Aufgeregt stürzte ich auf das vom Vater erlegte Wild, begutachtete den Umfang der Beute und die Qualität des abgegebenen Schusses. Begierig schnappte ich Vaters Fachausdrücke auf und war stolz wie Bolle, als ich mich mit ihm in der Waidmannssprache verständigen konnte.

Bedrohung und Bedrückung lagen vor der Haustür. SA-Männer zogen lärmend durch die Straßen, und ich wusste, dass sie so etwas wie natürliche Feinde meines Vaters waren. Man hörte, dass die Gestapo nachts in Wohnhäuser eindrang und willkürlich Leute verhaftete. «Das sind Juden», sagten die Erwachsenen manchmal, und ich konnte mir nicht richtig vorstellen, was das zu bedeuten hatte.

Mitschüler verschwanden aus der Klasse und kamen nicht wieder. Die Lehrer machten keine Anstalten, uns zu erklären, was vorgefallen war. Allenfalls hieß es: «Die sind

Die Mutter beim Strandurlaub in den frühen dreißiger Jahren

verreist.» Aber die Häuser, in denen sie gewohnt hatten, standen plötzlich leer und zum Verkauf. Ich hatte das ja schon einmal erlebt, bei Duschka in Kiel. Die Atmosphäre in der Schule war oft beklemmend. Über viele Dinge unterhielt man sich nur im Flüsterton.

Auch Lehrer blieben plötzlich weg. An einen Vorfall erinnere ich mich deutlich: Ein Mitschüler kommt in seiner Hitlerjugend-Uniform zur Schule, in der Seitentasche steckt der «Ehrendolch der deutschen Jugend». Er platzt vor Stolz, genießt die bewundernden Blicke der Jungs – da sagt ein Lehrer zu ihm: «Junge, wenn du mal eben dein Schwert aus der Scheide nimmst, könntest du deinen Bleistift damit anspitzen!»

Das war eine ungeheure Beleidigung, nicht nur des Hitlerjungen, sondern der gesamten Naziideologie. Der Angesprochene lief rot an, und ein paar Wochen später kam dieser Lehrer nicht mehr wieder. Die Gestapo habe ihn abgeholt, wurde getuschelt.

Ein paar Wochen danach ein dramatisches Ereignis. Es klingelt. Die Mutter ist einkaufen, der Vater unterbricht eine Behandlung und öffnet die Tür. Draußen stehen zwei Hitlerjungen und sagen: «Wir wollen Ihren Sohn zum Jungvolk abholen.» Mein Vater fängt plötzlich an zu brüllen, aus heiterem Himmel, rasend vor Wut: «Ihr nehmt mir alles, jetzt wollt ihr mir auch noch meine Söhne nehmen. Haut ab.» Und er schreit nochmal: «Ihr nehmt mir meine Söhne nicht!»

Meine Mutter, vom Einkaufen zurück, steht wie vom Donner gerührt, starr vor Schreck. Sie kennt ja ihren Mann und seine cholerischen Anfälle. Jetzt redet der sich um Kopf und Kragen! Sie rettet die Situation, indem sie die Hitlerjungs beschwichtigt: «Das müsst ihr nicht so ernst nehmen, das meint der nicht so. Der will nur seine Ruhe haben.» Ich hatte das Ganze, hinter meiner Zimmertür verborgen, mit angehört und dachte, die Welt geht unter.

Oswalt, um 1935

Auf dem Gymnasium hatte ich derweil mit ganz normalen Problemen zu kämpfen. Ich war keine Leuchte in Latein und nicht kräftig genug, um beim Turnen zu glänzen. Das Geigenlernen wurde als zwecklos bewertet und wieder aufgegeben. Mein Mathelehrer Professor Wirtz hielt mich für die Flasche des Jahrhunderts. Wenn ich mich meldete, nahm er mich gar nicht erst dran.

Schon bald aber zogen ganz andere Wolken am Horizont auf. Ab September 1939 war Krieg. Polen, das Hitlers Wehrmacht im September überfiel, war zwar weit weg, und noch nahmen mein Bruder und ich, wie meine Mutter ins Tagebuch schrieb, «den Krieg erstaunlich gelassen».

Die meisten Frankfurter bejubelten den schnellen militärischen Erfolg, das Geschrei auf den Straßen wurde schlimmer. Kriegstaumel lag in der Luft. Dass eines nicht mehr fernen Tages Bomben auf Frankfurt fallen würden, konnten sich die meisten Erwachsenen kaum vorstellen, geschweige denn ein Zehnjähriger.

Allerdings gab es handfeste Anzeichen dafür, dass sich etwas verändert hatte: Den Vater sahen wir immer seltener, er musste erst ganz nach Kassel, später dann nach Berlin, schließlich nach Russland. Ab und zu bekam er Heimaturlaub. Bei einem der ersten konnte er meinen neugeborenen Bruder Gert in den Armen halten.

Es war eine schwierige Geburt, noch sechs Wochen

Peter, um 1935

nach der Entbindung lag meine Mutter mit einer Thrombose im Krankenhaus. Fast jeden Tag besuchte ich sie, überschüttete sie mit Fürsorge und stürmischen Küssen, machte sie glücklich mit der Beteuerung, wie sehr Peter und ich uns über den kleinen Bruder freuten. Zu Hause telefonierte ich herum und erzählte jedem: «Wir haben ei-
nen Sohn.»

Beim Jungvolk war ich inzwischen doch gelandet. Schon auf der Jagdhütte hatte ich gelernt, mit einem Gewehr umzugehen, nun heimste ich bei Schießübungen mehrere Ehrenpreise ein. Ich fand es auch ganz erhebend, im Gleichschritt durch die Stadt zu marschieren, meldete mich aber trotzdem bald zur Rundfunk-Spielschar. Ein guter Sänger war ich immerhin, zu Hause schmetterte ich schaurig-schöne Balladen, während meine Mutter mich auf dem Akkordeon begleitete.

Bei der Spielschar mussten wir morgens um neun zum Singen antreten. Wir sangen Lieder wie «Im Frühtau zu Berge» und «Wo wir uns finden, wohl unter Linden», die im «Reichssender Frankfurt» gesendet wurden. Die Lieder kann ich noch heute.

Im April 1942 kam ich zur Hitlerjugend, und zwar in die «etwas bessere» Abteilung, die Reiter-HJ in Kronberg im Taunus. Reiten und mit Pferden umgehen konnte ich schon ganz gut, und vom Vater und von Onkel August hatte ich auch das theoretische Beiwerk mitbekommen. So wurde ich mit offenen Armen aufgenommen. Wir betreuten und ritten die Pferde der Reiter-SA, zum Entzücken meiner Mutter machte ich den «Reiterschein», und ich war außerordentlich stolz, als man mich nach wenigen Monaten zum «Kameradschaftsführer» beförderte und eine schwarz-weiße «Affenschaukel» meine Uniform schmückte.

32 *Bomben auf Frankfurt*

Als ich dreizehn war, rauchte ich meine erste Zigarette. Der Beginn dieses lebenslangen Lasters, dem ich heute in den meisten Restaurants und Kneipen bedauerlicherweise nicht mehr frönen darf, ging mit einem schrecklichen Erlebnis einher.

Ab 1943 wurde Frankfurt massiv bombardiert. Die amerikanischen Bomber flogen tief über die Stadt und luden ihre todbringende Fracht auf Bahnhöfen, Firmengebäuden, Markthallen und Wohnhäusern ab. Innerhalb weniger Minuten fielen ganze Häuser in sich zusammen, Feuersbrünste wüteten, man hörte das Schreien von Verletzten und sah, wie die Toten weggetragen wurden.

Wenn die Sirenen aufheulten, eilten wir in den Bombenkeller. An einen Angriff erinnere ich mich besonders klar: Ich hörte das Pfeifen der Bomben und dachte jedes Mal: Gleich macht es bumm. Doch es hat nie gekracht, stattdessen fiel eine Bombe nach der anderen mit gewaltigem Zischen in den Main. Ich hatte grässliche Angst und zitterte, da sagte meine Mutter, die mich umklammert hielt: «Du musst jetzt eine Zigarette rauchen, das bekämpft die Angst.» Und sie hatte recht, es half.

Einen der schwersten Bombenangriffe erlebte ich im

Bunker des städtischen Krankenhauses, wo ich am Blinddarm operiert worden war. Dieser Bunker war auf Wasser gebaut, und immer wenn in der Nachbarschaft eine Bombe einschlug, schwankte mein Bett, als wären wir auf einem Schiff. Als der Angriff vorüber war, sah ich auf den Gängen des Krankenhauses verstümmelte Kinderleichen liegen.

Ein anderes Mal wurde ich mit einer Gruppe Hitlerjungen zu einem Hilfseinsatz beordert, wo das furchtbarste Erlebnis meiner Jugend, wenn nicht meines ganzen Lebens auf mich wartete. Ein Haus war völlig ausgebrannt, aber im Keller, so hieß es, seien vielleicht noch Überlebende, die es zu retten galt. Hinabsteigen konnte man nur durch die winzigen, halbrunden Kellerfenster, die so eng waren, dass nur ein Einziger hindurchpasste: der spindeldürre Oswalt.

Ich krabbelte durch eine dieser Fensterhöhlen und sah unten fünf, sechs verkohlte Leichen auf dem Steinboden liegen: eingeschrumpelt wie die indianischen Schrumpfköpfe aus dem Völkerkundemuseum. Es war so grauenvoll, dass ich kotzen musste, und heulend stieg ich wieder nach oben.

Es gab Zeiten, da schliefen wir in den Kleidern, weil wir jede Nacht rausmussten, jede Nacht in den Keller. Ein junger Soldat, mit dem wir dort saßen, als draußen wieder das Geheul losging, sprang auf, lief auf die Straße und schrie: «Ich bleibe nicht in diesem Keller, das ist ja schlimmer als die Front.»

Ganz zum Schluss rissen Luftminen die komplette hintere Hälfte unseres Hauses weg, während wir wieder einmal unter der Erde zitterten. Unser Haus war weitestgehend zerstört, und als «Ausgebombte» kamen wir zu Freunden in den Taunus.

Noch jahrzehntelang bin ich heftig zusammengezuckt, wenn ich irgendwo eine Sirene heulen hörte. Es ist eines der widerlichsten Geräusche, die ich kenne – die Sirenen aus der griechischen Mythologie, die so männerbetörend zu singen verstehen, haben es wirklich nicht verdient, dass nach ihnen dieser Klang des Schreckens benannt ist.

Auch das andere Geräusch macht mir immer noch zu schaffen. Vor ein paar Jahren war ich auf einem Fest in Amsterdam, wo laut Schlagzeug gespielt wurde. Kein gepflegter Jazzrhythmus mit swingendem Besen, sondern ein aberwitzig lautes, penetrantes Getrommel. Um mich herum lauter ausgelassen feiernde Leute, aber in mir kam mit jedem einzelnen Schlag der Krieg zurück. Ich fing am ganzen Körper an zu zittern und wollte, wie einst jener Soldat, einfach nur rauslaufen.

Aber selbst in einer vom Krieg heimgesuchten Stadt fielen nicht jeden Tag Bomben. Man verbrachte nicht jeden Tag in Angst und Schrecken. Das Leben musste weitergehen. Es gab Momente großen Glücks: wenn der Vater nach Hause kam, mir zu Weihnachten ein kleines Jagdgewehr mit Zielfernrohr schenkte und wir endlich mal wieder zusammen auf die Hütte gehen konnten. Wenn ich mit dem kleinen Gert spielte. Wenn wir in den großen Ferien nach Mecklenburg fuhren. Ich kämpfte weiter auf verlorenem Posten gegen meinen Mathelehrer, ich fügte mich in mein Schicksal, eine Klasse auf dem Gymnasium wiederholen zu müssen.

Es lag vielleicht auch an den Erlebnissen in den Bombenkellern, dass meine kindliche Fröhlichkeit mit fortschreitender Jugend immer häufiger von anderen Stimmungen, von Zweifeln und Ängsten, getrübt wurde. Unsere Familienkrankheit, die Depression, machte sich auch bei mir bemerkbar. Wir alle haben damit leben müssen, meine Kinder genau wie ich, wenn auch nicht so schlimm wie Oma Alwine.

Viele Leute halten Depressionen für kaum mehr als schlechte Laune, Traurigkeit oder allgemeine Missstimmung. Die Achtundsechziger beriefen sich auf Marx und erklärten, schuld am Zustand des Depressiven sei die Gesellschaft. Weder das eine noch das andere beschreibt es richtig. Die endogene Depression, so hat mich mein Vater früh gelehrt, ist eine Hirnkrankheit. Ein Depressiver, der im Lotto gewinnt, ist nicht plötzlich geheilt. Vollständige Heilung gibt es ohnehin nicht. Der Psychiater kann die Symptome aber lindern, und auch die Pharmazie hat auf dem Gebiet enorme Fortschritte gemacht.

Als ich neun Jahre alt war, hatte ich einen seltsamen Vorfall mit einer depressiven Patientin meines Vaters erlebt. Es war am Silvestertag 1937. Am Nachmittag wurde der Vater von der Familie der Frau angerufen und gebeten, sofort zu kommen. Wir waren schon in Feierstimmung und enttäuscht, dass er fortmusste, so nahm er uns im Auto mit nach Höchst. Als Entschädigung gewissermaßen. Zu der Behandlung ging er natürlich allein, meine Mutter und ich blieben im Wagen sitzen. Plötzlich sahen wir eine Frau in Richtung Bahndamm huschen. Während mein Vater nach der akuten Behandlung noch mit der Familie sprach, hatte seine Patientin unbemerkt das Haus verlassen. Doch dann erblickte sie uns, hielt inne, kehrte um und verschwand im Garten. Als die Familie in Panik hinausstürmte, um die Kranke zu suchen, sprang ich aufgeregt aus dem Wagen und konnte stolz das Versteck melden.

Als Dreizehnjähriger kam mir das Verhalten dieser Frau nun nicht mehr so gänzlich «verrückt» vor. Ich wusste inzwischen selbst, wie nahe große Freude und tiefe Melancholie beieinanderliegen können. Wer depressiv ist, leidet und grübelt. Er spürt häufig eine unerklärliche Todessehnsucht in sich aufsteigen, auch wenn er einen Tag zuvor grenzenlosen Optimismus gefühlt hat. «Gestern war ein guter Tag, aber am liebsten wäre ich tot», heißt es bei Nikolaus Lenau - ein einziger Satz voller Poesie und Schwermut, der mich nie mehr losgelassen hat.

Mit Haushund, um 1937

Solche Phasen, zweifellos lange nicht so dramatisch wie bei jener Patientin, gingen aber eben auch wieder vorüber und wechselten sich ab mit dem Spaß am Entdecken, mit der Lust auf das Neue, mit der Freude an Kameradschaft. Und mit einem bisher ungekannten Verlangen.

Das Leben ging nicht nur weiter. In gewisser Hinsicht fing es auch gerade erst an.

Entdeckungen

38 Neugierig, tastend begann ich die Geheimnisse meiner aufblühenden körperlichen Sehnsucht zu erkunden. Ich stürmte nicht los, aber ich suchte etwas, von dem ich noch nicht wusste, was es war. Es waren nicht die Mädchen, auf die sich meine frühen erotischen Phantasien richteten. Mädchen ließen meine Seele glühen, weil sie mir so anmutig und zart vorkamen. Ich wollte sie beschützen, ich war ritterlich zu ihnen. Ich träumte aber nicht davon, mit ihnen das Abenteuer Sexualität zu teilen. Solche Träume gingen in die Richtung des eigenen Geschlechts.

Auf dem Goethe-Gymnasium gab es einen Zirkel, zu dem nur Auserwählte Zutritt hatten: den Masturbationsklub. Wer dem Klub angehörte, galt etwas. Er gehörte sozusagen zur sexuellen Elite. Die Mitglieder trafen sich nachmittags an einem geheimen Ort zum sportlichen Wettkampf: Wer ist der Schnellste, wer schafft es am weitesten, wer kann es wie oft? Über die Ergebnisse wurde Buch geführt. Für mein Leben gern wäre ich diesem Klub beigetreten, aber man nahm mich nicht. Wahrscheinlich wirkte ich zu schmächtig und zu verträumt, als dass man mir in dieser Disziplin ordentliche Leistungen zutraute.

Über die Zurückweisung war ich stinksauer. Meine Wut legte sich allerdings, als sich herumsprach, dass die Gestapo den Masturbationsklub ausgehoben und die Jungs brutal zusammengeschlagen hatte.

So blieb mir das sexuelle Gemeinschaftserlebnis in der Gruppe verwehrt, dafür kam dann die Gelegenheit, es zu zweit auszuprobieren.

Ich hatte einen Mitschüler, den ich bewunderte: Alex. Sein Vater war ein hohes Tier bei der SA, das machte den Sohn so gut wie unangreifbar. Er las Heinrich Heine, den die Nazis als «jüdischen Schmierfinken» aus allen Lehrbüchern verbannt hatten, und führte mich in dessen Gedichte ein. Er konnte es sich sogar leisten, die Haare länger zu tragen. Langhaarige galten als «Jazzer» (wie mein Bruder Peter auch) und mussten immer damit rechnen, von HJ-Streifen aufgegriffen und zum Friseur geschleppt zu werden. Dort wurden sie dann kahlgeschoren. Alex brauchte bei solchen Gelegenheiten nur den Namen seines Vaters zu nennen, dann ließen die Streifen von ihm ab.

Alex' Freiheit war schmerzhaft erkauft: Jeden Samstag wurde er vom Vater mit dem Rohrstock verprügelt, auch wenn gar nichts vorgefallen war. «Das ist dann eben für die kommende Woche», rief der Alte. Andererseits half er den Mitschülern seines Sohnes auch schon mal aus der Patsche. «Mein Vater regelt das schon», pflegte Alex zu sagen, wenn es wieder Ärger mit der Obrigkeit gab.

Mit ihm hatte ich mein erstes gemeinsames sexuelles Erlebnis: Wir masturbierten zusammen in seinem Jungszimmer in Bad Homburg. Alex war ein Marine-Verrückter, an den Wänden hingen lauter Bilder von Seeschlachten, auf den Tischen und Schränken ankerten beeindruckende Modelle von Kriegsschiffen. Dazwischen wir beide, nicht verliebt, aber kameradschaftlich und ungestüm gemeinsam die Lust entdeckend.

Schwärmerisch verliebt war ich in einen anderen Jungen aus meiner Klasse, meinen besten Freund. An Wochenenden unternahmen wir gemeinsame Radtouren in der Umgebung von Frankfurt oder in Richtung Höchst im Odenwald, in die Abgelegenheit unserer Jagdhütte. An einem herrlichen Frühlingstag legten wir uns dort in die Sonne, beide nackt, umarmten und küssten uns. Es war unbeschreiblich schön.

Doch hinterher, als ich wieder allein war, kamen die Schuldgefühle. Ich bin also schwul, dachte ich, genau wie Onkel Helmut. Gern hätte ich mich jemandem anvertraut – aber wem? Der Vater war nicht da. Mein drei Jahre älterer Bruder tobte sich gerade selber aus; vor ihm hätte ich mich geniert. Mit der Mutter wollte ich auch nicht darüber sprechen. Wenn sie Flecken auf meiner Bettdecke entdeckte, schimpfte sie zwar nicht, machte aber immer ein etwas vorwurfsvolles Gesicht und sagte Sätze wie: «Ich bin jetzt ein bisschen traurig.»

Als Zwölfjähriger, 1940

Das rettende Gespräch fand schließlich mit einem Freund meines Vaters statt, dem Psychiater Johannes H. Schultz, berühmt geworden durch das von ihm aus der indischen Meditationslehre entwickelte autogene Training. Ein netter, weiser Mann. Er lebte und arbeitete in Berlin, und immer, wenn er in Frankfurt zu tun hatte, übernachtete er bei uns.

Bei einem dieser Besuche nahm er mich beiseite: «Dein Vater ist nicht da, also erzähl mir mal, was weißt du über Sexualität?» Endlich konnte ich jemandem meine Ängste anvertrauen. Er hörte mir lächelnd zu und sagte dann: «Mach dir mal keine Sorgen. Entweder das ist eine Entwicklungsphase und du kommst davon los. Oder auch nicht.»

«Oder auch nicht» – das klang aus seinem Munde nicht wie ein Makel, nicht wie etwas, wofür man sich schämen müsste. Schließlich gab er mir noch ein Buch zu lesen, das er geschrieben hatte: «Geschlecht, Liebe, Ehe», ein für die damalige Zeit sehr progressives Werk.

Die Unterhaltung mit Professor Schultz und die Lektüre seines Buches befreiten mich mit einem Schlag von allen Ängsten und Schuldgefühlen.

Das nächste von mir als hochdramatisch empfundene erotische Erlebnis, diesmal mit einem Mädchen, ereignete sich in Groß Below, dem Gutshof in Mecklenburg, auf dem ich seit meinem zehnten Lebensjahr regelmäßig die Sommerferien verbrachte. Er gehörte Verwandten jenes befreundeten Kriminaldirektors von Behr, der meinen Vater in Kiel rechtzeitig vor den Nazis gewarnt hatte. Auf diesem Hof entdeckte ich meine Leidenschaft für die

Landwirtschaft und arbeitete mit – für 10 Pfennig in der Stunde. Manchmal bekam ich 8,50 Mark in der Woche zusammen, so begeistert war ich bei der Sache.

Im Sommer 1943, ich ging auf die fünfzehn zu, erschien Nicola in Groß Below.

Sie war aus dem schwer vom Krieg heimgesuchten Berlin aufs Land geschickt worden, um sich zu erholen und ordentlich zu essen zu bekommen. Wir mochten uns. Eines Tages standen wir beide nebeneinander und sahen zu, wie mitten auf dem Gutshof eine Stute gedeckt wurde. In der Landwirtschaft eine ganz normale Angelegenheit, aber zwischen Nicola und mir flirrte plötzlich die Hitze, eine fast mit den Händen greifbare Spannung lag in der Luft, als der Hengst auf der Stute aufsaß.

Es dauerte nicht lange, da zog sie mich ins Heu und fragte: «Wie groß ist er denn bei dir?»

Ich zeigte es ihr, wir umarmten und berührten uns. Wer weiß, was noch alles passiert wäre, aber plötzlich tauchte der Kopf eines Melkers auf, der uns hinterhergestiegen war. Er raste zum Chef und verpetzte uns. Binnen einer Stunde musste Nicola ihre Koffer packen und den Hof verlassen; auf dem Pferdewagen wurde sie zur nächsten Bahnstation gebracht.

Ich musste mit Nagelschere und Zahnbürste die Auffahrt zum Schloss reinigen, zwei Tage lang.

Noch eine weitere Episode war nicht unbedingt dazu angetan, die Beziehung zu einem Mädchen als grundsätzlich konfliktfrei zu begreifen. Zu Hause, drei Stockwerke über uns, wohnte Lieselotte, Tochter reicher Leute, eine großartige Reiterin. Ich schwärmte sehr für sie, traute mich aber nicht, ihr meine Gefühle mündlich zu offenbaren.

Also schrieb ich ihr einen romantischen Brief, als ich wieder einmal Ferien in Groß Below machte. Sie schrieb postwendend zurück: «Lieber Oswalt, ich habe deinen drolligen Brief meiner Familie vorgelesen, und wir haben alle herzlich gelacht.»

Ich war empört, meine Liebe starb im Handumdrehen. Lieselotte, die mich so kalt abblitzen ließ, hat später einen Herrn Linsenhoff geheiratet und unter diesem Namen eine beeindruckende Karriere als Dressurreiterin hingelegt.

Die schreckliche Wahrheit

Im Herbst 1944 wurden wir Hitlerjungen zum Einsatz an der Mosel eingezogen. Die Weinbauern dort verwöhnten uns zwar nach Kräften, aber der Dienst war der blanke Horror. Zwischen den Weinbergen mussten wir lange Panzergräben ausheben. Wenn wir nach oben schauten, sahen wir die V2-Raketen Richtung England fliegen, Hitlers «Vergeltungswaffe», nur ein paar hundert Meter über uns. Oder es kamen die feindlichen Tiefflieger, deren Bordkanonen ununterbrochen ratterten. Am Abend, in der Unterkunft, hieß es dann: wieder sechs Hitlerjungen im Nachbarabschnitt tödlich getroffen. Es war grauenvoll.

Später am Westwall in der Eifel, dem großen Verteidigungssystem mit seinen Tausenden von Bunkern, Stollen und Gräben, sollten wir Panzerlöcher bauen. Mir ist, als hätte es damals nur geregnet. Es regnete und regnete, und es war eiskalt. Wir hatten keine ordentlichen Schuhe mehr, waren bis auf die Haut durchnässt, froren entsetzlich und wühlten im Schlamm, zerstochen von Wanzen. In den Panzerlöchern erhielten wir eine Art militärischer Ausbildung an Panzerfäusten und Panzerschrecks, schweren Geräten, die man auf der Schulter tragen musste, um damit die feindlichen Panzer abzuschießen.

Pünktlich zu meinem sechzehnten Geburtstag bekam ich ein Päckchen von meinem Vater. Die Kameraden sahen neugierig zu, als ich es auspackte. Sie hofften wie ich auf eine Flasche Schnaps. Doch da war nichts zu trinken in dem Päckchen, heraus kam – ein silbergrauer Schlips.

So war mein Vater.

Eine ähnliche Geschichte mit dem Oberstabsarzt Kurt Kolle hat ein Freund unserer Familie erlebt. Eine noch absurdere vielleicht. Harro Brandt war der Patensohn meines Vaters. Er hockte bei Stalingrad im Schnee, um ihn herum Kälte und Tod, als es hieß: «Du bekommst Besuch.» Im offenen Kübelwagen erscheint mein Vater, extra herübergekommen von seinem nicht weit entfernten Lazarett. Uniform, weiße Handschuhe, er schwingt sich aus dem Wagen und sagt: «Harro, ich habe dir etwas mitgebracht.» Harro denkt natürlich auch als Erstes an Schnaps oder Schokolade, da überreicht mein Vater ihm mit den Worten «Das hier wird dir wirklich helfen, mein Junge» feierlich das «Stundenbuch» mit den Gedichten von Rilke.

Harro hat uns diese Geschichte dreißig Jahre später erzählt: beim Begräbnis meines Vaters im Jahr 1975.

In diesem grauenvollen Herbst 1944 am Westwall hätten wir an solchen Episoden nichts Komisches finden können. Ich wünschte nichts sehnlicher, als endlich aus diesen Schlammlöchern und aus der ewig nassen Kleidung herauszukommen. Es gab nichts Anständiges zu essen, wir schufteten und gruben wie die Irren, mussten diese gewaltigen Mulden ausheben, in denen sich die Panzer verstecken konnten, anschließend drum herum und darüber Bäume zur Tarnung pflanzen.

Manchmal träume ich noch davon: dieser widerliche gelbe Schlamm, den wir da in der Eifel Stunde um Stunde schaufelten.

In dieser Situation kam ein SS-Offizier zu uns in die Stellung, ließ antreten und hielt eine markige Ansprache, die folgendermaßen endete: «Wir brauchen neue Soldaten; wer von euch meldet sich hier nicht freiwillig? Der soll links raustreten.»

Natürlich trat nicht ein einziger Hitlerjunge links heraus. Alle fünfundzwanzig Jungs aus unserer Gruppe meldeten sich, und das keineswegs aus Angst vor etwaigen Folgen, wenn sie es nicht täten.

Wir wollten zur SS. Wir wollten hier weg, lieber heute als morgen, wollten endlich warme Uniformen haben, schützende Knobelbecher an den Füßen. Wir sehnten uns nach Schnaps und Zigaretten, wovon, wie wir uns vorstellten, es bei der SS reichlich geben würde.

Daraus abzuleiten, dass wir deshalb alle linientreue, überzeugte Nazis waren, wäre idiotisch. Die Debatte, die sich vor zwei Jahren über die SS-Mitgliedschaft von Günter Grass entzündet hat, konnte ich deshalb auch nur mit Unverständnis zur Kenntnis nehmen. Die Ideologie des Systems kam in den Panzerlöchern oder abends in der Unterkunft kaum je zur Sprache. Vielleicht waren da zwei oder drei, die gelegentlich von Hitler als dem Retter des deutschen Volkes oder der arischen Rasse faselten, aber das war auch alles. Richtig ist: Wir waren nationalpolitisch erzogen, national gesinnt und mit unseren fünfzehn oder sechzehn Jahren bestimmt keine Widerstandskämpfer. Und wir glaubten tatsächlich, zur Rettung des Vaterlandes beitragen zu können.

Nachdem wir alle unsere Bereitschaft bekundet hatten, mussten wir die Klamotten ausziehen. Dann erschien ein SS-Arzt, musterte uns mit prüfenden Blicken und entschied über unser Schicksal: «Du ja! Du nicht, du kannst kommen, du bleibst hier.»

Schließlich kam ich dran, gab mein Bestes, möglichst kampfstark und wehrhaft auszusehen. «Du bist ja mager wie ein Aal», sagte der Arzt zu mir, «dich können wir nicht brauchen, der Nächste!»

Ich war maßlos enttäuscht.

Kurze Zeit später begann die schlimme Ardennen-Offensive. Die meisten meiner Kameraden, die die Aufnahme bestanden hatten, sind verheizt worden, elend verreckt auf den Schlachtfeldern.

Im Dezember war die Mission Westwall für mich beendet. Einen Tag vor Weihnachten kam ich nach Hause, nach Königstein im Taunus, wo wir ja als «Ausgebombte» inzwischen bei den Brandts lebten, der Familie des von meinem Vater mit den Rilke-Gedichten beschenkten jungen Soldaten Harro.

Ausgemergelt, abgemagert bis auf die Knochen fiel ich meiner Mutter in die Arme. Mein mittlerweile vier Jahre alter Bruder Gert brauchte eine Weile, um mich wiederzuerkennen.

Es war in diesen letzten Weihnachtsferien des Krieges (ich war seit meinem Marschbefehl zum Westwall kein Schüler mehr, aber Ferien waren es trotzdem), als ich zum ersten Mal die ungeheuerliche Wahrheit über die systematische Ausrottung der Juden erfuhr. Die Erkenntnis, dass Deutschland, zu dessen Verteidigung ich mich eben erst freiwillig zu melden versucht hatte, von Verbrechern und Mördern regiert wurde, war ein Schock für mich.

Erst wenige Tage zuvor hatte ich mich mit einem Freund erbittert über das Stauffenberg-Attentat auf Hitler im Juli 1944 gestritten. Der Freund, etwas älter als ich, durch und durch Anti-Nazi, hatte das Vorgehen der Widerständler gutgeheißen und sie als Offiziere gerühmt, die für das Vaterland gehandelt hätten und gestorben seien.

Ich aber beharrte in diesem Gespräch auf meiner Meinung: Der Treueeid des Soldaten sei bindend, der Verrat durch nichts zu rechtfertigen. Wir waren in dieser Diskussion so heftig aneinandergeraten, dass darüber beinahe die Freundschaft zerbrochen wäre.

Schauplatz der niederschmetternden Offenbarung war Frankfurt. Nachdem sie mich wieder halbwegs aufgepäppelt hatte, schickte meine Mutter mich in die zerbombte Stadt. Ich sollte mich um die zerstörte Wohnung kümmern, retten, was zu retten war, nach Wertgegenständen und Dokumenten suchen, die kaputten Fenster mit Pappdeckeln abdichten, nachsehen, was aus den Nachbarn geworden war.

Und mal bei Onkel August vorbeischauen.

Mein Patenonkel August Oswalt freute sich, mich wiederzusehen, und lud mich zum Mittagessen in ein vornehmes Restaurant ein, das vom Krieg verschont geblieben war. Es gab Dinge zu essen, die ich gar nicht mehr kannte. An eine wunderbare Leberpastete erinnere ich mich, aber ungleich stärker hat sich unser Gespräch in mein Gedächtnis gebrannt.

«Ich muss dir jetzt etwas erzählen», sagte Onkel August, «was du niemals irgendjemandem weitersagen darfst, weil es dich und mich und viele andere gefährdet: Ich habe Angst, dass sie mich abholen.»

Ich wusste ja, dass er Halbjude war, aber auch, dass er im Ersten Weltkrieg für Deutschland gekämpft hatte. «Aber wieso dich denn?», fragte ich erschrocken. «Du bist doch ehemaliger Frontkämpfer. Du bist doch geschützt!»

«Das dachte ich auch, aber sie haben viele meiner jüdischen Freunde abgeholt, die sind jetzt alle tot. Sie holen alle Juden ab, und alle werden ermordet. Alle. Ich weiß es. Und jetzt habe auch ich Angst. Und du sollst wissen, wenn ich morgen nicht mehr da bin, dann ist es das.»

Das war die Begegnung mit Onkel August. Ein Mittagessen im Feinschmeckerrestaurant, das mein Leben und Denken von Grund auf ändern und mich bis zum Ende des Krieges um sein weiteres Schicksal bangen lassen sollte.

Es ist ihm, durch welches Glück auch immer, dann doch nichts passiert, und es gehört zu den Merkwürdigkeiten dieser Zeit, dass wir hinterher nie mehr darüber gesprochen haben. Kein einziges Wort, obwohl wir noch viel miteinander zu tun hatten. Ich hatte später mein Konto auf seiner Bank, und er verweigerte mir – worüber ich damals ungeheuer wütend war – einen Kredit für mein erstes Auto, mit der Begründung, dass es falsch sei, sich zu verschulden. Jahre später hat er uns auf Sylt besucht, mit einer neuen Frau an seiner Seite. Aber nie mehr ist dieses Mittagessen Ende 1944 zur Sprache gekommen. Ich habe keine Ahnung, wie er die letzten Kriegsmonate verbracht und ob er sich zum Schluss doch noch versteckt hat.

Das Jahr 1945 war drei Tage alt, als ich meine Einberufung zur Wehrmacht erhielt. Im März sollte ich in der Kaserne in Bensheim an der Bergstraße antreten. Meine Bereitschaft, zu den Waffen zu eilen, war mittlerweile auf null gesunken, und auch meine Mutter war strikt dagegen. Sie schickte mich zu einem befreundeten Chefarzt, der beim Reichsarbeitsdienst tätig war, mit der Bitte, mich wegen meiner immer noch nicht ganz verheilten Blinddarmwunde zu untersuchen, und der schrieb mich erst mal marschunfähig. Das war mein Glück. Vor der nächsten Untersuchung rückten schon die Amerikaner in Frankfurt ein.

Der Krieg war zu Ende – aber nun hatte ich große Angst, in Gefangenschaft zu geraten. Immerhin war ich ja Soldat und hatte einen Wehrpass. Also ging ich in den Wald und vergrub die Dokumente, die mich als Angehörigen der Wehrmacht hätten identifizieren können, neben einem Baum. Und, sicher ist sicher, meine privaten Jagdgewehre, die mir lieb und teuer waren, gleich mit. Mehrmals ging ich in dem Waldstück hin und her, um mir die Stelle zu merken, damit ich die Flinten später wieder ausbuddeln konnte. Aber ich habe den Baum leider nie wiedergefunden.

Im Juli kam mein Vater zurück. Sein Feldlazarett war zuletzt von Russland in die Tschechoslowakei verlegt worden. Als es vorbei war, stellte der Oberfeldarzt Kurt Kolle seinen Leuten Urlaubsscheine aus und sagte: «Geht nach Hause!» Er selbst machte sich auch zu Fuß auf den Weg, schlüpfte bei einem befreundeten Schriftsteller an der tschechischen Grenze unter, tauschte seine Uniform gegen Zivilkleidung, schlug sich nach München durch und von dort nach Königstein. Als er plötzlich vor mir stand, fing ich an zu weinen.

Und schließlich tauchte auch mein Bruder Peter wieder auf. Kurz vor Toresschluss hatte er sich noch freiwillig zur Kriegsmarine gemeldet und war in Heiligenhafen auf der «Emden» zum Fähnrich ausgebildet worden. Die Engländer steckten ihn in ein Kriegsgefangenenlager in Schleswig-Holstein, ließen ihn aber bald wieder laufen.

Ein gnädiges Geschick hatte dafür gesorgt, dass das wahnwitzige Vorhaben des Großadmirals Dönitz, auf das die Jungs auf der «Emden» systematisch vorbereitet wurden, nicht mehr zur Ausführung kam: Der Oberbefehlshaber der Marine und seit Hitlers Selbstmord dessen Nachfolger, wollte im Seekrieg in der Ostsee die «letzte Waffe» einsetzen: kleine U-Boote, die sich in die Rümpfe der gegnerischen Schlachtschiffe bohren sollten.

Mit anderen Worten: ein Selbstmordkommando mit bemannten Torpedos. Wäre es dazu gekommen, wir hätten Peter nie wiedergesehen.

Frankfurt und die Vororte lagen größtenteils in Trümmern, auf den Straßen herrschte das Elend. In unsere zerstörte Wohnung zurückzukehren, daran war noch nicht zu denken. Ich war ein abgebrochener Gymnasiast, der Schulbetrieb ruhte, das Abitur konnte ich mir erst mal abschminken.

Und doch beseelte mich ein unbeschreibliches Gefühl: Freiheit. Wir alle waren nochmal davongekommen, hatten das Grauen überstanden. Wir wollten leben.

Was sollte ich anfangen mit diesem neuen, wiedergewonnenen Leben? In den Ferien in Groß-Below hatte ich meine Passion für die Landwirtschaft entdeckt. Dorthin zog es mich. Ich liebte Pferde und die Arbeit auf dem Hof, träumte davon, selber einmal ein Gut zu bewirtschaften. In der Nähe von Königstein gab es den Rettershof, ein großes Landgut, da bewarb ich mich als Lehrling und wurde genommen.

Mit der neuen Freiheit war es auf diesem Hof allerdings nicht weit her. Manchmal kam es mir vor, als ob der Krieg doch noch nicht vorbei war. Der Besitzer war Offizier gewesen, und so mussten wir ihn auch ansprechen: «Herr Major». Sein Stellvertreter, der uns triezte wie auf einem Kasernenhof, war ein gewisser Herr Müller. Er bestand darauf, «Herr Oberst» zu sein.

Ganz nutzlos war dieses militärische Gebaren allerdings nicht. Denn beinahe jede Nacht mussten wir uns mit ehemaligen polnischen Zwangsarbeitern auseinandersetzen, die, inzwischen frei, mit Dolchen bewaffnet auf unseren Hof eindrangen. Dramatische Szenen spielten sich ab, wir mussten nachts regelrecht Wache schieben.

Noch dramatischer war ein Zwischenfall, an dem mein Freund Willi, Lehrling wie ich, schuld war. Ich mochte ihn, er war ein toller Typ, ein richtiger Frankfurter Striezel.

Was ihn besonders interessant machte: Er besaß eine Pistole. Und er war schwer verliebt in eines der Mädchen, die am anderen Ende des Hofes ihre Schlafräume hatten. Da schlich er sich nun eines Nachts hin und zeigte seiner Angebeteten, um ihr zu imponieren, die Waffe. Dabei löste sich ein Schuss, und das Mädchen war tot. Ein gewaltiger Schock für alle, große Aufregung, die amerikanische Militärpolizei rückte an, nahm den Schützen fest und sperrte ihn ein. Allein für den Besitz der Waffe hätte man ihn schon zum Tode verurteilen können, geschweige denn für die Tat, aber irgendwie ist er dann doch davongekommen.

Mir machte man nun die Hölle heiß, weil ich die Tat nicht verhindert hatte. Schließlich sei Willi mein Freund gewesen und ich hätte doch gewusst, dass er diese Pistole besaß. Das musste ich mir wochenlang anhören, bis ich schließlich mein Bündel schnürte und das Weite suchte.

Bei einem Bauern in Alsfeld nahm ich den zweiten Anlauf zu meiner landwirtschaftlichen Karriere. Mein neuer Chef war ein magenkranker Choleriker, der meistens brüllte und dem wir Lehrlinge offenbar gleichgültig waren. Bei ihm blieb ich zwei Monate, und kurz nachdem ich weg war, hörte ich, er sei von Polen überfallen und erschossen worden.

Im Herbst 1945 stand ich wieder zu Hause in Frankfurt

vor der Tür, wohin meine Eltern inzwischen zurückgekehrt waren. Meine Mutter erschrak, als sie die Tür öffnete und mich da stehen sah: «Was willst du denn hier, bist du abgehauen?» Das war eine große Enttäuschung. Ich hatte mir vorgestellt, sie würde mich genauso glücklich in den Arm nehmen wie im Jahr zuvor, als ich vom Westwall heimkehrte. Aber sie meinte es natürlich nicht böse, es war eher Hilflosigkeit. Sie hatte wohl die Befürchtung, das wenige Essen würde für uns alle nicht reichen.

Ganz so schlimm war es aber dann doch nicht, denn mein Vater praktizierte wieder als Nervenarzt und wurde von seinen Patienten häufig in Naturalien bezahlt: Obst, Brot, manchmal Butter und ganz selten sogar ein Stück Fleisch.

Ich trug auch meinen kleinen Teil zur Nahrungsbeschaffung bei. Unsere Wohnung bestand ja nur aus den vorderen drei notdürftig hergerichteten Zimmern. Den rückwärtigen Teil gab es nicht mehr, der Zugang zum Vorratskeller war durch Bombenschutt versperrt. Die einzige Verbindung waren die Außenfenster – ähnlich wie in jenem zerbombten Haus, in dessen Keller die verkohlten Leichen gelegen hatten. Sie waren so winzig, dass ein Mensch mit normalen Körpermaßen nicht hindurchpasste. Ich als der Dünnste aber konnte da gerade eben durchschlüpfen, um unversehrt gebliebene Weckgläser und Weinflaschen heraufzuholen. Jede Sekunde hätte alles zusammenkrachen können, dann wäre ich unter den Trümmern begraben worden. Aber das Risiko nahm ich auf mich. Oben an der Luke standen mein Vater und mein Bruder und hievten mich mit meiner wertvollen Fracht wieder herauf.

Und endlich kam die ersehnte Gelegenheit, es mit der Landwirtschaft ein drittes Mal zu versuchen. Meine Mutter hatte das über Beziehungen zu einem Landrat organisiert. Ich konnte auf dem Lehrhof der Landwirtschaftskammer Hessen-Nassau in Vogelsberg anfangen.

Der Chef war ein gewisser Herr Bender. Er war eigentlich nur aus Versehen in Deutschland geblieben. Vor Jahren schon war er nach Kanada ausgewandert, aber im Sommer 1939 mit seiner Frau und den drei Töchtern nochmal zurückgekommen, um Erbschaftsangelegenheiten zu regeln. Dann brach der Krieg aus, und die Familie konnte nicht mehr zurück. Auch jetzt zogen sich die Formalitäten zur endgültigen Rückkehr auf die Farm in Kanada noch endlos in die Länge. In der Zwischenzeit leitete er ebendiesen Lehrhof.

Er war ein wunderbarer, liebenswürdiger Mann. Wir nannten ihn «Sir Henry», sprachen überhaupt meistens Englisch mit ihm, wodurch ich die Sprache in Windeseile lernte. Das Wunderbarste an ihm aber war seine älteste Tochter. Catherine war gerade sechzehn und meine erste große romantische Liebe.

Es ist ein Phänomen, für Städter vielleicht schwer zu verstehen, wie anregend das Leben auf dem Bauernhof, besonders der Umgang mit den Tieren, auf zwei junge Menschen wirken kann. Bei Nicola in Groß Below war es das Decken der Stute gewesen, hier in Vogelsberg geschah es beim Füttern der Kälber. Das war mein Amt, jeden Abend, und als ich wieder einmal die Hand aus dem Maul eines der jungen Tiere zog, griff Catherine zu und leckte sie ab. Plötzlich lagen wir uns in den Armen.

Es war und blieb aber alles ganz harmlos. Einmal, Catherine lang krank im Bett, berührte ich ihre Brust. Zärtliche Küsse gab es natürlich bei jeder sich bietenden Gelegenheit. Aber Catherine war streng katholisch erzogen und empfand bereits den Zungenkuss als eine «französische Schweinerei». Trotzdem waren wir bis über beide Ohren verliebt und berauscht von dem Gefühl, geliebt zu werden.

Obwohl ich ja bereits erste sexuelle Erfahrungen gemacht hatte und nach neuen begehrte – der Aufruhr des Herzens war eine mindestens ebenbürtige Erfahrung. Wir gingen viel zusammen ins Kino, saßen händchenhaltend im dunklen Saal. Meistens war allerdings noch ihre dreizehnjährige Schwester Irmi dabei, von den besorgten Eltern als Aufpasserin mitgeschickt.

Von den Helden auf der Leinwand imponierte mir besonders Humphrey Bogart; an ihm modellierte ich meinen eigenen Auftritt. Sein markantestes Merkmal war die lässig aus dem Mundwinkel hängende Zigarette, und ich glaubte zu spüren, wie Catherine mich dafür bewunderte.

Die Arbeit auf dem Hof war hart, aber ich genoss sie dennoch. Ich verdiente 50 Mark im Monat, bei freier Kost und Logis, und teilte mir mit einem anderen Lehrling ein Zimmer über dem Schweinestall. Morgens und abends molk ich die Kühe. Mit Pferden konnte ich sowieso schon gut umgehen; hier lernte ich es perfekt. Auf dem Mähdrescher zu thronen und dieses komplizierte Gerät fehlerfrei zu bedienen, bescherte mir Glücksgefühle. Mit zwei Ochsen, Max und Moritz hießen sie, hatte ich das Feld zu pflügen. Beide waren recht eigenwillige Gesellen und schwer dazu zu bringen, den Pflug schnurgerade zu ziehen.

Zwei Examen vor einer Kommission von Bauern bestand ich ohne Probleme und mit Bestnoten. Nach dem ersten war ich staatlich anerkannter Landarbeitsgehilfe, nach dem zweiten Landwirtschaftsgehilfe. Beides ging einher mit mehr Lohn. Mein Glück war komplett. Leben und Arbeiten auf dem Land schien meine Bestimmung zu sein. Mein Plan war, nach bestandener Lehre das Abitur nachzuholen und dann Landwirtschaft zu studieren.

Als ich nach der zweiten Lehrprüfung zurück auf den Hof nach Vogelsberg kam, eröffnete mir Sir Henry aus heiterem Himmel, dass die Familie nun bald nach Kanada zurückgehen werde, und machte mir ein überraschendes Angebot: ob ich nicht mitkommen wolle.

Tagelang redete er auf mich ein, malte meine Zukunft in leuchtenden Farben. Ich dachte an Catherine – sie war inzwischen von den um ihre Unschuld besorgten Eltern auf ein katholisches Stift in Fulda geschickt worden, wo ich sie aber gelegentlich besuchen durfte. Ich dachte an uns beide und unsere große Liebe. Ich dachte an die Weite der kanadischen Landschaft, an die riesigen Wälder, von denen ich so viel gehört hatte. Ich sah mich schon als Inspektor auf einer großen Farm in diesem sagenumwobenen Land.

Es war eine Lebensentscheidung, die zu treffen war, und ich schleppte sie wochenlang mit mir herum. Den Rat meiner Eltern holte ich gar nicht erst ein, weil ihre Meinung sowieso feststand. Angesichts der Not, die in Frankfurt herrschte, hätten sie mich darin bestärkt, das Angebot anzunehmen.

Es kostete mich eine riesengroße Überwindung, aber ich habe schließlich nein gesagt. Selbst als Catherine mich beschwor, ich könne sie doch nicht allein gehen lassen. Selbst als alle Benders am allerletzten Tag, schon im Aufbruch, bei uns zu Hause in Frankfurt vorbeikamen und sie mich noch einmal anflehte: «Pack deine Sachen und komm mit!»

Ich habe Catherine nie wiedergesehen, vor ein paar Jahren ist sie an Krebs gestorben. Erfahren habe ich das von ihrer Schwester Irmi, unserer kleinen Aufpasserin von damals, mit den blonden Zöpfen. Irmi, inzwischen weit über siebzig, kam aus Kanada zu Besuch, gab mir meine Briefe an Catherine zurück und konnte sich noch an jede Einzelheit erinnern: «Weißt du noch, wie ich immer ein paar Meter hinter euch ging, damit ihr euch ungestört küssen konntet?»

Die andere Seite

Nun war es keineswegs so, dass ich mit meinen fast achtzehn Jahren die drängenden sexuellen Bedürfnisse komplett unterdrückt hätte, zugunsten des reinen Gefühls und der Poesie, die über der Beziehung zu Catherine lag.

Es gab da noch jemanden.

Während der Lehrzeit hatte ich freie Tage, an denen ich den Hof verlassen, zur Familie nach Frankfurt fahren oder Ausflüge machen konnte. Auf einem Gutshof in der Nähe von Lauterbach lebte ein Freund, ein junger Adeliger, zu dem ich sexuellen Kontakt hatte.

Wir ritten zusammen aus, lagen zusammen auf duftenden Wiesen, erlebten zusammen wunderbare Momente. Wir küssten uns, legten spielerisch Hand aneinander, genossen die zärtliche Leichtigkeit, die einer homoerotischen Jünglingsbeziehung innewohnt.

Thomas Mann hat sie in seinem Tagebuch unnachahmlich in Worte gekleidet: «Ich habe ihn geküsst, ich habe geliebt. Jetzt erst kann ich sagen, ich habe gelebt.» Dieser Satz hat mich immer stark beeindruckt. Vor zehn Jahren habe ich ihn in der Eröffnungsrede zum ersten Internationalen Bisexuellen Kongress zitiert.

Als noch nicht mal Zwanzigjähriger war ich in diesen Dingen noch ohne literarischen Beistand. Und ich hatte niemanden, mit dem ich darüber reden konnte. Ich spürte nur ein großes Staunen und das beglückende Gefühl, Sexualität und Erotik nicht nur einseitig, sondern von immer neuen faszinierenden Seiten aus kennenzulernen.

Später, in meiner beruflichen Arbeit, war das ein zentraler Punkt, auf den ich gar nicht oft genug hinweisen konnte: Es gibt nicht nur eine Variante der Liebe, nicht nur zwei, nicht nur zehn. Es gibt unzählige, und wer darf sich eigentlich anmaßen, darüber zu bestimmen, welche die richtige ist!

Dies alles so früh vor mir sich ausbreiten zu sehen, für diese Erfahrung bin ich unendlich dankbar. Sie hat mein Leben und meine Arbeit nachhaltig geprägt. Ebenso dankbar wie Professor Schultz, der mir als verwirrtem Halbwüchsigen rechtzeitig die Ängste vor dem Anderssein und die Schuldgefühle nahm.

Wenn ich von den Ausflügen mit meinem adeligen

Freund zurück auf den Hof kam und Catherine in meine Arme flog, verspürte ich keinerlei Scham. Nicht mal ein schlechtes Gewissen, denn die romantische Liebe zu ihr und die erotische Beziehung zu dem Jungen hatten für mich nichts miteinander zu tun. Bei keinem von beiden beschlich mich das Gefühl, einen Treuebruch begangen zu haben.

Das Thema Treue hat eine große Rolle sowohl in meiner fast fünfzig Jahre währenden Ehe wie in meiner beruflichen Aufklärungsarbeit gespielt. Es gibt da die für mich sehr wichtige Unterscheidung zwischen sexueller und sozialer Treue – wobei die letztere bedingt, dass man den Bruch der ersteren dem Partner nicht nur nicht verschweigt, sondern selber auch zugesteht. Nach dieser Maxime habe ich mit meiner wunderbaren Frau Marlies gelebt – mit einer Einschränkung von meiner Seite: Meine Bisexualität brachte ich erst sehr spät zur Sprache, nach zweieinhalb Jahren Ehe. Das Ergebnis war, zugegeben, ein Schock.

Wenn es noch weitere vier Jahrzehnte dauern sollte, bis ich in einem Buch («Nach beiden Seiten offen») auch öffentlich Stellung bezog, dann wird verständlich, dass ich es Ende der vierziger Jahre erst recht vorzog, über meine homosexuellen Erfahrungen zu schweigen.

Natürlich auch gegenüber Freunden und Bekannten, Homosexualität galt schließlich als ein Verbrechen, das mit Gefängnis geahndet wurde. Unter Hitler waren Zigtausende Schwule ins KZ gekommen, viele von ihnen wurden ermordet.

Doch mit dem Ende des Krieges war die Verteufelung nicht vorbei. Der berüchtigte Paragraph 175 sorgte für

Angst und Schrecken in der Frankfurter Homo-Szene. Mit Hilfe von aufgegriffenen Strichjungen, die sich Straffreiheit durch Denunziation erhofften, veranstaltete die Frankfurter Polizei regelrechte Hetzjagden. Die Stricher zeigten auf irgendein erleuchtetes Fenster und riefen: «Da treiben es zwei Schwule!» Dann stürmten die Beamten dort rauf, traten die Tür ein, schwangen die Knüppel und schleppten ihre Opfer auf das Revier.

Ich wusste von meinem Vater, dass er in seiner psychiatrischen Praxis viel mit Homosexuellen zu tun hatte. Sie litten unter ihrer Veranlagung, unter dem Zwang, sich verstecken zu müssen, und unter Erpressung. Mein Vater war gut befreundet mit dem damals amtierenden Generalstaatsanwalt, einem liberal denkenden Mann. Der sagte ihm: «Lieber Herr Kolle, Sie können jeden homosexuellen Patienten, der erpresst wird, zu mir schicken, und ich verspreche Ihnen, dass ich den Erpresser jage und nicht den Homosexuellen.» Doch Leute wie diesen Staatsanwalt gab es sehr wenige im Beamtenapparat.

Mein Vater selbst hatte immer eine ausgesprochen tolerante Einstellung gegenüber Homosexuellen. Er sah sie nicht als Verbrecher oder gar «Volksschädlinge» wie damals noch viele seiner Kollegen. Er hat zahlreiche wissenschaftliche Arbeiten zu dem Thema verfasst, unter anderem später ein Kapitel in meinem Buch «Dein Mann, das unbekannte Wesen». Schließlich kannte er das Problem ja auch aus der eigenen Familie, von meinem Onkel Helmut, seinem Bruder.

Und doch habe ich es nicht fertiggebracht, mich ihm zu offenbaren.

Eines Tages saßen Peter und ich mit ihm zusammen, als das Thema aufkam und er plötzlich fragte: «Ihr beide seid doch nicht homosexuell?» Wir waren in aufgeräumter Stimmung, weshalb ich mich zu einem kleinen Spaß hinreißen ließ und antwortete: «Na ja ...» Da wurde er böse, schlug mit der Faust auf den Tisch und ermahnte mich: «Damit macht man keine Scherze.»

On The Road

Als Arzt gehörte mein Vater zu den Auserwählten, die Auto fahren und Benzin tanken durften. Er hatte seinen Mercedes durch den Krieg gerettet. Aber in einem Anfall von geistiger Umnachtung – so sahen es jedenfalls mein Bruder und ich – verkaufte er dieses Traumauto. Irgendein Wichtigtuer hatte ihm erzählt, für Mercedes gebe es bald keine Ersatzteile mehr, die Marke habe ausgedient. Also ließ er sich einen Ford Eifel aufschwatzen, eine richtige Gurke.

Für mich und Peter, Medizinstudent und schon im Besitz eines Führerscheins, bot der neue Wagen allerdings auch ungeahnte Möglichkeiten. Not macht bekanntlich erfinderisch, und uns kam eine geniale Idee. Im Mercedes hätten wir uns nicht getraut, sie durchzuziehen.

Wir hatten spitzbekommen, dass es in Frankfurt zu wenig Taxis gab. Also kletterten wir nachts durch das Badezimmerfenster, schlichen uns zur Garage und holten den

Gurken-Ford raus. Mit dem fuhren wir dann die Kaiserstraße rauf und runter, da standen die GIs, von denen wir wussten, dass sie bis Mitternacht in der Kaserne in Friedberg sein mussten.

Der Fahrdienst der Gebrüder Kolle schlug ein. Es gab Nächte, da hatten wir mehrere Touren. Und ziemlich schnell lernten wir, dass auch die Frühschicht lohnenswert war, also nicht erst kurz vor Mitternacht, wenn Eile für die Soldaten geboten war, sondern so gegen halb elf. Dann nämlich hatten unsere Fahrgäste noch Zeit, Sonderwünsche zu äußern, und es hieß: «Let's have a fuck.»

Am Straßenrand standen jede Menge Frankfurter Schönheiten und warteten auf amerikanische Freier. Wir hielten an, kurbelten die Scheibe runter, der Soldat fragte: «What do you want?» Antwort: «Five dollars in the car.» Soldat: «Okay, come in!» Dann stiegen Peter und ich aus und rauchten eine Zigarette. Und viel länger brauchten die da drinnen auch nicht, im Ford Eifel des Nervenarztes Kurt Kolle.

Ich höre noch eine der Bordstein-Grazien – der Spruch war zwischen mir und meinem Bruder lange geflügeltes Wort. Sie steckte ihr Köpfchen ins Auto und sagte zu dem GI: «American people good people, gell?»

Bezahlt wurden wir meistens in Waren: Dosen mit Corned Beef zum Beispiel, Schokolade, Pfeifentabak, stangenweise Camel, Chesterfield und Lucky Strike. Das waren für uns geradezu mythische Zigarettenmarken, nicht minder von Amerikas Gloria kündend als Glenn Miller, mein Freund Bogey oder Coca-Cola.

Was wir nicht selber brauchten, tauschten wir am Hauptbahnhof gegen Brot, Butter, Eier oder Wurst um. Das alles brachten wir mit nach Hause, und die Eltern staunten nicht schlecht: «Wo habt ihr das denn her, Jungs?» Wir murmelten etwas von Freunden und guten Beziehungen ...

Manchmal hatten wir auch einen Offizier im Wagen, und wenn wir dem sagten, dass wir Benzin bräuchten, fuhr er mit uns zu einer Armee-Tankstelle und ließ bis zum Rand nachfüllen.

Eines Abends, wir saßen beim Essen, fing mein Vater an, ein großes Loblied auf seinen Ford Eifel anzustimmen: «Ich weiß gar nicht, was ihr gegen dieses tolle Auto habt. Das verbraucht so gut wie gar kein Benzin.» Vom Doppelleben seines geliebten Wagens hat er jedenfalls nichts mitbekommen. Bevor wir ihn wieder in die Garage stellten, reinigten wir ihn penibel von innen und außen.

Über zwanzig Jahre später, an einem Weihnachtsabend, hielten mein Bruder und ich die Zeit für gekommen, unserem Vater die Nächte mit seinem Ford auf Frankfurts Straßen zu beichten. Er war inzwischen fast so alt wie ich jetzt, und wir hatten angenommen, dass er über unsere Jugendsünde herzlich lachen würde. Krasse Fehleinschätzung. Er regte sich so auf, als sei das alles gestern passiert, und wir fürchteten, er würde auf der Stelle tot zusammenbrechen. Aber dann hat er sich genauso schnell auch wieder beruhigt.

Augen und Ohren auf!

Noch immer brannte in mir der Wunsch, Landwirtschaft zu studieren. Dazu brauchte ich das Abitur. Der Schulbetrieb in Frankfurt war mittlerweile wieder aufgenommen. Ich hätte ins Goethe-Gymnasium zurückkehren können, worin mich einige meiner ehemaligen Mitschüler, die den Krieg überlebt hatten, auch bestärkten. Aber es hätte noch mindestens drei Jahre bis zur Reifeprüfung gedauert. Ich war neunzehn und wollte nicht mehr so lange warten.

Es gab eine bessere und schnellere Möglichkeit: das Staatsexamen. Dazu musste man keine Schule besuchen, sondern an Kursen teilnehmen, weitestgehend zu Hause büffeln, Arbeiten schreiben und am Ende, sofern man die schriftlichen Prüfungen bestanden hatte, zum mündlichen Examen vor einer Kommission von Pädagogen antreten. In meinem Kursus waren 120 Leute, teilweise wesentlich älter als ich, darunter heimgekehrte Soldaten, die 1939 eingezogen und aus der Schule gerissen worden waren.

Das Ganze dauerte ein Jahr. Und obwohl ich zunächst wahnsinnigen Bammel hatte, legte ich ein sehr gutes Abitur hin.

In Mathe, meiner wunden Stelle, hatte ich mir noch nebenher einen Privatlehrer genommen, der mir beibrachte, die kompliziertesten Formeln aufzubauen. In Französisch hatte ich Riesenglück. Ich hatte die Fabeln von Lafontaine zu Hause auswendig gelernt, und genau die wurden geprüft. Ich trug ihm mehrere Fabeln fehlerfrei vor, und er sagte: «Mon Dieu! Exceptionnel! Très bien!»

Mit dem Abiturzeugnis in der Hand trat ich stolz vor meinen Vater. «Ich gratuliere dir», sagte er ganz glücklich, «jetzt kannst du endlich studieren. Soll es immer noch die Landwirtschaft sein, oder willst du nicht doch lieber Arzt werden?» Er meinte es nett und fürsorglich, aber was jetzt folgte, war ein wüster Krach. Es war mein Gerechtigkeitsgefühl, das rebellierte.

Ich war in dieser Zeit, drei Jahre nach dem Krieg, wütend auf den medizinischen Universitätsbetrieb. Und das hatte mit ihm, meinem Vater, zu tun, mit der Art, wie sie ihn behandelten. Unter den Nazis hatte Kurt Kolle die Segel streichen und seine Träume von einer wissenschaftlichen Karriere begraben müssen. Trotzdem hatte er als Sanitätsarzt in der Wehrmacht dem Vaterland gedient, getreu seiner Überzeugung, dass man seine Pflicht erfüllen müsse. Als der Krieg vorbei war, freute er sich darauf, jetzt endlich, neben seiner praktischen Tätigkeit als Psychiater, in den akademischen Lehrbetrieb zurückkehren zu können. Er wollte schreiben, publizieren, einen Lehrstuhl bekommen.

Aber in den akademischen Gremien wollten sie ihn nicht, schon wieder oder richtiger: noch immer nicht. Er sei zu lange draußen gewesen, bedeuteten sie ihm, habe den Anschluss verloren. Keine Chance für eine neue Professur, geschweige denn ein Ordinariat.

Das alles wusste ich, und ich kannte auch den wahren Grund für die Zurückweisungen: Die alten Naziprofessoren saßen alle wieder auf ihren Stühlen. Das Netzwerk war noch intakt. Deshalb war ich so zornig – seinetwegen. Weil sie so schändlich mit ihm umgingen.

Und deshalb gab ich ihm bei diesem Gespräch, in dem er mir ein Medizinstudium schmackhaft machen wollte, eine Antwort, an deren Wortlaut ich mich noch heute erinnern kann: «Mein lieber Vater», sagte ich, «ich will mir von den Professoren, die mir noch vor drei Jahren geraten hätten, fürs Vaterland zu sterben, jetzt nicht sagen lassen, wie ich fürs Vaterland zu leben habe.»

Mein Vater war empört. «Du beleidigst die Akademie», rief er. «So spricht man nicht über meine Alma Mater. Wer hier die Füße unter meinen Tisch streckt, der redet nicht so.»

«Die Füße stecken schon nicht mehr drunter», gab ich zurück und rannte aus seinem Arbeitszimmer.

Ein paar Tage bin ich abgehauen von zu Hause, trieb mich herum, schrieb ihm einen Brief, den ich bei der Post aufgab: «Sehr geehrter Herr Professor! Ich fühle mich nicht mehr als Ihr Sohn. Nehmen Sie das bitte zur Kenntnis!»

Choleriker beruhigen sich schnell wieder. Bis zur Versöhnung sollte es nicht allzu lange dauern. Und so nahmen wir einige Wochen später das Gespräch wieder auf, diesmal in ruhigem Ton.

In der Zwischenzeit hatte ich mich innerlich von der Landwirtschaft verabschiedet. Die Zeit auf dem Lehrhof war wunderbar gewesen, und so empfinde ich sie auch heute noch. Aber als ich nun, das Reifezeugnis in der Tasche und mit erwachender Begeisterung an Literatur, mir die Zukunft vorzustellen versuchte, vernahm ich plötzlich noch reizvollere Klänge als das Rattern des Mähdreschers: das Klappern der Schreibmaschine.

Ein Freund, der sich als Autor versuchte und Artikel

schrieb, hatte mich mit dem Bazillus infiziert. «Geh einfach irgendwohin, sperr Augen und Ohren auf und schreib drüber», riet er mir. Das tat ich, brachte zu Papier, was ich erlebte, und merkte, dass hier etwas in mir geschlummert hatte, das erweckt werden wollte. Das Schreiben machte mir Freude.

«Freier Journalist?» Mein Vater winkte ab. «Damit ist kein Geld zu verdienen, das hat keine Zukunft. Warum gehst du nicht in einen Verlag und machst eine anständige kaufmännische Lehre? Dann kannst du immer noch nebenher schreiben.»

Auftritt durch die Hintertür

1949 begann die neue Zeit: in der Welt, in Deutschland, in meinem Leben.

Für die große Politik interessierten wir uns alle nur am Rande. Dass die ehemaligen Verbündeten im Kampf gegen Hitler-Deutschland sich plötzlich feindlich gegenüberstanden, war schwer verständlich und schien uns absurd. Aber so richtig regte das keinen auf.

Wenn man überhaupt darüber sprach, dann auf der Straße, wo die Menschen oft in Grüppchen zusammenstanden und über alles Mögliche redeten. Manche sagten: «Bald haben wir wieder Krieg, aber diesmal mit Atombomben.»

Auch Deutschland war jetzt gespalten, in die Bundesrepublik und das, was man SBZ (Sowjetische Besatzungszone) nannte. Man nahm es achselzuckend hin, es betraf uns in Frankfurt nicht wirklich. Das war alles noch sehr weit weg.

Im Kino, in der Wochenschau, sah man Bilder aus Bonn, der neuen Hauptstadt. So lernten wir Theodor Heuss kennen, den Bundespräsidenten, der immer so gemütlich schwäbelte. Und Konrad Adenauer, unseren ersten Kanzler. Der konnte, wie alle Rheinländer, den Sch-Laut nicht sprechen und sagte Sätze wie: «Die Verhandlungsergebnisse müssen auf den Tich.»

Das richtige Leben lag vor der Tür. In Frankfurt krempelten die Menschen die Ärmel hoch und gingen mit neuem Lebensmut und öffentlichen Geldern daran, die zerstörte Stadt wieder aufzubauen.

Ein neuer Optimismus machte sich breit. Bauwagen, Bagger und Kräne rückten an. Arbeitskolonnen rissen Ruinen ein, schleppten Abertausende Tonnen Schutt weg, planierten die zerschundenen Grundstücke. Spezialkommandos mussten Bomben- und Granatenblindgänger entschärfen. Manchmal ging einer von ihnen hoch, dann rannten die Leute in Panik auseinander, und der Schrecken des Krieges war für kurze Zeit wieder da.

Die Versorgungslage wurde täglich besser. Es gab mehr und mehr Lebensmittel zu kaufen, und wir hatten seit dem Vorjahr auch wieder eine stabile Währung: die Deutsche Mark.

Frankfurt stand nach wie vor unter amerikanischer Oberhoheit, woran aber kaum jemand etwas auszusetzen hatte. Denn inzwischen galt die amerikanische Präsenz auch als Bollwerk gegen den düster beschworenen Kommunismus. «Der Ami hält uns den Russen vom Leib», sagten die Frankfurter.

Die meisten betrachteten die Soldaten, die in ihren Jeeps durch die kaputte Stadt fuhren, für Ordnung sorgten, die Mädchen beglückten, Kindern Schokolade schenkten und mit denen man gute Geschäfte machen konnte, als Freunde.

Für mich, den Zwanzigjährigen, waren sie Sendboten einer neuen, grenzenlosen Freiheit. Wenn ich davon heute jungen Leuten erzähle, sehen die mich erstaunt an oder zucken verächtlich mit den Schultern. Verständlich, wenn man vor Augen hat, was amerikanische Soldaten später in Vietnam angerichtet haben und was gerade im Irak passiert.

Aber damals war Uncle Sam nicht nur unser Befreier, sondern auch eine moralische Instanz. Er ließ uns reden, lesen, denken, was wir wollten. Er lehrte uns Toleranz.

In der US-Armee spielten Abstammung und Rasse offenbar keine Rolle. Viele Offiziere waren Juden, darunter sogar ehemalige deutsche – wie meine Kieler Sandkistenfreundin Duschka. Dass selbst «Neger» (das politisch korrekte Wort Afroamerikaner war noch nicht erfunden) US-Uniformen trugen, schien mir der eindeutige Beweis dafür zu sein, welch großartiges freies Land die Vereinigten Staaten von Amerika waren.

Menschen mit schwarzer Hautfarbe hatte ich bis zum Ende des Krieges überhaupt noch nie leibhaftig gesehen. Auf den vergilbten Fotos, die mein Großvater Wilhelm uns manchmal zeigte, wenn er von Afrika erzählte, waren Schwarze meistens exotische Wesen im Lendenschurz oder in Stammestracht. Bei den Nazis galten sie als minderwertige Rasse. Viele erinnerten sich noch an die Szene, als Hitler bei den Olympischen Spielen 1936 in Berlin dem amerikanischen Leichtathleten und viermaligen Goldmedaillengewinner Jesse Owens Glückwunsch und Handschlag verweigert hatte.

Aber nicht nur in Sachen Toleranz und Demokratie wurden die Amerikaner zu Vorbildern. Mindestens ebenso faszinierten uns die Kultur und die Lebensart, die sie mitbrachten und die wir begeistert aufsogen.

Ich lernte das amerikanische Kino zu lieben, die Cowboyfilme (wie das Genre «Western» noch hieß), die Krimis der schwarzen Serie, die geistreichen Komödien. Leinwandhelden wie mein großes Vorbild Humphrey Bogart, wie Clark Gable, Orson Welles, Glenn Ford und ein junger Rebell namens Marlon Brando zogen mich in ihren Bann. Ich kniete nieder vor so hinreißenden und rätselhaften Kinogöttinnen wie Rita Hayworth oder Barbara Stanwyck.

Nicht minder erregend war die Musik, die im amerikanischen Soldatensender AFN und auf den Schallplatten, die uns die GIs schenkten, zu hören war. Wir hatten ja einiges nachzuholen.

Verzückt lauschten wir Louis Armstrong, dem «King of Jazz», dessen reiner Trompetenklang so wunderbar mit seiner exotisch rauen, heiseren Stimme kontrastierte. Beglückt swingten wir mit Benny Goodman, dem Gott an der Klarinette. Ausgelassen «hotteten» wir zum Bigband-Sound von Glenn Miller, der, wie die Discjockeys vom AFN zu berichten wussten, 1944 mit einem Flugzeug über dem Ärmelkanal abgestürzt war. Millers «In The Mood», ein wildes Stück, war mein absoluter Lieblingstitel. Er wirkte auf mich wie eine Droge.

Sängerinnen wie Ella Fitzgerald oder Billie Holiday brachten meine Seele zum Klingen, und der neue «Cool Jazz» eines Chet Baker ließ mir Schauer über den Rücken laufen. «Cool» ist ja heute ein etwas abgegriffenes Modewort – ich aber muss immer, wenn ich es jemand aussprechen höre, an diese einsamen, verlorenen Töne des jungen Trompetengenies denken.

Die Musik aus dem Land unserer Befreier war allgegenwärtig, Bestandteil des täglichen Lebens. Stundenlang

Fasching, Anfang der fünfziger Jahre

und mit wachsender Begeisterung unterhielten wir uns über Neuerscheinungen, tauschten Informationen über Bands und Songtitel aus. Von all diesen Kostbarkeiten aus dem großen American Songbook hatte ich nichts gewusst, als ich einst in der Rundfunk-Spielschar «Im Frühtau zu Berge» schmettern musste.

Noch etwas kam aus den USA, etwas, auf das ich geradezu sehnsüchtig gewartet hatte, seitdem ich begonnen hatte, mich mit der Sexualität, mit meiner Sexualität, auseinanderzusetzen: der Kinsey-Report.

Alfred C. Kinsey war Professor für Sexualforschung an der Universität von Indiana in Bloomington. Mitarbeiter seines Instituts hatten zehntausend amerikanische Männer einen aus 500 Punkten bestehenden Fragebogen zu deren sexuellen Gewohnheiten, Vorlieben und Praktiken beantworten lassen (die Erhebung über die weibliche Sexualität sollte erst Mitte der fünfziger Jahre folgen).

Die Untersuchung, in der sich eine für die damalige Zeit unvorstellbar große Zahl der Befragten zu Masturbation, vorehelichem Geschlechtsverkehr, Homosexualität, Sex im Alter oder gar Pädophilie bekannt hatte, war im puritanischen Amerika wie eine Bombe eingeschlagen. Konservative und kirchliche Kreise liefen Sturm und zettelten eine beispiellose Hetzkampagne gegen Kinsey an.

Ein Kollege hatte meinem Vater den Report, von dem noch keine deutsche Übersetzung vorlag, aus Amerika mitgebracht. Er bat mich, ihn in Teilen für ihn zu übertragen. Diese Arbeit war für mich ungeheuer prägend, auch wenn ich noch nicht ahnte, dass ich einmal in die Fußstapfen Kinseys treten sollte.

Eines jedoch habe ich schon damals am eigenen Leib gespürt – den berühmten «Kinsey-Effekt», den man diesem Buch nachgesagt hat: Menschen, die dieses Buch gelesen hatten, waren erleichtert, weil sie plötzlich merkten, dass sie mit ihren Nöten nicht allein waren, dass andere ihre sexuellen Vorstellungen oder Phantasien teilten.

Schließlich, wenn von amerikanischen Errungenschaften die Rede ist, die ich bewunderte, gehört auch der Journalismus dazu. Die Besatzungsmacht bereitete den Boden dafür, dass in Deutschland wieder unabhängige Zeitungen erscheinen konnten, unzensiert und der Wahrheit verpflichtet. Bei einer von ihnen bewarb ich mich im Jahr 1949: bei der Tageszeitung «Frankfurter Neue Presse».

Ich betrat die neue Welt gewissermaßen durch die Hintertür. Dem Rat meines Vaters folgend bewarb ich mich um eine Volontärsstelle zur Ausbildung als Verlagskaufmann.

Das Vorstellungsgespräch begann mit einer Enttäuschung. Die wollten mein Abiturzeugnis gar nicht sehen! «Lassen Sie stecken», sagte der Personalchef, als ich es stolz auf den Tisch legen wollte. Dafür hatte ich nun ein Jahr lang meinen Schnellkurs absolviert.

Drei Monate musste ich in alle möglichen Abteilungen des Betriebes hineinschnuppern. Ein so prickelndes Aktenwerk wie die Abonnentenkartei tat sich vor mir auf. Ich führte Buch über die Frankfurter Kioske und Buchhandlungen, die unsere Zeitung verkauften. Ich lernte, was Remittenden sind: nicht verkaufte Exemplare, die vom Verlag zurückgenommen werden. Während meines Gastspiels in der Versandabteilung musste ich abends die schweren Zeitungsstapel auf Lastwagen wuchten.

Dann der Höhepunkt meiner kaufmännischen Ausbildung: die Poststelle. Ich hatte die Verantwortung über die Portokasse. Mein Vorgesetzter, Herr Friedrich, kontrollierte sie täglich. Eines Tages fehlten 94 Pfennig, und er rastete aus. Ich versuchte ihn zu beruhigen und bot an, den fehlenden Betrag aus eigener Tasche zu erstatten, aber das machte ihn noch wütender. «Es geht nicht darum, dass Sie das Geld nachlegen», schimpfte er, «es geht darum, dass die Kasse immer stimmen muss. Immer!»

Ich gab mir Mühe, alles zu verstehen und richtig zu machen, aber dass mein Herz nicht für den kaufmännischen Bereich des Zeitungsgewerbes schlug, war mir schnell klar. Jenseits der Tabellen und Zahlen gab es eine geheimnisvolle, faszinierende Gegenwelt im Hause der «Neuen Presse», und in die tauchte ich mutig ein.

Ich führte ein Doppelleben in diesen ersten Monaten bei der Zeitung. Als meine eigentliche Bestimmung sah ich das Schreiben, und so machte ich mich an den freien Sonntagen auf und erkundete die Stadt, beobachtete Menschen, notierte, was mir bemerkenswert erschien. Dann setzte ich mich zu Hause hin und verfasste eine kleine Glosse.

Nach ein paar Probeläufen nahm ich mir ein Herz und spazierte mit meinem Manuskript zu Richard Kirn, dem Leiter der Lokalredaktion. Die Glosse handelte von zwei alten Menschen auf einer Parkbank, die sich darüber unterhalten, dass früher alles besser war. Kirn war begeistert und hob meine Betrachtung unter dem Titel «Der Sonntag» und mit dem Autorenkürzel OKo in die Montagsausgabe. Ich platzte vor Stolz. Und mein Glück war vollkommen, als er mich aufforderte weiterzumachen.

Monatelang ging das so. Immer montags in der Früh schob ich dem Lokalchef mein Manuskript, nicht mehr als zehn oder fünfzehn Zeilen, unter der Türritze durch. Jedes Mal mit klopfendem Herzen, in fiebriger Spannung, ob es wohl gedruckt würde.

Schließlich nahm der große Journalist Kirn den kleinen Lehrling und Portokassenverwalter Kolle beiseite und sagte im schönsten Frankfurterisch: «Sie, das is doch nix, was Sie hier mache, Sie müsse schreiben, gell! Kommen Sie doch zu mir!»

Innerhalb eines Tages wurde mein Lehrvertrag aufgehoben. Ab sofort war ich Hilfsredakteur im Lokalteil. Alle waren froh: Herr Friedrich, dass er mich los war, Herr Kirn über den vielversprechenden jungen Mann in seinem Ressort und ich über die Chance meines Lebens.

Reifeprüfung

Die späten vierziger und frühen fünfziger Jahre waren alles andere als sittenstreng. Es war ein von Begehren und Abenteuerlust geprägtes Intermezzo der Freizügigkeit zwischen dem Terror der Diktatur und dem Mief der Adenauer-Ära.

Es gab keine Aufpasser. Alle waren zu sehr mit sich selbst beschäftigt und hatten gar nicht die Muße, sich die Mäuler zu zerreißen, mit dem Finger auf andere zu zeigen, den Mitmenschen ins Schlafzimmer zu schauen. Der deutsche Spießer war noch nicht wiedergeboren.

Wer mit einem Mädchen ausging, ob zum Essen, in die Kneipe oder zum Tanzen, war nicht gezwungen, sie hinterher vor der Haustür abzusetzen und sich allenfalls mit einem zaghaften Kuss zu verabschieden. Wenn beide es wollten, gab es genügend Örtlichkeiten, um sich näherzukommen. War es nicht das eigene Zimmer, dann blieb immer noch irgendwo eine Gartenlaube oder das knarzende Sofa im dunklen Keller eines Trümmerhauses.

Mir flogen die Mädchenherzen zu. Ich war Arztsohn, ein hübscher Kerl, geschniegelt, Zigarette im Mundwinkel, die Haare mit Pomade nach hinten gekämmt. Mein Blick war konstant melancholisch, was, wie ich nur jedem empfehlen kann, bei Frauen viel besser ankommt als penetrant gute Laune. Zu meinem Idol Humphrey Bogart hatte sich noch Rudolph Valentino gesellt – ich gab mir Mühe, im Auftreten beiden gerecht zu werden. Ich hatte Manieren. Ich konnte gut reden und eine Frau zum Lachen bringen.

Der junge Journalist, 1951

Eine Eigenschaft allerdings fehlte mir noch:

sexuelle Phantasie. Oft war ich enttäuscht, wenn – nach verheißungsvollen Küssen – das Mädchen alles freudlos über sich ergehen ließ. Dass ich selbst schuld daran war, sollte ich erst noch lernen.

Meine Lehrmeisterin hieß Helga. Sie war eine außergewöhnliche Frau und erzog den jungen Hüpfer Oswalt Kolle zu einem einfühlsamen Liebhaber.

Ende der sechziger Jahre, als meine Filme Zuschauerrekorde erzielten, kam auch ein braves Aufklärungsfilmchen mit dem Titel «Helga» in die Kinos, gefördert und koproduziert vom Bundesfamilienministerium. Bis heute wird dieses Werk immer wieder mir in die Schuhe geschoben. Eine offenbar nicht zu tilgende Falschmeldung im Archiv, die Journalisten gern ungeprüft übernehmen.

Mit jener einfältigen Filmheldin hatte meine Frankfurter Vollblutfrau Helga nicht das Geringste zu tun. Kennengelernt hatte ich sie in der Versandabteilung der Frankfurter Neuen Presse. Sie war zehn Jahre älter als ich, und man merkte ihr an, dass sie schon einiges erlebt hatte. Im Krieg war sie Luftwaffenhelferin gewesen. Mich hat sie sich regelrecht gegriffen. Ich war noch viel zu schüchtern, um die Initiative zu ergreifen.

Wenig zurückhaltend war ich dann allerdings in ihrem Bett. Helga fand das zunächst ganz amüsant mit diesem jungen Verlagslehrling in den Federn, aber bald hielt sie mir einen kleinen Vortrag: «Das ist ja ganz schön, dass du so ein wilder Hengst bist, aber was Frauen wollen, ist etwas ganz anderes.»

Und so hat sie mir beigebracht, worauf es wirklich ankommt: nicht auf Tempo, nicht darauf, wie oft «man kann».

Sondern auf die Bereitschaft, sich Zeit zu nehmen, dem Partner Zeit zu lassen. Auf die Zärtlichkeit in allen ihren Facetten und Variationen. Auf die Kunst des Küssens und der Liebkosungen. Auf die Phantasie beim Erkunden des weiblichen Körpers. «Du bist ein toller Typ», sagte Helga, «und wenn du das alles richtig machst, wird jede Frau verrückt.»

Helga machte mich reif für die Liebe. Und für die Frau meines Lebens.

Marlies

Zu meinem 21. Geburtstag am 2. Oktober 1949 lud ich zu einer großen Party ein. Der Eintritt in die Volljährigkeit sollte angemessen gefeiert werden. Die Eltern waren verreist, und so hatten wir unsere inzwischen wieder vollständig hergestellte großbürgerliche Wohnung am Untermainkai für uns allein. Viele Freunde hatten zugesagt. Was noch fehlte, waren die Mädchen.

Ein Journalistenkollege von einer anderen Zeitung, Silvester Wöhler, genannt Sil, den ich von Pressekonferenzen kannte und der über beste Beziehungen verfügte, machte einen Vorschlag: Er kenne drei hübsche Töchter eines Verlegers, er wolle versuchen, sie mitzubringen.

Ich war begeistert. Gerade hatte ich Maupassants «Bel Ami» gelesen, die Geschichte des selbstverliebten attraktiven jungen Mannes, der dank seiner Beliebtheit bei den

Frauen in atemberaubendem Tempo in die Spitzen der Pariser Gesellschaft aufsteigt und es zum Zeitungsfürsten bringt.

So ähnlich sah der frischgebackene Hilfsredakteur von der «Neuen Presse» seine weitere Zukunft. Dieser Verleger war sicher Millionär. Eine von den Töchtern würde ich mir angeln – und die Karriere wäre gesichert.

Meine Vorfreude steigerte sich noch, als Sil den Namen des Verlegers nannte: Duisberg. Ich wusste, dass Großvater Wilhelm einmal von einem äußerst wohlhabenden, einflussreichen Geheimrat Duisberg in Höchst erzählt hatte. Entweder war das dieser Mann, oder er gehörte wenigstens zur Familie.

Sil hielt, was er versprach. Am Abend des Geburtstages klingelte es, und die drei Schwestern Duisberg standen in der Tür. Eine vorn, die anderen beiden dahinter. Ich sehe diese Szene immer noch wie im Film vor mir, und genau so habe ich sie 2002, als mein Leben für das Fernsehen verfilmt wurde («Ein Leben für Liebe und Sex»), auch nachstellen lassen: bis zum Öffnen der Tür in Schwarzweiß, dann, beim Anblick des blonden Mädchens, das geklingelt hat und vor mir steht, in Farbe. Mit Geigenbegleitung.

Der Himmel tut sich auf. Ich sehe sie an und denke: Sie ist es. Es ist der Coup de Foudre. Ich mache eine Verbeugung, stelle mich vor, bitte die drei herein. Sie nennen ihre Namen: Marlies, Rosemary und Carla Duisberg.

Behalten habe ich an diesem Geburtstagsabend aber nur den einen. Und bald vergaß ich auch alle anderen Gäste um mich herum.

Marlies hat die Geschichte unserer ersten Begegnung

später ein wenig anders erzählt. Na ja, hatte sie sich gedacht, Untermainkai, ganz ordentliche Gegend, Arztfamilie, da gehen wir mal hin. Auch wenn es für eine Neunzehnjährige etwas ungewöhnlich war, eine Party von wildfremden Leuten zu besuchen.

Dann der Schock: Sie klingelt, und so ein Lackaffe im Smoking öffnet die Tür. Reiche-Leute-Sohn. Hält sich für unwiderstehlich. Hier bleibe ich bestimmt nicht lange.

Sie ist dann aber doch geblieben, sogar den ganzen Abend und auch dann noch, als die Schwestern nach Hause fuhren. Ihre Vorbehalte schwanden dahin. Das ist ja ein liebenswürdiger, zärtlicher Bursche, befand Marlies, tanzt wunderbar, ist nicht auf den Mund gefallen. Und küssen kann er.

Es war für uns beide die große Liebe. Spät in der Nacht brachte ich sie heim, eng umschlungen wanderten wir durch die unbeleuchteten Straßen.

Keine vierundzwanzig Stunden später – nach meiner Erinnerung – besuchte ich sie zu Hause. Marlies hat immer darauf bestanden, dass es der dritte Tag nach der Party war, denn an diesem Abend schliefen wir zum ersten Mal miteinander, und auf die kleine Anstandsfrist legte sie Wert.

Es war die Wohnung ihres Vaters und ihrer Stiefmutter. Die leibliche Mutter, geschiedene Frau Duisberg, Engländerin, lebte in Bad Homburg. Vater Duisberg hatte mit seiner neuen Frau Rosemarie, die nur zehn Jahre älter war als Marlies, eine zweijährige Tochter: Gabi. (Heute heißt sie Gabriele Kister und ist eine erfolgreiche Drehbuchautorin für Fernsehen und Film.) Marlies hatte Dienst als Babysitter und sollte auf sie aufpassen, denn die Eltern wollten ausgehen. Großzügig hatte der Vater ihr erlaubt, den neuen Freund Oswalt in die Wohnung einzuladen.

Als ich an der Tür läutete, waren sie noch da, was mich sehr beglückte, denn nun ergab sich die ersehnte Gelegenheit, dem millionenschweren Verleger höchstpersönlich

gegenüberzutreten.

Wohl selten ist ein Traum so schnell zerplatzt. Papa Duisberg, ein jovialer, netter Mann, begrüßte mich herzlich und zog mich beiseite. Er wolle mit seiner Frau in die Bierbar von Karl Moog gehen, die ich auch kannte und in der viele Presse- und Filmleute verkehrten. Ob ich ihm fünf Mark leihen könne.

Etwas verdattert rückte ich einen Fünfer raus, und die beiden verabschiedeten sich.

Wiederbekommen habe ich die fünf Mark zwar nie, aber immerhin hatte ich meine erste Prüfung bestanden. Mein zukünftiger Schwiegervater mochte mich – und ich ihn auch.

Dr. Rudhard Duisberg entstammte einer weitverzweigten Wuppertaler Fabrikantenfamilie, tatsächlich derselben, von der mein Großvater berichtet hatte. Er war eine große Nummer in der Ölindustrie gewesen. Im Krieg hatte er als Direktor eine Raffinerie in Jugoslawien geleitet und ein Verhältnis mit seiner Sekretärin begonnen, für die er sich scheiden ließ.

Nach Kriegsende ernannten die Amerikaner ihn zum Frankfurter Polizeipräsidenten, entfernten ihn aber wieder aus dem Amt, als herauskam, dass er im Dritten Reich Parteimitglied gewesen war. Damit begann seine Durststrecke, die er mit den verschiedensten Tätigkeiten zu überbrücken suchte. Aber nichts hatte so richtig funktioniert, und das Geld ging ihm aus. Seine Tätigkeit als Verleger war eher ein Witz und auch schon wieder zu Ende, als ich ihn kennenlernte. Mit einem Freund hatte er den «Drei Kreise Verlag» in Baden-Baden gegründet, in dem sie ein obskures Frauenblättchen herausgaben. Nach ein paar Monaten waren sie pleitegegangen.

Ungeduldig warteten wir Jungverliebten an diesem Abend, bis die kleine Gabi endlich eingeschlafen war. Unsere erste Liebesnacht dauerte allerdings nicht lange, denn bis zur Rückkehr des Ehepaars Duisberg aus der Kneipe blieb uns kaum mehr als ein Stündchen.

Seitdem waren wir verrückt nacheinander. Wir wähnten uns auf einer nie endenden «Sentimental Journey» – was seit meiner Geburtstagsparty unsere gemeinsame Erkennungsmelodie war.

Nachdem Marlies' Vater und die Stiefmutter mich ins Herz geschlossen hatten, stand eine weitere Prüfung bevor: Die Großmutter sollte mich begutachten. Auf ihr Urteil wurde in der Familie großer Wert gelegt.

Es war eine Begegnung der besonderen Art. Mein eigener Großvater war ja schon ein höchst eigenwilliger Typ gewesen, aber verglichen mit dem, was ich im Hause der alten Dame erlebte, war es bei Opa Wilhelm geradezu bürgerlich zugegangen.

Selma Duisberg lebte in einer vornehmen Wiesbadener Villa mit zwei Männern.

Ihr Ehemann, Richard Duisberg, hatte vor dem Krieg eine florierende Fabrik in Wuppertal geführt, eine Weberei für Bänder und Litzen. Nach 1945 wollte er damit weitermachen, obwohl ihm von allen Seiten abgeraten wurde. Die Mädchen hätten doch heute völlig andere Frisuren und trügen keine Bänder mehr, sagte man ihm, aber er wollte nicht hören. So rutschte er in die Pleite und verlor sein gesamtes Vermögen. Inzwischen war er dement, hieb bei den Mahlzeiten ununterbrochen auf den Tisch und meckerte: «Wo ist mein Ei? Warum kriege ich hier nichts zu essen?!»

Der zweite Mann im Haus war Rudolf, ein ehemaliger Marinearzt, der zuletzt den Rang eines Admirals bekleidet hatte. Von seinem Geld lebten die drei. Er war ein liebenswürdiger Mann. Bald zeigte er mir sein Zimmer, das mit Sehenswürdigkeiten aus aller Welt vollgestopft war: Schlangenhäuten, Schrumpfköpfen, ausgestopften Reptilien, afrikanischen Speeren.

Rudolf war Selmas große Liebe gewesen – und war es noch immer. Staunend vernahm ich ihre Geschichte. Als junges Mädchen hatte sie sich unsterblich in den adretten Mediziner verliebt, aber die Familie wollte, dass sie den Fabrikanten Duisberg heiratet. Widerstrebend beugte sie sich dem Diktat, stellte ihrem Ehemann aber eine Bedingung: Sie liebe ihn nicht, teilte sie ihm mit, aber sie wolle ihm trotzdem eine gute Frau sein, für ihn kochen und ihm Kinder schenken – dafür aber jedes Jahr eine Weltreise machen mit dem Mann, den sie wirklich liebe: «Mindestens vier Wochen!» Duisberg akzeptierte, und das seltsame Arrangement funktionierte zur Zufriedenheit aller Beteiligten. Der Arzt war so verliebt in die Frau, dass er sich mit vier Wochen per annum begnügte.

Zwei Jahre nach unserem Kennenlernen sollte diese eigenwillige Dreiergemeinschaft ein trauriges, herzzerreißendes Ende finden. Selma Duisberg unternahm mit ihren beiden Männern einen Ausflug ins Rheingau. Sie aßen in einem Wirtshaus zu Mittag, gingen spazieren, setzten sich am Rhein auf eine Bank, schauten auf den Fluss. «Ist das nicht wunderschön?», sagte Selma – und dann hörte ihr Herz auf zu schlagen. Ein Sekundentod.

Am Abend, als die beiden Männer wieder zu Hause waren, ging Rudolf in sein Zimmer und setzte sich eine tödliche Spritze. Er wollte ohne seine große Liebe nicht mehr weiterleben. Der alte Duisberg blieb allein zurück, so verwirrt, dass man ihn in ein Heim bringen musste.

Der Schluri

Diese Oma also gab uns ihren Segen. «Ein toller Junge», sagte sie zu ihrer Enkelin, «sieht gut aus, kann mit Messer und Gabel umgehen und bei Tisch ordentlich konversieren. Das ist der Richtige für dich.» Marlies war glücklich.

Schließlich hat sie mich dann auch noch, am Ersten Weihnachtsfeiertag 1949, ihrer Mutter vorgestellt. Marjorie Duisberg lebte als «Displaced Person», was so viel bedeutete wie heimatlos, kostenfrei im Ritters Parkhotel in Bad Homburg, das die Amerikaner unterhielten. Sie hatte die Wahl, sich entweder einbürgern zu lassen oder nach England zurückzukehren. Später entschied sie sich für die erste Möglichkeit, ihre beiden Töchter Rosemary und Carla sind dann nach Amerika ausgewandert.

Marjorie hatte an mir erfreulicherweise nichts auszusetzen, aber eine so herzliche Beziehung wie zu den anderen Duisbergs hatte ich zu ihr nicht. Sie war verbittert über ihr Schicksal als verlassene Frau, qualmte eine Zigarette nach der anderen und steckte ihre Nase häufig zu tief ins Glas.

Marlies litt anfangs heftig unter der Trennung ihrer Eltern. Und doch hielt sich ihr Mitleid mit der sitzengelassenen Mutter in Grenzen. Sie nahm ihr übel, dass sie am Leben ihrer Kinder kaum Anteil nahm, immer nur über ihr eigenes Leid sprach und sich sonst für kaum etwas interessierte. Jahre später, als die Mutter gestorben war, kam Marlies von der Beerdigung zurück und sagte: «Es ist merkwürdig, ich empfinde keine Trauer.»

Der Kummer über die Familiensituation aber war der einzige Schatten auf ihrer Seele. Mich beeindruckten ihre Fröhlichkeit, ihr wunderbares Lachen, ihr zupackender Optimismus, ihr Spaß am Leben. Sie genoss es – und ich nicht minder –, dass meine Freunde und Kollegen sie so bezaubernd fanden und uns für ein tolles Paar hielten. Was wir ja auch waren!

Es gab nur eine Person, die unsere Verbindung mit Argwohn betrachtete, und das machte mir schwer zu schaffen. Ich spreche von meiner Mutter.

Meine Familie hatte Marlies sofort ins Herz geschlossen. Besonders hingerissen aber war meine Mutter. Sie liebte den «blonden Engel», wie sie Marlies manchmal nannte, dieses entzückende «British girl», geradezu närrisch – und ebendeshalb war ihr unsere Verbindung nicht geheuer.

Meine Mutter hielt große Stücke auf mich, nur in einem traute sie mir nicht über den Weg: dass ich Marlies treu bleiben würde. Sie war überzeugt davon, dass es nicht gutgehe mit uns beiden. «Ich kenn doch meinen Sohn», warnte sie Marlies ganz unverblümt, «er ist lieb und nett, aber ein Schluri. Der ist nichts für dich.» Auch mich selbst ermahnte sie immer wieder, die Finger von diesem Mädchen zu lassen. Ich würde sie nur unglücklich machen.

Es dauerte nicht lange, bis meine liebe Mama ihre bösen Ahnungen bestätigt sah. Grund war eine dumme Sache im Urlaub.

Marlies, gelernte Hotelfachfrau, arbeitete in der Frankfurter Filiale des englischen Reisebüros Thomas Cook, was einen unschätzbaren Vorteil mit sich brachte: Für Reisen innerhalb Deutschlands bekam sie ein Freiticket für die Bahn. Andernfalls hätten wir uns den ersten gemeinsamen Urlaub nicht leisten können, denn ich verdiente bei der Zeitung noch bescheidene 150 Mark im Monat.

Wir fuhren nach Langeoog. Alles war herrlich dort oben, wir waren allein, im siebten Himmel. Um uns das Meer, vor uns, wie wir einander pausenlos versicherten, eine ungetrübte Zukunft.

Doch schon nach wenigen Tagen die Ernüchterung. Wir flogen aus der Pension, in der wir logierten. Das Zimmermädchen hatte durch die Jalousien beobachtet, wie wir uns liebten, und uns bei der Wirtin verpetzt. Der blieb nichts anderes übrig, als uns vor die Tür zu setzen, weniger aus moralischen Gründen – dann hätte sie uns das Zimmer gar nicht erst vermietet –, sondern aus Angst vor einer Anklage wegen Kuppelei. Das Zimmermädchen hätte sie anzeigen können.

Der berüchtigte Kuppelei-Paragraph im Strafgesetzbuch, der Generationen von verliebten jungen Leuten das Leben schwermachte, stammte noch aus dem Jahr 1871. «Geschlechtsverkehr zwischen Unverheirateten, auch wenn sie verlobt sind», galt als «unzüchtig». «Eltern, Vermieter und Verwandte, die unverheirateten Paaren Räumlichkeiten zur Verfügung stellen», riskierten hohe Strafen – bis zu sechs Jahren Zuchthaus.

So wichen wir nach Sylt aus, die schönste aller Inseln, auf die wir später immer wieder zurückkehren sollten. Noch von Langeoog aus hatte ich einen Brief an die Kampener Kurverwaltung geschrieben: «Ich suche ein Doppelzimmer für meine Freundin und mich. Wir lieben uns, sind aber weder verlobt noch verheiratet.»

In Kampen, seit den zwanziger Jahren ein Hort der lockeren Sitten, nahm man keinen Anstoß an meinem Schreiben. Aufgenommen hat uns ein Ehepaar: Herr und Frau Hinrichsen. Am südlichen Ortsende von Kampen stand ihr reetgedecktes Häuschen «Pükdeel», in dem wir unser Zimmer bekamen, Halbpension, fünf Mark am Tag.

Hinrichsens waren ungeheuer nett zu uns, hatten keine Angst vor Paragraphen, interessierten sich nicht dafür, was wir in unserem Zimmer trieben, tischten gewaltige Mengen Essen auf und «betüterten» uns von vorn bis hinten. Umso bekümmerter waren sie, als Marlies nach anderthalb Wochen überstürzt abreiste.

Am Strand hatten wir uns mit einem jungen Paar aus Hamburg angefreundet. Etwas hanseatisch unterkühlt, was sich aber nach ein paar Gläsern schnell legte. Abends zogen wir zusammen durch die Kneipen, und es kam, wie es kommen musste, folgt man der Logik meiner Mutter: Zwischen dem Mädchen und mir begann es zu knistern. Ich fühlte mich wie Don Juan, und die wohlerzogene Renate genoss das Spiel mit dem Feuer. Wir küssten uns heimlich hinter dem Strandkorb oder in den Dünen.

Als Marlies das mitbekam, war sie entsetzt, verzweifelt und wütend. Sie packte ihre Koffer und verließ die Insel.
Unser erster gemeinsamer Urlaub endete in einem Desaster.

Auch Renate und ihr Freund bekamen Krach und verschwanden nach Hamburg, und ein paar Tage später fuhr ich zurück nach Frankfurt. Aber anstatt Marlies um Verzeihung zu bitten, überlegte ich, wie ich Renate wiedertreffen könnte. Ich hatte ihr zum Abschied hochdramatisch meine Liebe gestanden und ihr versprochen, mich aus Frankfurt so bald wie möglich zu melden.

Die Gelegenheit ergab sich beim Nachtdienst in der Redaktion. Über die Zentrale ließ ich ein Ferngespräch nach Hamburg anmelden – die segensreiche Einrichtung der Vorwahlnummer gab es 1950 noch nicht. Und es kam zu einem Dialog, über den wir vier, als wir uns viel später auf Sylt wiedertrafen, alle herzlich gelacht haben.

Schlaftrunken nimmt Renate, die morgens immer früh aufstehen musste, den Hörer ab. Ich könne ohne sie nicht leben, stammele ich ins Telefon, «ich muss deine Stimme hören, ich habe wahnsinnige Sehnsucht nach dir. Wann sehen wir uns wieder?»

Und was erwidert Renate, in ihrem trockenen norddeutschen Tonfall: «Tja, mein Süßer, das mag ja alles sein, aber musst du mich deshalb mitten in der Nacht wecken?»

Ich hängte auf und dachte nur: Das war's.

Marlies und ich versöhnten uns schließlich wieder. Unsere Liebe hatte unter der Kampener Sünde, die keine war, nicht gelitten. Aber es hatte sich doch etwas angekündigt: eine nicht enden wollende Kette von Kämpfen, alle hochdramatisch.

Mein Lebensmotto nahm Gestalt an. Soziale Treue: ja, sexuelle Treue: nein. Ob ich es damals schon so formulierte, wenigstens für mich selbst, weiß ich nicht mehr. Später, als ich es tat, haben mich die Leute oft zweifelnd angeschaut, als wollten sie sagen: ein reichlich hochtrabendes Etikett für einen unverbesserlichen Schürzenjäger.

Das ist heute noch so, wenn ich darüber erzähle. Und dann folgt auch immer die unvermeidliche Frage: Wie ist denn Marlies damit umgegangen?

Sie hat gelitten, gekämpft, mich wüst beschimpft und mehrfach verlassen. Wenigstens am Anfang. Ich litt mindestens genauso, war verzweifelt, wenn es wieder mal zu Ende war.

Unseren vielzitierten «Pakt» hatten wir damals noch nicht geschlossen. Das sollte noch ein paar Jahre dauern.

Eskapaden

Mittlerweile hatte ich im Verlag Karriere gemacht. Mein Volontariat bei der «Neuen Presse» dauerte nur ein paar Monate, dann wurde ich als Redakteur übernommen. Ich verspürte die Gewissheit: Beruflich war ich angekommen.

1951 startete der Verlag eine neue Zeitung, das Boulevardblatt «Nachtausgabe». Mein Chef Richard Kirn übernahm, neben seinen bisherigen Pflichten, auch dort den Lokalteil und rief mich an seine Seite.

Kirn ließ mich machen: Themen planen, Reporter losschicken, Artikel redigieren und spätabends damit in die Setzerei. In der Ecke rasselte noch die gute alte Linotype, aus der der Maschinensetzer die in Blei gegossenen klugen Worte der Herren Journalisten rauspurzeln ließ. Die Handsetzer, genannt Metteure, ein edler, heute leider ausgestorbener Beruf, stopften die Bleilettern Zeile für Zeile in einen großen hölzernen Setzkasten in der Originalgröße der Zeitungsseite, die hier langsam Gestalt annahm.

Was die Metteure mit schlafwandlerischer Sicherheit beherrschten, musste ich mir erst mühsam aneignen. Jeder, der als Kind einen Setzkasten besessen hat, kennt das: Auf der Satzplatte, auf die später das zu bedruckende Papier gepresst wird, sieht und liest man alles verkehrt rum. Und dann soll man in der Hektik der Produktion, wenn schon der Chef vom Dienst drohend im Türrahmen steht, noch Fehler entdecken und ausbessern! Ohne meine Freunde da unten in der Setzerei wäre ich verloren gewesen.

Da ich den Lokalteil im Grunde allein auf die Beine stellte, ging ich eines Tages zur Chefredaktion und verlangte, dann auch als Ressortleiter Lokales ins Impressum aufgenommen zu werden. Da war bisher noch Richard Kirn aufgeführt.

Mein Wunsch wurde erfüllt. Mit dreiundzwanzig, keine drei Jahre nach meinem Fehlstart in der Poststelle des Verlages, war ich Ressortchef. Mein Monatsgehalt wurde auf

800 Mark angehoben. Der gute Kirn war stinksauer und hat mir diesen «intriganten Handstreich», wie er es nannte, nie richtig verziehen. Monatelang sprach er kein Wort mit mir.

Nun trug ich häufig auch die Verantwortung für die gesamte Spätausgabe, wenn die meisten Kollegen längst Feierabend hatten. Damit war umschichtig jeder leitende Redakteur mal dran. Diese Nächte verbrachte ich im Feldbett, das in der Redaktion stand – manchmal gar in Gesellschaft einer Sekretärin, die auch Überstunden schieben musste.

Falls spätabends noch neue berichtenswerte Nachrichten aus dem Fernschreiber gerattert kamen, musste ich die ganze erste Seite umschmeißen, die Geschichten der Frühausgabe verschieben, verkürzen oder ganz rauswerfen, durch aktuelle Storys oder Meldungen ersetzen.

So war es auch an jenem Abend im März 1953, als gemeldet wurde, der sowjetische Diktator Josef Stalin sei gestorben. Kaum anderthalb Stunden blieben mir, die Frontseite mit diesem Weltereignis zu füllen, Fotos von Bildagenturen und aus den Archiven besorgen zu lassen und für den Kommentar auf Seite zwei den Kollegen vom politischen Ressort aus der Kneipe zurückzubeordern.

In solchen Momenten ähnelt jede Zeitungsredaktion einem Irrenhaus. Hätte ich nicht die beiden Setzer gehabt, Fegbeutel und Buksch, unvergessene Namen in meinem Leben, wäre ich wieder einmal aufgeschmissen gewesen.

Einmal haben diese beiden wunderbaren Jungs mir sogar tatsächlich das Leben gerettet. Es war ein eher ruhiger Abend, wir bastelten an den Seiten herum, als ein Bote hereinkam und aufgeregt meldete: «Oben am Empfang ist ein Mann, der will Herrn Kolle sprechen. Der hat einen irren Blick und in seiner Tasche eine Pistole!»

Fegbeutel und Buksch übernahmen sofort das Kommando: «Bleib du mal hier, wir knöpfen uns den erst mal vor.»

Darauf marschierten sie in die Eingangshalle und stellten den Mann, der da nervös auf und ab ging, in reinstem Hessisch zur Rede: «Sie, das machen wir hier aber nicht, den Herrn Kolle totschieße, gell. Gebe Sie mal her den Revolver!» Der Mann war völlig perplex und ließ sich einfach entwaffnen, bevor die beiden ihn zur Tür hinausschoben. Was sie hinterher mit der Pistole gemacht haben, weiß ich nicht mehr.

Ich kannte den Mann. Er war Chemiestudent und in Marlies verliebt. Mich hielt er für einen Mistkerl, weil sie so unter meinen Eskapaden leiden musste. Eines Tages hatte er ihr eine Zyankalipille zugesteckt, mit den Worten: «Wenn du's gar nicht mehr aushalten kannst, tu sie dem Oswalt in den Tee!»

Doch meine kleine stolze Engländerin kämpfte lieber mit offenem Visier. So wie bei dem Spaziergang, als sie unsere Verlobung nach nur einer Woche für beendet erklärte.

Uns zu verloben, fanden wir eigentlich albern, aber Marlies' Vater, mein Chefredakteur und die Kollegen, selbst der Verleger hatten mir ins Gewissen geredet: «Du musst jetzt das Mädel ehrlich machen!» So sagte man das damals in Frankfurt. Alle unsere Freunde und Bekannten wünschten nichts sehnlicher, als dass unsere turbulente, krisengeschüttelte Verbindung in die Ehe mündete. Nur meine Mutter hielt immer noch Trennung für das beste Rezept.

Also verlobten wir uns. Ich kaufte zwei schöne breite Ringe, in die ich «Love, Marlies» und «Love, Oswalt» eingravieren ließ. Zwei Tage später fiel ich wieder in ein fremdes Bett. Vor meiner Haustür habe ich es Marlies erzählt, mit dem Ergebnis, dass sie mich ohrfeigte. Links, rechts, links. Ein Trommelfeuer. Nachdem sie sich wieder etwas beruhigt hatte, schlug ich einen Spaziergang über die Untermainbrücke vor, um in Ruhe alles zu bereden. Auf der Brücke bekam sie den nächsten Wutanfall, riss sich plötzlich den Verlobungsring vom Finger, meinen gleich dazu, und warf sie beide in den Main. Da liegen sie noch heute.

Es schien das endgültige Aus zu sein. Ein Vierteljahr verging, in dem wir uns nicht sahen, nicht telefonierten. Beide litten wir, aber jeder war zu stolz, den ersten Schritt in Richtung Versöhnung zu tun.

Ein wohlmeinender Kollege, «Spiegel»-Korrespondent in Frankfurt, heckte derweil einen Plan aus. Er lud uns beide, unabhängig voneinander, zu einer Silvesterparty ein. Da standen wir uns erstmals wieder gegenüber, vom Donner gerührt. Überwältigt fielen wir uns in die Arme. Dass wir zehn Minuten später die Party verließen, hat uns der Gastgeber nicht übelgenommen. Ich nehme an, es gehörte zu seinem Szenario.

Als Marlies schon sehr krank war, saß ich einmal an ihrem Bett und hielt ihre Hand, während wir über unser langes gemeinsames Leben sprachen. Obwohl sie unter Schmerzen litt und mir elend zumute war, mussten wir viel lachen, erinnerten uns an viele schöne Dinge, natürlich auch an diese turbulenten Frankfurter Jahre. Ich fragte sie, was denn das Schlimmste gewesen sei, das ich ihr jemals angetan hatte. Darauf lächelte sie und sagte: «Ach Schätzchen, was heißt schon schlimm? Wir haben gelebt, und alles war schön. Schlimm war nur eins: dieser Brief.»

Die neue Harmonie nach der grandiosen Silvester-Versöhnung hatte nicht lange angehalten. Einmal mehr war ich vom Weg der Treue abgekommen, wieder gab es eine theaterreife Szene. Diesmal verordneten wir uns eine mehrmonatige Trennung. Danach, so beschlossen wir, wollten wir sehen, ob es noch Zweck hätte mit uns.

Doch schon drei Tage später brach ich das Gelübde, besuchte sie im Büro ihres Vaters (der inzwischen in Versicherungen machte), in dem sie mangels einer eigenen Wohnung schlief. Wir verbrachten die Nacht miteinander. Dann, einige Tage später, ich weiß nicht warum, setzte ich mich zu Hause hin und schrieb ihr jenen Brief.

«Meine Liebste», begann ich, «ich habe festgestellt, dass ich nicht der Richtige für dich bin, ich muss dich schützen vor mir.» In diesem Stil schwadronierte ich noch weiter, bis ich zu dem Schluss kam, den Marlies mir nie verziehen hat: «Ich empfehle mich in großer Verehrung!»

Wie oft habe ich mir später gewünscht, diesen Mist nie geschrieben zu haben! Doch die großartige Marlies, so verletzt sie auch war, hat selbst diesen Tiefschlag pariert und den dummen Brief in der Sache entschuldigt. Im Ton nie.

Es folgte die nächste Wiedervereinigung. Zum Glück war es die letzte. Denn jetzt schlossen wir den Pakt, der uns für immer miteinander verbinden sollte. Es war in meiner Wohnung, wir genossen eine Stunde voller Zärtlichkeit, und feierlich gaben wir uns das Versprechen zu heiraten.

Zum Leitmotiv unseres künftigen Lebens bestimmten wir unser gemeinsames Lieblingslied. Das war inzwischen nicht mehr die «Sentimental Journey», sondern die herrliche bittersüße Ballade aus dem Film «High Noon» mit Gary Cooper und Grace Kelly, der gerade in die Kinos gekommen war: «Do not forsake me, oh my darling».

Verlass mich nicht – das sollte für immer unser Motto sein. Wir würden nicht mehr auseinandergehen! Aber, und das war gewissermaßen Teil zwei unseres Paktes: Beide sind wir auch frei. So frei, einen Flirt, ein romantisches Intermezzo, ein kleines Abenteuer ohne Schuldgefühle genießen zu dürfen.

Unter einer Voraussetzung: Wir wollten ehrlich miteinander sein. Es sollte nicht diese Lügen und faulen Ausreden geben, diese windigen, erbärmlichen Geschichten: Du, Liebling, heute Abend kann es spät werden, ich muss da mit einem Geschäftsfreund essen gehen, das dauert bestimmt länger, warte nicht auf mich!

Und nicht diese Heuchelei und Scheinheiligkeit, die wir im Freundes- und Bekanntenkreis immer wieder erlebten.

Man versprach sich absolute Treue, doch bei der erstbesten Gelegenheit durchbrach man das selbst auferlegte Verbot. Und ging dann daran, dies mühselig zu vertuschen.

Ich verfolgte das bei meinen verheirateten Kollegen, wenn die mal wieder einen Fehltritt nachbearbeiteten. Endlos telefonierten sie herum, um sich Alibis zu verschaffen. Im Auto schrubbten sie verräterische Flecken von den Sitzen und pulten die Zigarettenkippen mit den Lippenstiftspuren aus den Aschenbechern. Wenn das Hemd oder Sakko nach Parfüm roch, ergriff sie die Panik, und sie rannten draußen herum, um den Duft des Ehebruchs zu vertreiben.

Keine Heimlichtuerei, stattdessen Ehrlichkeit und Offenheit, das war es, was wir uns gegenseitig versprachen an diesem Tag, als wir unsere gemeinsame Zukunft planten. Nicht schweigen, sondern reden! Später wurde ich häufig von Journalisten gefragt, ob es in unserer Ehe denn überhaupt keine Probleme gebe. Darauf pflegte ich zu antworten: «Ja, wir haben ein großes Problem, immer wieder. Unser Problem ist, dass wir immer viel zu viel miteinander reden, wieder sind wir drei Stunden zu lange wachgeblieben, wieder haben wir zu viel getrunken und geraucht!»

Nie geredet hat Marlies allerdings in der Öffentlichkeit. Wenn es später in einer Talkshow um das Thema «offene Ehe» ging und sie sich bereit erklärt hatte mitzukommen, lächelte sie still vor sich hin und ließ mich erzählen. Vertrauliche, intime Dinge vor fremden Menschen auszubreiten, das kam für sie nicht in Frage.

Freiheit, Offenheit, miteinander reden, alles schön und gut. Was allerdings passiert, wenn einer der beiden Partner sich ernsthaft neu verliebt, sollten wir zehn Jahre später erfahren. Beinahe wäre unsere Ehe daran zerbrochen. Es fehlte nicht mehr viel. Aber an so etwas haben wir damals noch keinen Gedanken verschwendet.

98 Am 12. September 1953 heirateten wir im Römer, dem Frankfurter Rathaus. Die kleine Gabi streute Rosen. Nach der Zeremonie feierten wir im Parkhotel. Die beiden Väter hielten Reden auf die Jungvermählten, und meine Mutter war so aufgeregt, dass sie sogar vergaß, mich zu ermahnen, Marlies nicht unglücklich zu machen.

Hochzeit mit Marlies, 1953

Unsere Hochzeitsreise begann gleich nach dem Mittagessen. Vom Wein benebelt und von allen guten Wünschen begleitet, setzten wir uns in meinen klapprigen Ford und fuhren in Richtung Baden-Baden. Dort gab es einen guten Freund, der ein Hotel besaß. Er hatte uns die Hochzeitssuite reserviert.

Von Frankfurt nach Baden-Baden führte noch keine Autobahn. Wir zuckelten über die Landstraßen, es fing an zu regnen, Marlies schlief ein, ich wurde auch müde und verfuhr mich mehrmals. Schließlich landeten wir spät am Abend in Offenburg, verzichteten auf die Weiterfahrt nach Baden-Baden und beschlossen, im nächstbesten Hotel abzusteigen. Das war der «Offenburger Hof». Der Mann an der Rezeption musterte uns misstrauisch, als wir hereinkamen. Zwei verliebte junge Leute, offenbar angetrunken.

«Ich hätte gern ein Doppelzimmer für mich und meine Frau», sagte ich. Es klang noch etwas ungewohnt. Marlies strahlte mich von der Seite an. Der Mann runzelte die Stirn und schritt umgehend zur Vernehmung.

«Ihre Frau? Darf ich mal den Trauschein sehen?»

«Den haben wir noch nicht. Wir haben heute Mittag erst geheiratet.»

«Heute Mittag geheiratet. Und das soll ich Ihnen glauben? Ich glaube Ihnen überhaupt nichts. Sie kriegen zwei Einzelzimmer. Sie schlafen hier unten und Ihre angebliche Frau im vierten Stock.»

Und so mussten wir unsere Hochzeitsnacht getrennt verbringen. Wir verabschiedeten uns mit einem langen innigen Kuss, was den Zerberus am Pult mit hämischer Genugtuung erfüllte. Am nächsten Morgen waren wir beide ausgeschlafen, er hingegen wirkte etwas übermüdet. Sicher hatte er die ganze Nacht kein Auge zugetan, um aufzupassen, dass wir nicht heimlich zueinanderschlichen.

Unsere Hochzeitsreise führte uns weiter zum Vierwaldstätter See. Das Hotel, in dem wir wohnten, hieß «Kastanienbaum» und spielt in unserer Familiengeschichte eine besondere Rolle. «Schlafen Sie gut miteinand!», hatte uns die Wirtin am ersten Abend gewünscht, und dieser eine rührende Satz genügte, die Schweiz, die wir noch nicht kannten, auf Anhieb zu lieben. Wir haben diesen Satz beherzigt.

Später sind wir mit unserer Tochter Cornelia an dem Hotel vorbeigefahren und haben es ihr stolz gezeigt: «Sieh mal, hier bist du entstanden!»

Am Boulevard

Es, es, es und es,
Es ist ein harter Schluss,
Weil, weil, weil und weil,
Weil ich aus Frankfurt muss!
Drum schlag ich Frankfurt aus dem Sinn
Und wende mich Gott weiß wohin.
Ich will mein Glück probieren,
Marschieren.

Meine Mutter, mein Vater und ich saßen auf der Bank vor unserer Jagdhütte und sangen gemeinsam das «Handwerksburschenlied». Schon in der Schule hatte ich es geliebt. Ich kenne kein schöneres Lied von Aufbruch und Neubeginn.

Unsere dreistimmige Gesangseinlage im Odenwald entsprang nicht nur musikalischem Überschwang. Es gab einen Grund, dass uns gerade dieses Lied in den Sinn gekommen war. Das Kapitel Frankfurt neigte sich dem Ende zu. Nach zwanzig Jahren war es Zeit, die Zelte abzubrechen, es den Handwerksburschen gleichzutun und zu marschieren. Das einzig Betrübliche dabei war: Es zog uns in verschiedene Richtungen.

Galanta, die einstige Geliebte meines Großvaters, lebte inzwischen in München. Wiederum, wie wir amüsiert erfuhren, als eines Tages ein Brief von ihr eintraf, mit einem ehemaligen Geheimrat an ihrer Seite.

Dieser Mann verfügte über erstklassige Beziehungen mit der akademischen Welt, besonders zur Münchner Universität. Nun konnte er die freudige Botschaft übermitteln, dass die Gremien der Ludwig-Maximilian-Universität meinen Vater zum Ordinarius für Psychiatrie berufen wollten.

Es war kaum zu fassen nach all den Jahren der Zurückweisungen und Anfeindungen unter den Nazis, nach der Durststrecke und den neuerlichen Demütigungen seit Kriegsende. Mein Vater hatte inzwischen die fünfzig überschritten und glaubte nicht mehr an eine akademische Karriere.

Und dann ausgerechnet München. Nicht irgendeine Hochschule, sondern eine der ersten Adressen in der Disziplin Nervenheilkunde. Die ganz Großen des Faches hatten diesen Lehrstuhl innegehabt, der legendäre Bernhard Gudden zum Beispiel, der einst den bayerischen «Märchenkönig» Ludwig II. behandelt, für geisteskrank erklärt und 1886 unter ungeklärten Umständen mit ihm im Starnberger See den Tod gefunden hatte.

Im Berufungsverfahren gab es allerdings eine Hürde, die sich als tückisch erwies. Der Lehrkörper selbst stimmte der Personalie Kurt Kolle zu, und normalerweise hätte der Kultusminister ihn damit ernennen können. Doch im Freistaat Bayern gingen die Uhren schon immer etwas anders, denn die katholische Kirche hat hier mehr als nur ein Wort mitzureden. Vor allem dem Bischof missfiel die Berufung. Der Kolle sei doch antikatholisch, hieß es. Einen so ausgewiesenen Kirchenfeind könne man hier in München nicht gebrauchen. Es schien wieder von vorn loszugehen: Ablehnung, Verleumdung, Schmähungen.

So schnell aber steckten wir diesmal nicht auf. Mein Vater und ich forsteten ein ganzes Wochenende lang sämtliche Aufsätze, Expertisen und Schriftstücke durch, die er je verfasst hatte. Das Ergebnis war, um es medizinisch auszudrücken, negativ. Nach Sichtung aller Dokumente stand eindeutig fest: Die Diagnose Kirchenfeindlichkeit ließ sich nicht aufrechterhalten.

Wir freuten uns diebisch, sogar Textstellen entdeckt zu haben, die dem Bischof eigentlich gefallen mussten. In einem Manuskript stand beispielsweise: «Es gibt gläubige Menschen, bei denen der Psychiater überhaupt nichts machen kann. Die müssen wir zum Priester schicken.» Diese Sätze unterstrichen wir gleich doppelt.

Das gesamte Aktenmaterial, fein säuberlich geordnet, die entscheidenden Passagen markiert, ging nach München. Und tatsächlich: Die Kirche zog ihren Einspruch zurück. Der Professur stand nichts mehr im Wege.

Und so verließen die Eltern und mein kleiner Bruder Frankfurt und zogen nach München in die Nussbaumstraße. Und auch ich sollte nicht mehr lange in Frankfurt bleiben.

Bei meiner Zeitung war ich nicht mehr glücklich. Es verdross mich zusehends, dass ich so viel arbeitete und dabei so miserabel bezahlt wurde. Fünf oder sechs Redakteure machten bei dem Blatt die Arbeit. Der Chefredakteur hielt jeden Tag die Konferenz ab, das war aber auch alles.

Er war ein drolliger Vogel, fetter Bauch unterm Hemd, immer eine Zigarette im Mundwinkel. Meistens stand er in der Kantine und stopfte unablässig Münzen in den Spielautomaten. Seine Frau wusste um seine Spielleidenschaft und gab ihm deshalb jeden Tag nicht mehr als fünf Mark mit. Beim Kantinenwirt war er hoch verschuldet.

Ich wollte wenigstens so viel verdienen wie der Politikchef, nämlich 1200 Mark. Doch als ich diesen Wunsch beim Verlagsleiter vortrug, hieß es, der Mann sei zum vierten Mal verheiratet und habe immerhin fünf Kinder.

Die ganze Sache ärgerte mich besonders, weil ich überzeugt war, dass unsere junge Zeitung nicht zuletzt durch meine Arbeit zu einer beachteten Stimme in der Stadt geworden war.

Eine Artikelserie hatte für besonderes Aufsehen gesorgt.

Es gab damals, sowohl im Magistrat wie in der Öffentlichkeit, erbitterte Meinungskämpfe über den Wiederaufbau Frankfurts. Über die Notwendigkeit, das Goethehaus wiedererstehen zu lassen, konnte man sich noch verständigen. Bei der Straßenplanung aber gab es zwei Fraktionen. Die eine wollte prächtige Boulevards nach Pariser Vorbild schaffen und zu diesem Zweck den historischen Eschenheimer Turm abreißen. Das machte mich wütend, und ich schlug mich auf die Seite der Bewahrer. Das Goethehaus mühselig wieder aufzubauen, aber das, was noch stand, wegzusprengen – was war der Sinn?

Ich beschloss, für den Erhalt des Eschenheimer Turms zu kämpfen. Meine tägliche Glosse im Lokalteil bot das entsprechende Forum. Egal, wovon die Glosse handelte, immer schrieb ich am Ende: «Im Übrigen bin ich der Meinung, dass der Eschenheimer Turm bleiben muss.» Schließlich hatte schon der alte Römer Cato mit dieser Methode Erfolg gehabt.

Viele Kollegen in der Redaktion fanden mein Engagement lächerlich. Mein ehemaliger Lehrmeister Richard Kirn vom Schwesterblatt «Neue Presse» intervenierte sogar beim Verleger, um mir die Kampagne verbieten zu lassen. Allerdings vergeblich. Ich blieb stur und wiederholte meine Forderung Tag für Tag.

Der Eschenheimer Turm steht bekanntlich noch heute, und jedes Mal, wenn ich im Taxi sitze und daran vorbeifahre, erzähle ich dem Fahrer stolz meine Geschichte. Dann sagt der meistens: «Ach, Sie sind das, der schuld ist, dass hier immer Verkehrsstau herrscht!»

Meinem Vorgesetzten war aber auch die Sache mit dem Eschenheimer Turm kein Grund, mir ein paar Hunderter mehr auf das Gehalt zu legen.

So kam mir der Anruf aus Hamburg gerade recht.

Die teuerste Ratte der Welt

Am Telefon war ein gewisser Herr von Bargen, offenbar ein hohes Tier im Axel Springer Verlag. «Wollen Sie uns nicht mal in Hamburg besuchen, Herr Kolle?», fragte er, «bei der Bild-Zeitung brauchen wir Leute wie Sie.»

Hamburg ahoi! Dass man in der Pressemetropole auf mich aufmerksam geworden war, schmeichelte mir ungemein. Dort erschienen immerhin die bedeutenden und einflussreichen Wochenblätter «Spiegel», «Stern» und «Zeit», da gab es – in einem mächtigen Bunker auf dem Heiligengeistfeld, der den englischen Bomben widerstanden hatte – die ersten Gehversuche einer Fernsehsendung namens «Tagesschau». Und da gab es Axel Springer. Was der anfasst, wird zu Gold, raunte man in unseren Kreisen ehrfurchtsvoll.

Springer hatte die Rundfunkzeitschrift «Hörzu» und das «Hamburger Abendblatt» gegründet, beide waren in kurzer Zeit große Erfolge geworden. Die überregionale Tageszeitung «Die Welt», nach dem Krieg zunächst unter der Obhut der britischen Besatzungsmacht erschienen, gehörte ihm inzwischen auch.

Sein jüngstes Baby war «Bild», noch keine zwei Jahre alt, als mich im Herbst 1953 der Anruf in Frankfurt erreichte. Es war die erste überregionale deutsche Boulevardzeitung. Sie kostete 10 Pfennig und hatte vier Seiten. Dahinter stand noch nicht diese gewaltige Organisation wie heute, mit ihren vielen Druckorten, Regionalausgaben, Auslandskorrespondenten.

Der Chefredakteur Rudolf Michael hatte eine Hasenscharte und konnte deshalb nicht deutlich sprechen. Als ich mich bei ihm vorstellte, bot er mir die Zuständigkeit für die Themenbereiche Film und Theater an und fragte nach meiner Gehaltsvorstellung. Ich nannte die Summe, die man mir in Frankfurt verweigert hatte. «In Ordnung», nuschelte er.

Marlies, die inzwischen an der Rezeption des Hotels «Frankfurter Hof» arbeitete, war zuerst nicht begeistert, als ich von der Hamburger Offerte berichtete. Sie war schwanger, und die Vorstellung, in der fremden Stadt, ohne den Beistand von Familie und Freunden, unser erstes Kind zur Welt zu bringen, machte ihr Angst.

Schließlich hatte ich aber ein schlagendes Argument parat: «Sylt. Nur vier Stunden, und wir sind in Kampen.» Das überzeugte sie.

Zunächst machte ich mich allein auf den Weg nach Norden. Zum Abschied strich ich ihr zärtlich über den Bauch, der sich allmählich zu runden begann. Und sie legte mir feierlich die Arme um den Hals, drückte sich an mich und sagte: «Don't forsake me – und trink keinen Schnaps!»

Es war für sie schlimmer als alle anderen denkbaren Untaten: dass ich in einer Kneipe hockte und harte Getränke in mich hineinschüttete. «Du darfst alles machen, aber trink keinen Schnaps» – unser ganzes gemeinsames Leben lang hat sie mir das mit auf den Weg gegeben.

Doch die Arbeit bei «Bild» verlangte – nach Feierabend – mehr als einmal nach Schnaps. Manchmal war es der reine Horror. Andererseits habe ich nirgendwo sonst in der Zeitungsbranche so bizarre Geschichten erlebt wie im Springer'schen Verlagshaus.

«Bild», das merkte ich schnell, war eher ein Märchenblatt als eine Zeitung.

Auch meine gute alte «Nachtausgabe» war eine Straßenzeitung und griff begierig Sensationsthemen auf. Aber im Vergleich zu Springers Blatt verströmte sie die Seriosität eines Amtsanzeigers.

Ich war als Journalist zur sauberen Recherche erzogen worden, was hier aber eher störend wirkte. Wenn ich herausgefunden hatte, dass eine Nachricht, die in der Morgenkonferenz als heiße Story gehandelt wurde, gar nicht stimmte, erklärte man mir, ich solle doch um Himmels willen nicht die schöne Geschichte kaputtmachen.

Besonders von meinem Ressort erwartete man saftige Skandalgeschichten. Einmal kam das Gerücht auf, Romy Schneider, damals noch ein halbes Kind, sei entjungfert worden. Daraus sollte ich einen Artikel für Seite eins basteln.

Ich telefonierte wie verrückt herum, fand aber nichts heraus, was diese Meldung auch nur entfernt stützen konnte. Also ging ich zur Chefredaktion, um die Geschichte abzublasen.

Wenn so was passierte, und das war öfter der Fall, sah man mich ungläubig an und erklärte: «Wir schreiben's erst mal, sollen sie doch beweisen, dass es nicht stimmt.»

Wenn ich besonders störrisch blieb oder eine nach dem Geschmack der Vorgesetzten zu lahme Story abgeliefert hatte, setzte man einfach einen anderen Redakteur an die Geschichte, der seiner Phantasie freien Lauf ließ. Aber mein Name stand am Ende trotzdem darüber.

So auch, als «Bild» meldete, die Ehe der populären Opernsängerin Anneliese Rothenberger sei zerrüttet, die Scheidung eingereicht. Drei Tage zuvor hatte ich noch mit ihr nebst Gatten zu Abend gegessen.

Am Morgen, als die Ente im Blatt stand, klingelte das Telefon, am Apparat Anneliese Rothenberger: «Mensch, Oswalt, sind Sie verrückt geworden, wieso schreiben Sie solchen Unsinn? Mit Ihnen will ich nichts mehr zu tun haben.»

Manchmal bebte ich vor Wut, wenn ich abends die Redaktion verließ, und mir blieb wirklich nichts anderes übrig, als Marlies' Anordnung zu missachten. Dann fuhr ich zum Hafen und ging in die «Washington Bar».

Da saß häufig ein junger Sänger auf dem Barhocker, spielte Gitarre und gab Seemannslieder zum Besten: Freddy Quinn. Er stand vor seiner großen Karriere. Wir freundeten uns schnell an, und er erzählte mir von Probeaufnahmen und Plattenverträgen, in der Hoffnung auf eine schöne Geschichte in der Zeitung.

Ich hätte ihm am liebsten mein Herz ausgeschüttet und an meinem Kummer teilhaben lassen. Aber das verbot mir die Loyalität.

Im krassen Gegensatz zu der Wildwestmentalität der Redaktion stand die Atmosphäre im Verlag. Es herrschte eine merkwürdige gedämpfte Stimmung, die mir, ans fröhliche Frankfurt gewöhnt, fremd und unwirklich erschien. Alles sehr steif und verklemmt. Da wurde nie gelacht, und es durften keine Witze gemacht werden. Schon gar nicht über den Verleger.

Der ließ sich zwar nur selten bei uns sehen, aber sein Schatten war allgegenwärtig. Ich habe ihn nur einmal erlebt, auf einer Betriebsfeier. Er hielt eine große gefühlvolle Rede, eine echte Schnulze: Wir glauben an die Menschen, die unsere Zeitungen lesen, nehmen sie ernst, geben ihnen Halt. In unserem Haus sind wir Freunde, reichen uns die Hand, ziehen alle an einem Strang. In diesem Stil. Wenn er zwischendurch mal einen Scherz einflocht, wieherten die Leute vor Lachen.

Charme hatte er, das musste man ihm lassen. Und nicht nur das. Er besaß ein untrügliches Gespür für die Bedürfnisse des Publikums. Was seine unternehmerischen Fähigkeiten anging, war er nichts weniger als genial. Aber, wie man in Hamburg sagt: Ich konnte ihn nicht ab.

Im Grunde kannte ich ihn natürlich viel zu wenig, um mir ein Urteil erlauben zu können. Die Abneigung hatte ihren Ursprung vor allem in der Unterwürfigkeit, mit der man ihm im Verlag begegnete. Und in dem grotesken Personenkult, der um ihn getrieben wurde.

Dieses Affentheater um seine Person hat mich immerhin zu zwei gelungenen Auftritten animiert.

Es gab im Verlag einen freundlichen, schon etwas älteren Boten, mit dem ich einmal ins Gespräch gekommen war, als er mir Material aus dem Archiv in mein Büro brachte. Bei der Gelegenheit hatte ich erfahren, dass er, ohne mit dem Verleger verwandt zu sein, auch Springer hieß. Das wussten die wenigsten.

Eines Tages sitzen etwa fünfzehn Redakteure in dem großen Konferenzraum, in dem die Schlagzeilen gemacht wurden, unser Häuptling Rudolf Michael mit dem Rücken zur Tür. Die geht auf und ebendieser Bote betritt den Raum, um etwas abzugeben. Ich springe auf, nehme Haltung an und rufe: «Guten Tag, Herr Springer!»

Unser armer Chefredakteur. Wie vom Blitz getroffen schnellt er von seinem Stuhl hoch, dreht sich um, fährt schon die Hand zum Gruß aus – und entdeckt das Männchen mit seinem Rollwagen.

Es gab einen großen Lacher bei den Kollegen, nur Rudolf Michael fand die Sache nicht komisch, stauchte mich zusammen und verfasste eine Aktennotiz. Wochenlang war er beleidigt, dass ich ihn bloßgestellt hatte. «Was wollen Sie?», sagte ich zu ihm. «Ich habe doch nur einen Angestellten des Hauses mit seinem Namen begrüßt, mehr nicht.»

Die zweite Geschichte mag ich noch lieber. Angeblich ist sie zu einer Art innerbetrieblicher Wandersage geworden.

Verdienten Führungskräften des Hauses pflegte der Verleger einmal im Jahr persönlich ein Geschenk zu überreichen. Zu meiner Zeit war dies eine teure, exklusiv angefertigte lederne Aktentasche, die mit seinen Initialen versehen war: ACS. Die Beschenkten trugen diese Tasche wie einen Orden.

Nahe der Außenalster, wo ich wohnte, war ich Kunde eines ungarischen Schneiders, von dem ich meine Anzüge anfertigen ließ. Er redete mich regelmäßig mit «Herr Redakteur» an, was ich etwas albern fand, ihm aber nicht austreiben konnte. Einmal, bei einer Anprobe, erzählte ich diesem Schneider nun beiläufig die Sache mit der Ledertasche, worauf er sagte: «Kenne ich sehr guten Ledermacher, Herr Redakteur. Bringen Sie mir Foto von Tasche, dann macht Ihnen auch eine.»

Ich konnte natürlich nicht widerstehen. Also organisierte ich ein Foto und eine Woche später hatte ich die Tasche. Täuschend echt, mit Initialen und allem Drum und Dran. Und mit dieser unterm Arm tauchte ich dann im Springer Verlag auf.

Drei Tage lang war der Teufel los. Der Chefredakteur, der Verlagsleiter, jener Rolf von Bargen, der mich in Frankfurt angerufen hatte, und noch etliche andere Respektspersonen, die so ein gutes Stück ihr Eigen nennen durften – sie alle wussten nicht, wie sie mit der Situation umgehen sollten.

Hat der Alte dem Kolle etwa auch so eine Tasche geschenkt? Ist das eine Fälschung? Hat Kolle die Tasche womöglich gestohlen?

Zunächst wagte niemand, Axel Springer darauf anzusprechen.

Irgendwann drang die Kunde aber dann doch bis zu ihm

vor und, oh Wunder – es gab keinen Ärger. «Von mir hat er die Tasche jedenfalls nicht», soll er gesagt und dabei sogar gelacht haben. Offenbar wusste er einen guten Gag zu schätzen.

Bei einer anderen Sache hingegen hat er nicht gelacht, sondern bekam einen Tobsuchtsanfall. Was man sogar verstehen konnte.

In der «Bild»-Zeitung war eine Panne passiert: Auf der letzten Seite standen zwei Fotos, die nichts miteinander zu tun hatten. Das eine zeigte Springers damalige Ehefrau Rosemarie hoch zu Pferde, das andere ein Chinchilla. Bei der Produktion der Seite hatte nun ein Unglücksrabe die beiden Bildunterschriften vertauscht. Unter dem Bild von Rosemarie Springer stand, was eigentlich unter das Chinchilla-Foto gehört hätte: «Die teuerste Ratte der Welt».

Als der Fehler entdeckt wurde, war es zu spät, um die Frühausgabe noch zu stoppen. Die druckte bereits. Erst in der nächsten Auflage, die ein paar Stunden später rausging, konnte der Fehler behoben werden.

Nun wurden alle möglichen Verrenkungen gemacht, um dem Verleger die erste Ausgabe vorzuenthalten. Aber die Mühen waren vergeblich. So einfach war der eben nicht hinters Licht zu führen. Er ließ sich immer alles zeigen. Oft erschien er nachts sogar selber in der Druckerei und griff sich ein frisches Exemplar vom Laufband.

Lange wurde auf höchster Ebene diskutiert, ob man den Mann, der das verbockt hatte, feuern sollte. Dass er schließlich doch bleiben durfte, versöhnte mich ein wenig mit Europas größtem Zeitungshaus, mit dem ich nie wirklich warm werden sollte.

Mit der Stadt, in der dieses Zeitungshaus stand und mit einem Bein noch steht (das andere Bein steht mittlerweile in Berlin), ging es mir ähnlich. Mit Hamburg habe ich auch keine Freundschaft geschlossen.

Dass die Hamburger zum Lachen in den Keller gehen und dass sie zehn Jahre brauchen, um einem Neuling wenigstens mal guten Tag zu sagen, mögen Klischees sein – aber die unterkühlte Distanz, mit der sie einem Zugereisten begegnen, war deutlich zu spüren, zumindest in den bürgerlichen Kreisen. Auf St. Pauli, in der «Washington Bar» und anderswo, war das nicht so, da trugen die Leute nicht die Nase hoch, sondern das Herz auf der Zunge: Setz dich zu uns, trink einen mit!

Die Hanseaten in Eppendorf, Uhlenhorst oder Harvestehude dagegen, von den vornehmen Elbvororten ganz zu schweigen: Höflich waren sie. Aber irgendwie wurde ich das Gefühl nicht los, dass ich ihnen auch herzlich schnuppe war. Wenn ich jemanden auf der Straße gefragt hätte: «Wo geht's hier bitte schön zur Elbe, ich möchte mir das Leben nehmen», wäre die Antwort vermutlich gewesen: «S-Bahn bis Altona und dann noch 'n büschen zu Fuß.»

Ich war heilfroh, als Marlies schließlich nachkam. Da stand sie eines Nachmittags mit ihrem Köfferchen auf dem Bahnsteig im Hamburger Hauptbahnhof, der schwarz von Menschen war, während die Ungetüme von Lokomotiven, aus deren Luken sich die Lokführer mit verrußten Gesichtern lehnten, Zigarette im Mund und erschöpft nach der langen Fahrt, zischend Dampf abließen.

Selig fielen wir uns in die Arme, und dabei spürte ich, dass der Bauch unter ihrem Mantel kräftig gewachsen war.

Als wir um die Alster fuhren, auf dem Weg zur Wohnung am Uhlenhorster Weg, gestand ich ihr, dass der Job bei «Bild» nicht das Wahre und ich in Hamburg nicht glücklich sei. Und dass ich mir Sorgen um die Zukunft machte.

Besonders erstaunt war sie nicht, sie hatte das alles schon in meinem Gesicht gelesen.

«Jetzt kommt erst mal unser Kind, und dann suchst du dir einen neuen Job», sagte sie, als wir abends in meiner kleinen Kneipe am Hofweg unser Wiedersehen feierten. «Und wenn gar nichts klappt, gehe ich eben putzen. Wir kommen schon durch.»

Als wir heimgingen, duftete es nach Frühling, wir machten noch einen kleinen Abstecher zum Bootsanleger, wo die Segeljollen im sanften Nachtwind schaukelten, und der Optimismus kehrte zurück. Marlies war bei mir, und alles würde gut werden.

Am 2. Juli war es so weit: Unsere Tochter Cornelia wurde geboren. Im Krankenhaus lag meine kleine Engländerin blass in ihrem Bett und streckte mir glücklich unser Kind entgegen. Dieses kleine Wesen in die Hände zu nehmen und anzustaunen, war so unbeschreiblich schön, dass mir die Tränen in die Augen schossen.

Unsere «lütte seute Deern», wie die Nachbarn sie nannten – für uns war sie die «Nele» –, war noch keine zwei Monate alt, da saß ich im Büro von Christian Kracht, dem persönlichen Bevollmächtigten von Axel Springer.

Normalerweise wäre mir die Ehre einer Audienz bei einem so hohen Herrn des Hauses nicht zuteilgeworden. Aber ich kannte Kracht von einigen Sonderaufträgen, die er direkt verantwortet hatte. Ich hatte Texte zu verfassen, denen man nicht anmerken durfte, dass sie von Anzeigenkunden bezahlt wurden. Sie mussten wie gewöhnliche redaktionelle Beiträge aussehen, und mittendrin hatte man so diskret wie möglich den Firmennamen unterzubringen, Rama zum Beispiel. Für solche Dienste, die mit Journalismus nichts zu tun hatten, bekam man ein Extrahonorar von 100 Mark.

Kracht schien mich zu mögen und hatte mich gelegentlich animiert, dieses Sonderhonorar mit Spesen aufzustocken. Er schlug mir sogar vor, auf Verlagskosten ein Edelbordell auf St. Pauli zu besuchen. Jetzt saß ich ihm aber nicht gegenüber, um eine Puffquittung abzeichnen zu lassen. Er hatte mich gerufen, weil ihm zugetragen worden war, dass ich mich verändern wollte.

Ich hatte ein Angebot von der soeben wiedergegründeten «B. Z.» in Berlin erhalten, der traditionsreichen und von den Nazis einst verbotenen Boulevardzeitung aus dem Hause Ullstein (das Springer sich später einverleiben sollte). Man hatte mir die Position des Feuilletonchefs angeboten.

«Was muss ich Ihnen bieten, damit Sie bleiben?», fragte Kracht.

«Es geht mir nicht ums Geld», erwiderte ich, «ich will hier weg. Mir behagt die Richtung bei ‹Bild› nicht, das ist der Grund.»

Plötzlich war Kracht wie ausgewechselt: «Sie sind also nicht umzustimmen. Dann sage ich Ihnen jetzt Folgendes: Verlassen Sie dieses Haus, kehren Sie niemals zurück. Unsere Tür ist für Sie geschlossen. Gehen Sie!»

Das tat ich. Ich ließ mich krankschreiben und packte meine Sachen. Dann nahm ich meinen Resturlaub und fuhr mit Marlies und unser kleinen Nele nach Kampen.

Schließlich brachte ich die beiden nach München zu meinen Eltern.

Berlin

Die «B. Z.», bei der ich im Januar 1955 anfing, war wie für mich geschaffen. Als «Newspaper boy», der ich mit Leib und Seele war und in Hamburg nicht sein durfte, verbrachte ich meine schönsten Jahre im alten Ullstein-Haus in Tempelhof.

Wenn ich an diese Zeit denke, kommt es mir so vor, als ob ich im Kino sitze und eine turbulente Pressekomödie à la Billy Wilder sehe. «Extrablatt», verlegt ins Berlin der fünfziger Jahre. In Technicolor. Und der Reporter-Charmeur, der da bei den Filmfestspielen mit Kim Novak über den roten Teppich schreitet, das bin ich.

Links: ***Nele, die «lütte seute Deern»***

Dabei ging es nicht gut los. Das Blatt hatte, als ich meinen Arbeitsvertrag unterschrieb, zwei Chefredakteure, bei meinem Dienstantritt war es nur noch einer. Der Mann, der mich eingestellt hatte, war inzwischen rausgeflogen. Der andere kannte mich nicht.

Karl-Heinz Hagen war ein kleiner Mann mit Schnurrbart, er sah aus wie ein Pakistani. Er hockte hinter seinem Schreibtisch und musterte mich feindselig, als ich sein Zimmer betrat, um mich vorzustellen.

«Hören Sie zu», sagte er, «ich habe Sie nicht eingestellt, ich brauche Sie auch nicht. Gehen Sie meinetwegen an die Arbeit, aber die Probezeit überstehen Sie nicht, das kann ich Ihnen jetzt schon versichern.»

Hier in Berlin schien ein rauer Ton zu herrschen. Verdrossen schlich ich durch das neue Haus, gab meine Papiere ab, machte mich bekannt. Abends rief ich Marlies an und wollte ihr schon mein neues Leid klagen – aber sie hatte aufregende Neuigkeiten.

«Mein Schätzchen, in Berlin werden wir eine Wohnung für vier brauchen.»

Im September, glaubte Marlies, würde es wohl so weit sein. Sie war überglücklich. Mein Groll war fast vergessen, ich gab mir Mühe, in der Probezeit zu zeigen, was ich draufhatte, schrieb meine ersten kleinen Sachen, und Hagen wurde zusehends freundlicher.

Nach ein paar Wochen duzte er mich plötzlich und sagte: «Ich will, dass du jeden Tag etwas unter deinem Namen und mit deinem Bild veröffentlichst.»

Wieder etwas später, als er mich in sein Büro rief, nannte er mich plötzlich «Kolleleben». Das hatte ich noch nie gehört. Die Leute, die mich duzten, nannten mich meistens «Osse». Hagen benutzte eine typisch jüdische Koseform, wie ich dann erfuhr – man hängte an den Nachnamen einfach noch ein «leben» an.

Mit Karl-Heinz Hagen, Abkömmling des bis zur Nazizeit hoch angesehenen Bankhauses Louis Hagen & Sohn, hat mich zeitlebens eine wunderbare berufliche Freundschaft verbunden. Er war als Journalist und Chefredakteur einer der ganz Großen in der Pressegeschichte der Bundesrepublik. Und er war es auch, der später zum Geburtshelfer des «Aufklärers der Nation» werden sollte.

Dass Hagen mir, so kurz nach dem frostigen Empfang, den Boden für meine Karriere im Haus bereitete, lag nicht nur daran, dass ihm meine Artikel gefielen. Ich verdankte es auch einem Fürsprecher, der offenbar einen Narren an mir gefressen hatte und keine Gelegenheit ausließ, mich beim Chef in den höchsten Tönen zu loben: Hans Habe, eine der schillerndsten Figuren im bundesdeutschen Nachkriegsjournalismus.

Habe war ungarischer Jude und hieß eigentlich János Békessy. 1940 war er in die USA emigriert und nach dem Krieg als amerikanischer Presseoffizier und Mitgründer der «Neuen Zeitung» nach München gekommen. Hagen hatte ihn nun zum Neustart der «B. Z.» als Berater und Autor engagiert und schätzte seinen Rat außerordentlich.

Habe war Gentleman vom Scheitel bis zur Sohle. Seriös, tadellose Manieren, stets erstklassig gekleidet, immer eine Zigarettenspitze zwischen den Fingern. Dazu: gebildet, charmant und eloquent, elegante Schreibe. Ein klassischer Feuilletonist, ein echter «Homme des Lettres».

Was ihm fehlte, war eine Überzeugung. Auch fiel es ihm nicht schwer, für eine Pointe die Fakten zu opfern. Und da er ständig in Geldnot war, betrachtete er das geschriebene Wort in erster Linie als Mittel zum eigenen Überleben. So nahm unsere gute Beziehung eines Tages ein jähes Ende. Es ging um Hildegard Knef, die damals am Broadway in New York rauschende Erfolge als Hauptdarstellerin in dem Musical «Silk Stockings» von Cole Porter feierte. Die Amerikaner lagen ihr zu Füßen – aber in Deutschland gab es viele, die nicht etwa stolz darauf waren, dass «eine von uns» jenseits des Atlantiks so begehrt war. Sie waren eher froh, sie so weit weg zu wissen.

Hilde Knef war der erste große deutsche Nachkriegsstar. International bekannt wurde sie 1946 mit dem beklemmenden Wolfgang-Staudte-Film «Die Mörder sind unter uns», in dem sie eine KZ-Überlebende spielte. 1948 schmückte sie als Titelmädchen die erste Ausgabe der Illustrierten «Stern». Ein Hollywood-Studio bot ihr einen Siebenjahresvertrag, und sie nahm die amerikanische Staatsbürgerschaft an. 1950 kehrte sie vorübergehend nach Deutschland zurück, für die Hauptrolle in dem Willi-Forst-Melodram «Die Sünderin». Der Film sorgte für einen Riesenskandal. Vor allem die katholische Kirche machte mobil, denn nicht nur wurden solche Tabuthemen wie Prostitution und Freitod thematisiert, sondern die Knef war auch kurz nackt zu sehen. Es gab Verbote, Klagen, die bis zum Bundesgerichtshof getragen wurden. Vor vielen Kinos wurden Barrikaden errichtet, durch die Innenstädte zogen Demonstrationszüge pro und contra «Die Sünderin».

Der gewaltige Rummel sorgte dafür, dass sieben Millionen Zuschauer den Film sahen.

Als er in Frankfurt lief, hatte ich Hildegard Knef interviewt und war außerordentlich beeindruckt. Eine schöne, kluge Frau, freche Klappe, unbestechliche Beobachterin. Besonders ein Satz, den sie in dem Gespräch sagte, ging mir nicht aus dem Kopf: «Die Deutschen bringen sechs Millionen Juden um, und dann regen sie sich über eine Nacktszene im Kino auf!»

Zwischen uns entwickelte sich ein enges Verhältnis. Sie akzeptierte mich als fairen Reporter, und ich kam immer mal wieder in den Genuss einer exklusiven Nachricht.

Nun also Hans Habes Auftritt. Von der Chefredaktion hatte er den Auftrag zu einer wöchentlichen Kolumne bekommen, die unter einem Pseudonym erscheinen sollte. Der erste Beitrag handelte von der Knef, lief also in meinem Ressort. Als er das Manuskript ablieferte, traute ich meinen Augen nicht.

Die Berichte über Knefs Broadway-Erfolg seien falsch, hatte Habe geschrieben. Tatsächlich lehne das amerikanische Publikum sie ab, das Musical selbst sei ein dröhnender Misserfolg, die Schauspieler hätten sich wiederholt bei der Theaterleitung über ihre mangelnde Professionalität beschwert – und auch über ihren schlechten Atem.

Wie er an die Geschichte gekommen sei, fragte ich ihn.

«Alles genau recherchiert», antwortete er, «haben wir exklusiv.»

Mir blieb nichts übrig, als den Text freizugeben. Aber ich hatte eine böse Ahnung, denn ich wusste, Habe war hemmungslos, wenn er Geld brauchte.

Und tatsächlich, es war wieder wie bei «Bild», mit Anneliese Rothenberger, nur schlimmer. Als Erstes rief Elli Silman an, die berühmte Berliner Agentin, und stellte mich empört zur Rede.

«Liebe Elli», antwortete ich, als sie mal Luft holte, «ich

habe das gar nicht geschrieben.»

«So? Wer denn?»

«Den Namen darf ich nicht sagen.»

«Feige bist du also auch noch.»

Am Nachmittag: Anruf aus New York. Hilde Knef höchstpersönlich: «Wer hat diesen Scheiß geschrieben? Sag es mir!»

Ich erklärte ihr, dass ich den Namen nicht nennen durfte.

Sie kündigte mir die Freundschaft.

Darauf setzte ich alle Hebel in Bewegung, rannte immer wieder zum Chefredakteur, sprach sogar unseren Verleger Heinz Ullstein an – bis schließlich Hans Habe nichts anderes übrigblieb, als sich zu der Urheberschaft zu bekennen. Damit war meine Ehre wiederhergestellt, die Damen Knef und Silman sprachen wieder mit mir.

Hans Habe aber hat diese Demütigung wohl nicht vergessen.

Er war ein brillanter Zyniker, der – bei einem entsprechenden, gutdotierten Angebot – auch bei der «Prawda» in Moskau hätte Karriere machen können. Gelandet ist er schließlich bei Axel Springer. In dessen Blättern hat er später, in den sechziger und siebziger Jahren, schlimme Attacken geritten – gegen alles, von dem er annehmen durfte, dass es seinem Verleger missfiel. Ich war damals bereits als «Sexpapst» zu einiger Prominenz gelangt. Und Habe schrieb doch allen Ernstes, man möge für diesen Kolle die Prügelstrafe wieder einführen.

War es späte Rache?

123

Osse soll kommen!

Kürzlich hat mir eine junge Journalistin, die mich in Amsterdam interviewte, ihr Leid darüber geklagt, wie schwierig und umständlich es heute sei, an Stars und Promis heranzukommen.

Erst gibt es lange Vorgespräche mit Managern, PR-Beratern, persönlichen Assistenten, sogar mit Anwälten. Wenn endlich grünes Licht kommt, muss man die Fragen vorher einreichen. Die Hälfte wird als unzulässig abgelehnt. Die Dauer des Gespräches, bei dem meistens noch ein Aufpasser dabeisitzt, wird auf die Minute genau festgelegt. Falls Fotos geplant sind, muss ein «Extra-Shooting» organisiert werden. Text und Bilder sind, bevor sie in Druck gehen, dem Management zur Genehmigung vorzulegen. Sogar bei den Überschriften und Bildunterschriften kann es passieren, dass die Berater verlangen, sie vorher zu sehen.

Was für ein herrliches Leben hatte ich doch bei der «B. Z.»!

Die Stars von der Bühne und vom Film, mit denen ich zu tun hatte, hatten meist nur eine Agentin, das war's. Die sah ihre Aufgabe nicht im Abwimmeln, sondern war daran interessiert, dass ihre Schützlinge in die Zeitung kamen. Und wenn der Mensch von der Presse sich als anständiger Kerl entpuppte, wahrheitsgemäß berichtete und sein Ehrgeiz nicht darin bestand, die Idole des Publikums vorzuführen, dann gehörte man gewissermaßen schon zur Familie. Man zog an einem Strang: Publicity für mich, gute Story für dich.

Auch deshalb war ich so erbost, als die Geschichte mit Hilde Knef passierte, sie hätte mich beinahe meinen guten Ruf gekostet. So aber konnte ich mir das Privileg bewahren, häufig einer der Ersten zu sein, denen ein Interview gewährt oder eine exklusive Geschichte gesteckt wurde.

Dass die «B. Z.» die populärste Straßenzeitung in Westberlin war, lag vor allem daran, dass sie bei allen Sensationen und knallig aufgemachten Fotos und Überschriften doch nie den Boden der Recherche verließ. Da gab es – von wenigen Fehltritten abgesehen – keine Fälschungen oder erfundenen Geschichten, und das wussten die Leser zu schätzen. Und eben auch die Leute, über die berichtet wurde.

Oft riefen Stars oder solche, die sich schon dafür hielten, persönlich an, wenn sie etwas loswerden wollten, von dem sie nicht sicher waren, ob es in anderen Blättern nicht verzerrt wiedergegeben würde. Überregionale Organe wie «Bild», der «Stern», die «Quick» oder die «Bunte Illustrierte» hatten zwar weit höhere Auflagen. Aber oft hieß es einfach: «Osse soll kommen.» Und dann machte ich mich auf die Socken.

So auch, als gemeldet wurde, Curd Jürgens hätte auf der Treppe eines römischen Hotels vor den Augen anderer

Gäste seine Frau verprügelt. Der Schauspieler rief mich in Berlin an und stellte mir die exklusive Geschichte in Aussicht. Ich kannte das Ehepaar Jürgens/Bartok von mehreren Besuchen in ihrer prächtigen Villa in Cap Ferrat an der Côte d'Azur. Rauschende Feste wurden da gefeiert, große Dinnerpartys, auf denen die Elite des deutschen und fran-
zösischen Films vertreten war. Die hinreißende Michèle Morgan erlebte ich dort, ehrfürchtig strich ich an dem Stehtisch vorbei, an dem Jean Gabin und Lino Ventura ihren Whisky tranken.

Man konnte nicht anders, als von dem Lebensstil im Hause Jürgens beeindruckt zu sein. Als Gastgeber war der «normannische Kleiderschrank», wie man ihn im Ausland respektvoll bezeichnete, mindestens ebenso präsent wie in seinen Filmrollen. Wenn der offizielle Teil vorüber war und die Stimmung immer ausgelassener wurde, ging er von Tisch zu Tisch, von Grüppchen zu Grüppchen, immer ein Glas in der Hand, und kümmerte sich um das Wohl jedes einzelnen Gastes: jovial, herzlich, unglaublich liebenswürdig, wobei es gleichgültig war, ob er mit dem berühmten Kollegen plauderte oder dem Geiger der Kapelle, die er für das Fest engagiert hatte.

Seine Frau Eva, mit der er gerade den Film «Ohne dich wird es Nacht» gedreht hatte, in dem er einen morphiumabhängigen Rechtsanwalt spielt, war nicht minder herzlich und großzügig. Wenn das Haus voller Gäste war, schienen sie glücklich. Allerdings konnte es einem bei ihr passieren – ausgerechnet beim Tanzen, wenn man das Gefühl hatte, dass es nichts Schöneres geben kann, als diese zauberhafte Ungarin in den Armen zu halten –, dass sie zu einem endlosen Vortrag über Esoterik und Transzendenz ausholte, was etwas anstrengend war.

Nun also diese Prügelgeschichte in Rom. Dass zwischen ihnen, wenn sie allein waren, manchmal die Fetzen flogen, wusste sowieso jeder. Die Story, die sie mir in der römischen Trattoria erzählten, war allerdings so heiß nicht. Beide gaben ihr Bestes, den Vorfall runterzuspielen. Ihre Ehe, das wollten sie mir damit zum Ausdruck bringen, sei noch intakt. Mehr als drei Jahre hat sie dann allerdings nicht mehr gehalten.

Mit Rita Hayworth, 1955

Eingeprägt hat sich mir dieser Rom-Ausflug auch aus einem anderen Grund. Es war nämlich ein ortsansässiger Fotograf dabei. Der zupfte mich hinterher am Ärmel und fragte, ob ich nicht mal ein paar Bilder von deutschen Starlets, die er hier in der Filmstadt Cinecittà geschossen hatte,

ansehen und mit nach Berlin nehmen wolle. Wir gingen in seine Wohnung, und er zeigte mir eine ganze Serie von einem wirklich tollen Mädchen aus Erlangen, einer Pfarrerstochter, die bei einem Schönheitswettbewerb in Rimini den ersten Preis gewonnen und auch schon kleine Nebenrollen in italienischen Filmen gespielt hatte. Ihr
Name war Elke Sommer.

Zurück in Berlin, stopfte ich die Bilder in eine Schreibtischschublade – und vergaß sie. Andere Dinge kamen dazwischen, eine neue Reise, eine aktuelle Recherche. Und Elke wartete in meinem Schreibtisch darauf, wachgeküsst zu werden.

Wie das geschah, darüber gibt es mehrere Versionen. Die eine hat – erst kürzlich – der «Traumschiff»-Produzent Wolfgang Rademann in einem Interview mit der «Zeit» erzählt. Rademann war damals junger Reporter bei der «B. Z.». Eines Abends sei Chefredakteur Hagen zu ihm gekommen: Er brauche dringend ein hübsches Mädel für den Innenteil der Zeitung. Da ich schon weg war, habe Hagen ihn angewiesen: «Schau doch mal in Osses Schreibtisch nach!» Und da habe er, Rademann, ein Bild von Elke Sommer rausgefischt, das dann auch gedruckt wurde, wobei er sich redlich abmühen musste, ein paar zusammenhängende Zeilen anzufügen. Was nicht ganz einfach war, da er niemanden erreichen konnte, der jemals von einer Elke Sommer gehört hatte.

An diese Version kann ich mich allerdings nicht erinnern, bei aller Wertschätzung für Wolfgang Rademann, der nicht nur ein klasse Rechercheur war, sondern auch ein feiner, liebenswerter Kollege mit Kodderschnauze.

Nach meiner Erinnerung rief mich Hagen eines Tages in sein Büro, stauchte mich zusammen und berichtete von einem Anruf des römischen Fotografen, der wissen wollte, was aus seinen Bildern geworden sei. «Solche Fotos», schnauzte Hagen, als ich sie ihm kleinlaut vorlegte, «lässt man nicht liegen, sondern druckt sie, du Arschloch!»

Das taten wir dann auch. Ich rief Elke Sommer in Rom an, stellte mich vor, fragte sie aus und präsentierte dann die Geschichte von der Erlanger Pfarrerstochter auf einer Doppelseite, garniert mit den Fotos des römischen Kollegen. Als die Zeitung am folgenden Tag erschien, war das der Beginn einer großen Karriere, die Elke Sommer später bekanntlich bis nach Hollywood geführt hat.

Der Berliner Filmproduzent Artur («Atze») Brauner rief an, Elli Silman schaltete sich ein, ein Flugticket wurde in Rom hinterlegt, und so standen wir drei Tage später mit einem üppigen Blumenstrauß am Tempelhofer Rollfeld, um Elke Sommer in Empfang zu nehmen. Brauner gab ihr einen Dreijahresvertrag. Ihre erste große Rolle erhielt sie im «Totenschiff» an der Seite von Horst Buchholz.

Cannes

Zu den Höhepunkten meiner Arbeit bei der «B. Z.» gehörte – immer im Mai – die Berichterstattung von den Internationalen Filmfestspielen in Cannes. Die Côte d'Azur wurde mir zur zweiten Heimat.

Die bildschöne Grace Kelly, Idol meiner frühen Kinotage, interviewte ich 1955 in Cannes, nicht ahnend, dass es kaum ein Jahr später die «Hochzeit des Jahrhunderts» mit dem Fürsten Rainier von Monaco geben würde.

Es waren übrigens Journalisten, die diese wunderbare Liebesgeschichte eingefädelt hatten, Kollegen von der Pariser Illustrierten «Paris Match». Ich war voller Bewunderung für ihren Jahrhundert-Knüller.

Grace Kelly war nach Cannes gekommen, um für ihren Hitchcock-Film «Über den Dächern von Nizza» mit Cary Grant zu werben. Dem «Paris Match»-Autor Pierre Galante und seinem Fotografen soll die Idee zu der Story in der Eisenbahn von Paris an die Riviera gekommen sein: «Filmprinzessin trifft echten Fürsten».

Sie organisierten eine Begegnung im Palast von Monaco. Der Junggeselle Rainier war überwältigt von dem Hollywoodstar und verliebte sich auf Anhieb. Weihnachten reiste er in die USA und hielt bei den Eltern Kelly um die Hand ihrer Tochter an. Am 5. Januar 1956 verlobten sich die beiden – einen Tag nachdem die Kelly ihrem bisherigen Verlobten, dem Modeschöpfer Oleg Cassini, den Laufpass gegeben hatte.

Als am 12. April 1956 der Passagierdampfer «Constitution» mit der gesamten Familie Kelly an Bord im Hafen von Monte Carlo anlegte, stand zwischen jubelnden Zuschauern und aufgeregten Presseleuten auch der «B. Z.»-Reporter Oswalt Kolle. Täglich berichtete ich nach Berlin: wie rote und weiße Nelken vom Himmel regneten, als die Kellys vom griechischen Reeder Aristoteles Onassis in einem Beiboot an Land gebracht wurden; wie das Paar eine Woche später in der St.-Nicholas-Kathedrale vom Erzbischof getraut wurde; wie die Bevölkerung des Zwergstaates ihrer neuen Fürstin zujubelte.

Ich dachte an das kleine Frankfurter Kino, in dem Marlies und ich «High Noon» gesehen, Grace Kelly bewundert und unser Lied zum ersten Mal gehört hatten: «Do not forsake me, oh my darling!» War das wirklich erst drei Jahre her?

Für Kim Novak hätte ich auf der Stelle einen Mord begangen – falls sie es verlangt hätte. Kein Wunder: Es gab wohl kein männliches Wesen an der Côte d'Azur, dem diese Wahnsinnsfrau mit den verführerischen Augen und der sinnlichen Ausstrahlung nicht den Kopf verdreht hätte. Ihr Film «Der Mann mit dem goldenen Arm» an der Seite von Frank Sinatra hatte sie endgültig berühmt gemacht, und man munkelte von einer kurzen, leidenschaftlichen Affäre mit «Frankieboy». Immerhin schwebte sie einmal an meinem Arm in den Filmpalast von Cannes, vorbei an jubelnden Fans und drängelnden Fotografen, was mir einen Kick gab, wie ich ihn noch nie erlebt hatte. Ich wartete die ganze Zeit darauf, dass sie mir endlich die Nummer ihres Hotelzimmers zuflüstern würde. Aber im Lärm muss ich das wohl überhört haben.

Noch nicht so routiniert wie eine Kelly oder Novak bewegte sich die junge Brigitte Bardot im Rampenlicht. Sie war einundzwanzig, als ich ihr in einem Café an der Croisette gegenübersaß. Anlass war die Uraufführung ihres Films «Und ewig lockt das Weib». Darin hatte sie ihren nackten Busen gezeigt. Nicht mal eine Minute dauerte die Szene, aber die Sittenwächter, die deutschen zumindest,

Mit Kim Novak, 1955

fanden es skandalös. Die Zuschauer trieb es in Scharen ins Kino.

Ein betörendes Wesen war sie, die junge Französin mit den langen blonden Haaren. Neugierig und amüsiert ließ sie den Filmzirkus auf sich einwirken, dabei unbefangen und mit dem gelassenen Selbstbewusstsein der attraktiven Pariserin, die längst daran gewöhnt ist, dass sich die Männer nach ihr die Köpfe verdrehen. Dass sie keine schauspielerische Ausbildung hatte - ihr Entdecker, Regisseur und späterer Ehemann Roger Vadim hatte sie praktisch am Strand aufgelesen -, spielte keine Rolle. Ich spürte und schrieb das auch, dass sie ein Naturtalent hatte, das außergewöhnlich war. Und ich konnte Curd Jürgens verstehen, ihren Partner in diesem Film, von dem man sich erzählte, dass die junge Französin mit dem Schmollmund ihn fast um den Verstand gebracht hätte.

Das Nacktfoto von der BB, das ich neben meinen Bericht stellte, brachte mir eine erboste Hausmitteilung des achtzigjährigen Seniorchefs Rudolf Ullstein ein. Er war der Onkel des in Berlin amtierenden Verlegers Heinz Ullstein und hatte eine, wie man in der Redaktion erzählte, außerordentlich prüde Ehefrau, die sich immer aufregte, wenn in der Zeitung gegen Moral und Anstand verstoßen wurde. Hatte sie ihren Mann angestachelt, mich zu rügen? «Ich weiß jetzt», schrieb er jedenfalls an mich, «wer das Schwein ist, das immer nackte Mädchen ins Blatt bringt: Sie. Mit freundlichen Grüßen, Rudolf Ullstein.»

Nacht und Nebel

Nicht immer strahlte in Cannes die Sonne. Die hässliche Wolke, die 1956 – wenige Tage nach der glanzvollen Hochzeit von Monaco – die Filmfestspiele überschattete, kam aus Deutschland. Und sie erboste mich so sehr, dass ich zur Abwechslung mal keinen Bericht über eine glanzvolle Premiere oder rauschende Party nach Berlin kabelte. Es ging vielmehr um einen handfesten politischen Skandal: Die Regierung der Bundesrepublik Deutschland verhinderte die Präsentation eines französischen Films, der sich mit den Verbrechen der deutschen Vergangenheit beschäftigte.

Der Dokumentarfilm von Alain Resnais, einem Meister des französischen Kinos, hieß «Nacht und Nebel» (Original: «Nuit et brouillard»), dauerte 32 Minuten und behandelte eines der dunkelsten Kapitel der deutschen Besetzung Frankreichs ab 1940: Adolf Hitlers «Nacht-und-Nebel-Erlass» vom 7. Dezember 1941. Danach wurden französische Zivilisten, die von Besatzungsbehörden oder Kollaborateuren einer Straftat gegen das Deutsche Reich bezichtigt wurden, entweder sofort zum Tod verurteilt und hingerichtet oder – bei Nacht und Nebel – entführt und nach Deutschland verschleppt. Dieses spurlose «Verschwindenlassen» sollte andere Saboteure, Partisanen oder Widerstandskämpfer abschrecken. Die inhaftierten Gefangenen wurden in den Konzentrationslagern als «NN-Häftlinge» geführt und erhielten als Aufnäher auf der Häftlingskleidung ebenfalls die Markierung «NN». Die deutschen Behörden gaben den

Angehörigen nichts von dem Schicksal der Verschleppten bekannt. Sie durften weder Briefe schreiben noch empfangen.

»Nacht und Nebel« ist noch heute ein außerordentlich eindrucksvoller, bewegender Film. Resnais hatte schwarzweiße Archivaufnahmen mit farbigen Bildern verschnitten, die die Ruinen des Vernichtungslagers Auschwitz-Birkenau zeigten. Zu diesen Sequenzen sprach der französische Schriftsteller Jean Cayrol Texte, die über den Alltag im Konzentrationslager erzählten, über Quälerei, Demütigung, Terror und Vernichtung. Cayrol, der sich der französischen Widerstandsbewegung angeschlossen hatte, war 1943 verhaftet und in das KZ Mauthausen deportiert worden.

Im Januar 1956 erhielt «Nacht und Nebel» den renommierten französischen Filmpreis «Prix Jean Vigo», im März wurde er einstimmig als französischer Beitrag für Cannes nominiert.

Ich hatte den Film noch nicht gesehen, war aber wie alle akkreditierten Kollegen schon sehr gespannt. Zwei Wochen vor der geplanten Vorführung wusste noch niemand von dem bevorstehenden Skandal.

Doch dann bescherte mir das Reporterglück einen Informationsvorsprung. Ich war gut bekannt mit dem Diplomaten von Tichowitz, offizieller Delegierter der deutschen Botschaft in Paris während der Filmfestspiele. Wir gingen auf einen Pastis zusammen ins Café. Er machte einen verzweifelten Eindruck und erzählte mir auch bald den Grund: Seine Aufgabe war es, die Festivalleitung über die offizielle deutsche Haltung zu «Nacht und Nebel» zu unterrichten, einen Boykott der Festspiele und weitere außenpolitische Drohgebärden in Aussicht zu stellen. «Du kannst dir nicht vorstellen», sagte er, «wie zuwider mir das ist.» Wie sein Botschafter hatte auch er den Film vorab in Paris gesehen und hielt ihn für gut und wichtig.

Ich war entsetzt, aber nicht wirklich überrascht. Wir wussten ja alle, dass sich im zweiten, dritten Glied dieser sauberen, unablässig die demokratischen Ideale betonenden Bundesregierung längst wieder die davongekommenen Nazis eingerichtet hatten. Eine der umstrittensten Figuren der Adenauer-Ära war Hans Globke, Staatssekretär im Bundeskanzleramt. In der Hitlerdiktatur hatte er – als Jurist im Innenministerium – maßgeblich an der Formulierung der «Rassengesetze» zum «Schutz der Erbgesundheit des deutschen Volkes» mitgewirkt. Es bestand für mich kein Zweifel, dass Globke und seinesgleichen sich hinter der diplomatischen Attacke gegen die Vorführung des Filmes von Resnais verbargen.

Die offizielle Position der deutschen Politik, die von Tichowitz vorzutragen hatte und die auch in einer gleichlautenden Note an den französischen Außenminister formuliert war, lautete: Die Bundesrepublik habe im Prinzip nichts gegen die filmische Darstellung von NS-Verbrechen einzuwenden, aber die Festspiele von Cannes sollten zur Freundschaft zwischen den Völkern beitragen und seien daher nicht das geeignete Forum für einen solchen Film. Dieser werde die Atmosphäre zwischen Franzosen und Deutschen vergiften und dem Ansehen der Bundesrepublik schaden, denn gewöhnliche Zuschauer seien nicht fähig, zwischen den verbrecherischen Führern des

NS-Regimes und dem heutigen Deutschland zu unterscheiden.

Es gab noch einen weiteren Grund für das Missfallen der westdeutschen Regierung an «Nacht und Nebel», der natürlich in der offiziellen Begründung nicht erwähnt wurde, sich aber schnell herumsprach. Der Komponist der Filmmusik war Hanns Eisler, Jude, Kommunist, Freund und Partner von Bertolt Brecht. In der Hitlerzeit war er nach Amerika emigriert, wo er Musik für Hollywoodfilme geschrieben hatte. Nach dem Krieg kehrte er zurück, erst nach Prag, dann nach Ostberlin. Und, auch das noch: Er war Schöpfer der Nationalhymne der DDR. Kein Wunder, dass die Bonner rotsahen. Es passte eben alles zusammen!

Die Franzosen wollten und durften es sich mit Deutschland, dem ehemaligen Feind und neuen Verbündeten, nicht verderben. Das Auswahlkomitee für die Filmfestspiele strich «Nacht und Nebel» von der Liste. Von Tichowitz unterrichtete mich vorab von der bevorstehenden Entscheidung.

Als Journalist ist man in solchen Sachen immer zwiegespalten: Zu meinem Zorn gesellte sich die professionelle Genugtuung, dass ich den Skandal als Erster hatte. Exklusiv, vor allen anderen. Umgehend rief ich meinen Chefredakteur in Berlin an. Von der Brisanz des Stoffes musste ich ihn nicht überzeugen – «in einer Stunde will ich das Stück haben», rief Karl-Heinz Hagen in den Hörer, und so eilte ich in mein Hotelzimmer und verfasste ein wütendes Pamphlet gegen das Vorgehen der Bonner Regierung. Die Deutschen, schrieb ich, brächten erneut Schande über Europa.

Am nächsten Tag ging ich zum Internationalen Pressekiosk von Cannes und kaufte mir die «B. Z.» mit meinem Artikel. Ich lieferte die Zeitung bei der Festivalleitung ab, dort wurde mein Text kopiert, vervielfältigt und in die Fächer sämtlicher Kollegen gelegt. Als ich am Nachmittag das Festivalkino betrat, erhoben sich die versammelten Korrespondenten der Weltpresse von ihren Sitzen und applaudierten mir.

Es brach dann ein Sturm der Entrüstung los. Namhafte deutsche Schriftsteller wie Heinrich Böll, Wolfgang Hildesheimer, Alfred Andersch und Eugen Kogon protestierten. Die SPD erzwang eine Sondersitzung im Deutschen Bundestag.

Und ich? Ich besorgte mir eine Kopie von «Nacht und Nebel» und konnte nach meiner Rückkehr nach Berlin den Besitzer eines Kinos am Kurfürstendamm zu einer Sondervorführung bewegen. Unsere Zeitung stand gut mit dem Polizeipräsidenten, der die Aktion nicht nur befürwortete, sondern alle Polizisten, die an dem Tag frei hatten, ins Kino schickte.

Das Beispiel machte Schule: Immer öfter wurde «Nacht und Nebel» in deutschen Kinos gezeigt, in Hamburg, Frankfurt, sogar in Bonn, wo die meisten ausländischen Korrespondenten akkreditiert waren. In ausländischen wie bundesdeutschen Medien wurde das Verhalten der Bundesregierung und des französischen Auswahlkomitees fast einhellig kritisiert. Die Londoner «Times» formulierte vornehm, aber deutlich: «Es ist schwer, etwas anderes als Zorn denjenigen gegenüber zu empfinden, die diese feierliche und schreckliche Elegie zurückzogen.»

Wenn ich aus heutiger Sicht diese Dinge betrachte, empfinde ich keine Wut mehr, aber doch immer noch ein großes Erstaunen darüber, wie lange die Deutschen gebraucht haben, sich mit ihrer Schuld auseinanderzusetzen. Es ist ja ein Thema, an dessen Erörterung in unseren Tagen kein Mangel herrscht. Über sechzig Jahre nach der Katastrophe wird es im Feuilleton, in Fernsehfilmen und Talkrunden immer wieder wachgehalten, und das ist auch gut so.

In den fünfziger Jahren fühlte sich die Nation nicht schuldig. Sie fühlte sich betrogen, besiegt, gedemütigt. Wenn von Gräueltaten in den Lagern oder an der Ostfront die Rede war, wandten sich die Leute ab und wollten von nichts gewusst haben. Die schockierenden Aufnahmen von Leichenbergen, die auf den Re-Education-Veranstaltungen der Besatzungsmächte gezeigt wurden, hielten viele für Fälschungen. Sie wollten das Unbegreifliche nicht an sich heranlassen.

Die Frage «Was habt ihr im Krieg gemacht?» wurde noch nicht gestellt. Die Achtundsechziger, die sie später ihren Vätern entgegenschleudern sollten, waren noch Kinder.

Wenn die Vergangenheit thematisiert wurde, ging es fast nie um die im deutschen Namen verübten Verbrechen, sondern meistens um das Schicksal der Landser vor Stalingrad oder ihre Flucht vor russischer Gefangenschaft. Der Held der Stunde war Bundeskanzler Adenauer. Er reiste 1955 nach Moskau und rang der sowjetischen Führung die Zusage ab, Zehntausende Kriegsgefangene freizulassen und nach Hause zu schicken. Dafür wurde er gefeiert – und wiedergewählt. Da konnte er keine so deutliche Auseinandersetzung mit den Verbrechen der Nazis gebrauchen. Nicht mal im Kino.

Die Kriegsheimkehrer, diese armen Hunde, ausgezehrt und mit bleichen hohlen Gesichtern, die dann einige Monate später in den Eisenbahnsonderzügen nach Deutschland gebracht wurden, sie brauchten Monate, um sich an das neue Deutschland zu gewöhnen.

Das Land, nach dem sie sich so gesehnt hatten, war ein anderes geworden. Und das neue Deutschland, das sich seiner Vergangenheit stellte, gab es noch nicht.

Ausflüge

Seit September 1955 war ich zweifacher Vater. Unser Sohn Till Martin wurde in München geboren, Marlies lebte ja seit ihrer Rückkehr aus Hamburg bei meinen Eltern. Mein Vater war inzwischen Chef der psychiatrischen Universitätsklinik an der Nussbaumstraße in München. In der Frauenklinik, die gleich nebenan lag, durch ein Gartentor direkt zu erreichen, hatte er sie in die Obhut eines befreundeten Professors gegeben und kümmerte sich – ebenso wie meine Mutter – rührend um sie.

Als Till vier oder fünf Monate alt war, zog Marlies mit den beiden Kindern zu mir nach Berlin. Ich freute mich wie verrückt auf alle drei und stand mit klopfendem Herzen am Flughafen Tempelhof, als die Pan-Am-Maschine aus München landete. Ich konnte es kaum abwarten, Marlies und den Kindern unsere Wohnung zu zeigen, die ich durch Vermittlung eines Kollegen vom RIAS Berlin bekommen hatte. Eine kleine Dachwohnung am Kaiserdamm.

Für den Weg dorthin hatte ich eine Überraschung vorbereitet, die allerdings gründlich danebenging. Ich fuhr nämlich inzwischen, wovon Marlies noch nichts wusste, mein erstes wirklich eigenes Auto. Mein alter Second-Hand-Ford, der mit den abgewetzten Reifen und den kaputten Scheibenwischern, mit dem wir auf Hochzeitsreise gefahren waren, hatte ausgedient. Meinem Verleger Heinz Ullstein war er ein Dorn im Auge gewesen. «Damit können Sie doch nicht zu Terminen fahren, was wirft das für ein Licht auf unsere Zeitung!», sagte er jedes Mal, wenn er mich auf dem Verlagsparkplatz aus der klapprigen Kiste steigen sah. Nach einigen Monaten dann sein Angebot: «Wir finanzieren Ihnen einen neuen Wagen.» So kam ich zu meinem nagelneuen azurblauen VW Käfer, der nun auf dem Parkplatz von Tempelhof stand.

«Den hat mir ein Kollege geliehen», schwindelte ich Marlies an, als wir einstiegen. Die tolle Nachricht wollte ich ihr erst während der Fahrt verraten.

Kurz darauf blieb das verdammte Ding stehen. Mitten auf der Straße. Kein Benzin mehr. Auf dem Rücksitz krähten die Kinder, und wir beide mussten aussteigen und den Wagen bis zur nächsten Tankstelle schieben, die über einen Kilometer entfernt war.

«Das fängt ja gut an», sagte Marlies, noch ganz aus der Puste, als wir endlich weiterfahren konnten.

Ich war wütend, fühlte mich wie ein Trottel. Und hoffte, dass der schlechte Start kein böses Omen für unsere gemeinsame Berlin-Zeit sein möge.

Vielleicht war er das sogar. Während ich in Berlin die schönste Zeit meines Journalistenlebens hatte, waren für Marlies die Berliner Jahre die schwersten und anstrengendsten. Sie war viel allein mit den Kindern. Zwar konnten wir uns eine Putzfrau leisten, die mit der S-Bahn aus dem Ostsektor der Stadt anreiste, Nele und Till heiß und innig liebte und auch schon mal auf sie aufpasste, wenn ich Marlies auf eine Party oder Filmpremiere mitnahm.

Doch das waren eher Ausnahmen. An dem glamourösen Leben im Rampenlicht der Showbusinesshochburg Berlin-

West war Marlies nicht übermäßig interessiert. Die Erziehung der Kinder war ihr wichtiger. Dazu hätte ein Vater gepasst, der etwas häufiger nach Hause kommt, als das bei mir der Fall war. Nicht nur, dass ich oft tagelang verreist war und meiner jungen schönen Frau und den Kindern telefonisch aus Nizza, Cannes, Rom, London oder Paris gute Nacht sagen musste. Auch in Berlin war ich ziemlich intensiv auf der Piste. Was vor allem daran lag, dass ich einen Freundeskreis hatte, der ständig wuchs.

Die junge Familie, 1955

Wir alle, die Schauspieler, die Produzenten, die Regisseure, die Reporter und die Fotografen, verschmolzen in diesen bewegten fünfziger Jahren zu einer großen Familie.

Alle duzten sich, alle feierten zusammen, alle wussten private Dinge voneinander.

Zwar gab es – wie in allen Familien – auch Krach und Zerwürfnisse. Man war auch mal beleidigt, fühlte sich falsch verstanden, falsch zitiert. Aber man empfand sich doch als Teil einer Gemeinschaft, die dasselbe Ziel verfolgte: dem Publikum gute Unterhaltung zu bieten.

Da herrschte keine Distanz. Gestern ein Interview gemacht, heute sitzt man zusammen in der Bar, und morgen fragt dich der Star von der Leinwand, ob du ihm aus der Klemme helfen kannst. Oder umgekehrt, du bittest ihn um einen Gefallen.

Die Sache mit Walter Giller zum Beispiel. Ich kann mir nicht vorstellen, dass so etwas heute noch funktionieren würde.

Walter Giller war einer der erfolgreichsten und meistbeschäftigten Schauspieler des deutschen Nachkriegsfilms. Allein im Jahr 1956 brachte er es auf zehn Filme. Er verdiente gutes Geld, war ein Star, litt aber darunter, dass er letztlich immer die gleiche Rolle geben musste: den etwas linkischen, treuherzigen, anständigen Kerl von nebenan. Das war seine künstlerische Tragik: Walter Giller wurde immer nur als Walter Giller besetzt, nie als Komödiant, Tragöde, Herzensbrecher oder hundsgemeiner Schurke.

Wir waren fast gleich alt. Er war im Krieg Flakhelfer gewesen, hatte ähnlich schlimme Dinge erlebt wie ich. Oft saßen wir zusammen in Kneipen und Bars, tauschten unsere Erlebnisse aus, waren uns einig in unserem Hass auf die Nazis, alte und neue, und in unserem glühenden Wunsch, für immer in Freiheit zu leben.

Eines Morgens rief er mich in der Redaktion an, mit Grabesstimme:

«Osse, meine Karriere ist zu Ende.»

«Um Gottes willen, was ist denn passiert?»

«Ich habe heute Nacht mit besoffenem Kopf fünf Autos gerammt. Wenn das rauskommt, bin ich erledigt.»

Ich vergatterte ihn, mit keinem Menschen über die Angelegenheit zu reden, und versprach, mein Bestes zu geben, die Sache geheim zu halten. Dann eilte ich zu unserem Lokalchef Günter Prinz, der kraft Amtes beste Beziehungen zur Polizei hatte. Er hatte ein Herz und sorgte dafür, dass der Vorfall nicht im täglichen Polizeibericht für die Presse aufgenommen wurde.

Den Freundschaftsdienst hat mir der Walter nie vergessen.

Marlies hatte schon recht: Schnaps ist ein Teufelszeug. Viele habe ich erlebt, die daran regelrecht zugrunde gegangen sind. Harald Juhnke zum Beispiel, dessen Abhängigkeit ihm die letzten Lebensjahrzehnte zur Hölle gemacht hat.

Auch ihn kannte ich aus der frühen Berliner Zeit. Damals war seine Trinkerei noch nicht so schlimm. Da war er ein fröhlicher Zecher, mehr nicht. Vor allem aber: ein vielversprechender junger Schauspieler, von dem ich in meinen Artikeln schwärmte.

Begonnen hatte er am Theater. Als genialer und gefragter Synchronsprecher lieh er so bedeutenden Leinwandhelden wie Marlon Brando oder Peter Sellers die Stimme. Dann kamen die ersten eigenen kleinen Rollen, in Filmen wie «Heldentum nach Ladenschluss», in denen er den lustigen, frechen, volkstümlichen Berliner gab.

Später ist er dann leider immer mehr abgehoben, fing exzessiv zu trinken an, stieß seine Freunde vor den Kopf. Es war 1968 oder 1969 in München, nach einer Veranstaltung im «Circus Krone» in der Garderobe, als er im Vollrausch über mich herfiel und mich vor allen Anwesenden als «Vollidioten» und «Penner» beschimpfte. Da habe ich ihm,
so weh es mir tat, die Freundschaft gekündigt.

Ein großer Schlucker war auch Hans Albers. In einem Artikel über ihn las ich kürzlich, er habe es in den fünfziger Jahren geschickt verstanden, seine Alkoholabhängigkeit zu verschleiern.

Ich muss einen anderen Hans Albers kennengelernt haben. Der, den ich im Hotel am Zoo zu einem Interview traf, begrüßte mich leutselig mit dem Kalauer: «Ich heiße Hans Albers, was Krupp in Essen, bin ich im Trinken.» Auf seinem Hoteltisch stand eine Flasche Korn, aus der er mir sofort einschenkte und sich auch selbst kräftig bediente. Mitten im Gespräch wechselte er plötzlich das Thema und sagte: «Komm, Junge, wir fahren mal eben in den Osten, Otto Gebühr besuchen. Dem geht's nicht gut.»

Uns Journalisten war es von der Chefredaktion strengstens untersagt, den Ostsektor oder gar «die Zone» zu betreten. Die Mauer gab es zwar noch nicht, und man konnte als Fußgänger im Prinzip ungehindert passieren – in beide Richtungen –, doch Presseleute, so war uns eingebläut worden, setzten sich besonderer Gefahr aus. «Ich hol euch nicht aus Bautzen raus», war Hagens ständige Redensart. Damit meinte er das berüchtigte DDR-Zuchthaus.

«Tut mir leid», sagte ich zu Hans Albers, «in den Osten darf ich nicht mit.»

Darauf er: «Tut mir auch leid für dich, Junge, dann ist das Interview zu Ende.»

Also fuhr ich mit Hans Albers in seinem amerikanischen Straßenkreuzer am Übergang Brandenburger Tor in den Ostsektor der Stadt ein. Nur noch nebelhaft kann ich mich daran erinnern, wie die Volkspolizisten Haltung annahmen, als der große Albers anrollte, ihm ihre Verehrung zeigten, dankbar lachten, als er sie gönnerhaft mit «Na, Jungs» ansprach. Der junge Typ auf dem Beifahrersitz war ihnen völlig gleichgültig, ich brauchte nicht einmal meinen Ausweis vorzuzeigen.

Der Schauspieler Otto Gebühr, der als «Friedrich der Große» in die Theater- und Filmgeschichte eingegangen ist, wohnte in einer kleinen schäbigen Hinterhofpension in Ostberlin. Er war schon sehr alt, gesundheitlich angeschlagen, und lange sollte er nicht mehr leben. Er und Albers fielen sich in die Arme, wieder wurde getrunken, und von dem Rest des Nachmittags weiß ich nicht mehr viel. Irgendwann müssen wir in das Hotel am Zoo zurückgefahren sein, wo ich ausweislich des Gekritzels auf meinem Notizblock das Interview mit Hans Albers weiterführte.

Als ich abends in die Redaktion zurückkehrte, sagte Karl-Heinz Hagen: «So besoffen habe ich dich ja noch nie erlebt, Kolleleben.»

Irgendwie muss ich trotzdem ein ganz ordentliches Porträt hinbekommen haben. Kurz nach Erscheinen des Artikels rief mich der «blonde Hans», dieses Hamburger Urgestein, Sohn eines Schlachtermeisters von St. Georg, in der Redaktion an: «Kannst zwar nichts ab, Junge», sagte er, «aber schreiben.»

«Was Krupp in Essen, bin ich im Trinken!»
Mit Hans Albers, Ende der fünfziger Jahre

Zum Beweis, dass ich das andere auch konnte, blieb mir nicht mehr viel Zeit. 1960 starb Albers in einem Sanatorium am Starnberger See, nicht weit vom Haus meiner Eltern. Dort besuchte ich ihn noch ein paarmal. Als er in Hamburg-Ohlsdorf beerdigt wurde und halb Deutschland

an seinem Grab stand, erwies auch ich ihm die letzte Ehre und verdrückte mehr als nur eine Träne, als die Kapelle das Lied spielte, mit dem allein er sich – von seinen großartigen Filmrollen mal abgesehen – unsterblich gemacht hat: «Auf der Reeperbahn nachts um halb eins».

Bi

Ich saß in der Pressevorführung von Helmut Käutners Film «Himmel ohne Sterne» und war erschlagen. Was für ein Mann, was für ein Gesicht, was für ein schauspielerisches Talent! Ich eilte in die Redaktion und ließ meiner Begeisterung freien Lauf. «Die Geburtsstunde einer großen Karriere», teilte ich meinen Lesern mit. Der Name des Mannes, der es mir angetan hatte: Horst Buchholz.

Dabei hatte er nur eine Nebenrolle in diesem deutschdeutschen Grenz-Melodram aus dem Jahr 1955. Aber das war egal. Für mich war dieser Zweiundzwanzigjährige die eigentliche Entdeckung. Die Juroren von Cannes sahen das ähnlich, als sie ihn zum «besten Schauspieler» des Jahres wählten.

Ein Jahr später sollte sich meine Prophezeiung bewahrheiten. Als Hauptdarsteller in dem Jugendgewalt-Drama «Die Halbstarken» an der Seite von Karin Baal rückte Horst Buchholz zum gefeierten Star auf, versehen mit dem Etikett «Der deutsche James Dean». Eine große internationale Karriere nahm ihren Lauf.

Und eine große Freundschaft, die jahrzehntelang anhielt. In den neunziger Jahren, als ich an der Fernsehserie «Sylter Geschichten» arbeitete und er schon ziemlich hinüber war, vom Publikum weitgehend vergessen und dem Alkohol verfallen, konnte ich ihm noch einmal eine schöne Rolle auf den Leib schreiben: Eigentlich musste er sich da als alternder Star, der noch einmal sein Comeback versucht, nur selber spielen, und das hat er großartig bewältigt.

Am Anfang waren wir mehr als nur Freunde gewesen. Zwischen uns hatte es auch geknistert. Es war keine leidenschaftliche Affäre – aber eben auch nicht nur ein kurzes homoerotisches Spiel.

«Hotte», fünf Jahre jünger als ich, machte die gleichen Erfahrungen, die ich schon hinter mir hatte. Er fühlte sich nicht nur zu Frauen hingezogen, sondern entdeckte in der Zuneigung zu Männern etwas, das ihn beglückte und natürlich anfangs auch verwirrte. Wo mir einst ein bedeutender Psychiater, Freund und Kollege meines Vaters, die Furcht vor dem Anderssein genommen hatte, fehlte ihm, dem Stiefsohn eines Ostberliner Schuhmachers, so eine Instanz. Und nun war er plötzlich über Nacht ein Star und wurde in einer Art umschwärmt, von Verehrerinnen und Verehrern, dass ihm manchmal richtig schwindelig wurde.

1957 heiratete Horst Buchholz die wunderbare französische Schauspielerin Miriam Bru, mit der er zwei Kinder hatte. In einem Interview mit der «Bunten» im Jahr 2000 hat er sich zum ersten Mal öffentlich zu seiner Bisexualität geäußert. Da war er schon siebenundsechzig.

Ich war ihm eine Nasenlänge voraus. Es war 1996 auf dem Bisexuellen-Kongress in Berlin. Man hatte mich um ein Grußwort gebeten, und ich nutzte die Gelegenheit, um auf meine Bisexualität hinzuweisen. Im Jahr darauf erschien das Buch «Nach beiden Seiten offen», zu dem ich ein Kapitel mit meinem Bekenntnis beisteuerte.

Mit der Bisexualität geht unsere Gesellschaft – bei allem Fortschritt der letzten dreißig Jahre – immer noch sehr zwiespältig um. Niemand will einen Bisexuellen heute noch ernsthaft ins Gefängnis oder Arbeitslager stecken. Und doch ist Bisexualität noch immer in gewisser Weise mit einem Stigma behaftet. Bi ist immer noch ein bisschen bäh.

Damals war es ein absolutes Tabu. Da stellte man sich eben nicht nur vor, dass zwei Schwule es treiben, sondern dass anständige junge Männer von den Frauen weggelockt und ins Verderben gezogen wurden. Dass es sich hier um die Verwirklichung eigener Wünsche handelte, ging in die meisten Köpfe nicht rein.

Meine Beziehung zu dem Schauspieler O. E. Hasse war so etwas. Sie gehört zu den intensivsten und beglückendsten Erfahrungen meines Lebens.

Hasse war ein reizender, charmanter, hochgebildeter Mann, eine Persönlichkeit, wie man sie nur selten trifft. Und ein glänzender Erzähler. Wenn wir in großer Runde im Künstlerlokal «Diener» saßen und er Anekdoten von

Alfred Hitchcock zum Besten gab, hingen alle an seinen Lippen. Dass «Hitch» ihm die Hauptrolle in dem Film «Ich beichte» (1953) gegeben hatte, war allein schon ein Gütesiegel, das ihn aus der Schar der deutschen Leinwandstars heraushob.

Wenn Otto Eduard, der sich das Kürzel O. E. selber gegeben hatte, das Wort ergriff, hörte man auch schon deshalb so fasziniert zu, weil er diese unglaubliche Stimme hatte. Tief, männlich, kraftvoll, melodisch, nuancenreich. Sie ist auch in unzähligen amerikanischen Filmen zu hören. Neben vielen anderen lieh er sie meinem Idol Humphrey Bogart. Manche Filmfreaks behaupten sogar, das Beste an Bogey sei seine deutsche Stimme.

Aus meiner professionellen Bekanntschaft mit O. E. Hasse wurde Freundschaft, als ich in der «B. Z.» mit Wut im Bauch eine große Schweinerei aufspießte, die ihm in Berlin widerfuhr. Ich nannte sie den «Skandal des Jahres».

Es ging um den Film «Canaris», in dem er die Hauptrolle spielte. Der Film gilt bis heute als ein Meisterwerk des deutschen Nachkriegskinos. Er erzählt die Geschichte des deutschen Admirals Wilhelm Canaris, der während des NS-Regimes Chef des militärischen Auslandsgeheimdienstes war, Kontakte zum Widerstand gegen Hitler unterhielt und nach seiner Enttarnung verhaftet und hingerichtet wurde.

«Canaris» wurde auf den Berliner Filmfestspielen mit dem «Goldenen Bären» ausgezeichnet, überreicht an den Regisseur Alfred Weidenmann. Der Skandal bestand für mich darin, dass O. E. Hasse nicht nur keinen Preis für seine Darstellung bekam, sondern in der Laudatio mit keinem Wort erwähnt wurde und obendrein zur festlichen Preisverleihung noch nicht einmal eingeladen war.

Ich kannte den Grund: O.E. Hasses homosexuelle Veranlagung. In solchen Dingen war man in Berlin wesentlich rückständiger und verbohrter als beispielsweise im traditionell toleranten Hamburg, wo ein ausgewiesener Homosexueller namens Gustaf Gründgens zum Chef des Schauspielhauses berufen wurde und so großartiges Theater machte, dass die ganze Stadt ihm zu Füßen lag. In Berlin war es besonders der Kultur- und Bildungssenator, Professor Joachim Tiburtius, der als Homosexuellen-Hasser eine rückständige, gnadenlos diskriminierende Politik betrieb.

Die Ironie an der Geschichte lag allerdings darin, dass Tiburtius nicht wusste, dass auch der Regisseur Weidenmann «vom anderen Bahnsteig» war.

Meine flammenden Artikel zum «Canaris»-Skandal brachten mir eine Einladung zum Abendessen ein, wo sich O.E. sehr liebenswürdig für meinen Einsatz bedankte und wir beide im Laufe des Gesprächs eine große gemeinsame Leidenschaft entdeckten: die Lyrik von Gottfried Benn. Später lasen wir uns oft seine Gedichte vor, von denen O.E. die meisten auswendig kannte. Als Schauspieler und Rezitator war er natürlich unschlagbar. Ich sehe ihn noch vor mir, wie er sich eines Abends, wieder im «Diener», vom Tisch erhebt und die Zeilen aus dem «Requiem» vorträgt: «Auf jedem Tisch zwei. Männer und Weiber/kreuzweis. Nah, nackt, und dennoch ohne Qual./Den Schädel auf. Die Brust entzwei. Die Leiber/gebären nun ihr allerletztes Mal ...»

Mit O.E. Hasse, Mitte der fünfziger Jahre

Eine ganz dumme Geschichte passierte Hasse dann in Hamburg. Sie hätte ihn beinahe die Karriere gekostet.

Es war während eines mehrwöchigen Gastspiels an den Kammerspielen, als Hasse nachts von der Polizei bei einem zärtlichen Tête-à-Tête mit einem Strichjungen im Auto erwischt wurde. Man nahm ihn mit aufs Revier, prüfte seine Personalien, fand im behördeninternen Fahndungsblatt den Hinweis: «Otto Eduard Hasse, reisender Schauspieler, wegen Homosexualität zur Fahndung ausgeschrieben» und verhörte ihn: «Herr Hasse, geben Sie zu, dass sie homosexuelle Beziehungen zu einem Siebzehnjährigen gehabt haben?» Worauf er, wie er mir hinterher erzählte, mit donnernder Stimme entgegnete: «Was heißt hier zugeben? Ich bin die Mutter des Erfinders!» Ob das so war oder eine nachträglich gesetzte Pointe, sei dahingestellt – jedenfalls bat er den vernehmenden Beamten, einen Anruf tätigen zu dürfen. Den Zettel mit der Telefonnummer trug er immer bei sich. Es war der Privatanschluss des Hamburger Generalstaatsanwaltes Ernst Buchholz, ein durch und durch liberaler Mann, Freund des Fortschritts und der Künste, eine Ausnahmeerscheinung innerhalb der deutschen Justiz.

Buchholz ließ sich den diensthabenden Beamten geben und stauchte ihn zusammen: «Sind Sie verrückt geworden? Lassen Sie den Mann sofort frei!» O. E. konnte das Polizeirevier verlassen, musste aber natürlich damit rechnen, dass der Vorgang in den Akten oder im Polizeibericht vermerkt wurde und sich so weit herumsprach, bis irgendwann die Presse Wind von der Sache bekam.

Ein befreundeter homosexueller Journalist aus Hamburg, Siegfried Pistorius, genannt «Piste», rief mich in Berlin an und schlug eine vorbeugende Hilfsaktion vor: Ein Netzwerk, bestehend aus vier oder fünf Hasse wohlgesinnten Pressekollegen sollte verhindern, dass auch nur ein Wort über die Hamburger Affäre erschien.

Wir wälzten das Handbuch der deutschen Presse, riefen tagelang in sämtlichen deutschen Chefredaktionen an, von der Sylter Rundschau bis zum Badischen Tagblatt, warnten eindringlich vor dem irreparablen Schaden, der O. E. Hasse und der gesamten deutschen Künstlerschaft entstehen würde, sollte der Vorfall an die Öffentlichkeit dringen.

Jeder im Netzwerk bekam seinen Aufgabenbereich – ich übernahm «Bild» und die Berliner Organe.

Es war eine tollkühne Aktion, denn viele der von uns angerufenen Redaktionen kannten den Vorgang ja gar nicht. So bestand die Gefahr, schlafende Hunde zu wecken. Aber es ist uns gelungen: Nirgendwo erschien auch nur eine einzige Zeile über O. E. Hasse und den Hamburger Strichjungen.

Und ich stellte fest, dass das Verhindern von Artikeln wesentlich anstrengender ist als das Schreiben von Artikeln, aber, im Erfolgsfall, durchaus auch eine gewisse Befriedigung verschaffen kann.

Ein etwas beunruhigender Gedanke zwar, wenn man sich die Pressefreiheit auf die Fahne geschrieben hatte. In diesem Fall jedoch lag ein höheres Interesse vor: einen großen Künstler vor Verleumdung und Vernichtung zu bewahren.

Bei der «Star-Revue»

«Armer Irrer», sagte Karl-Heinz Hagen, mein Chefredakteur, «tu, was du nicht lassen kannst. Aber komm hinterher nicht an und sag, ich hätte dich nicht gewarnt!»

«Reisende soll man nicht aufhalten. Versuchen Sie Ihr Glück! In einem Jahr sind Sie sowieso wieder hier.» So sprach mein Verleger, Heinz Ullstein, und fügte hinzu: «Unsere Tür bleibt Ihnen offen.»

«Besonders glücklich wirkst du nicht gerade bei dieser angeblich so tollen Chance. Hast du denn von der Stadt noch nicht genug?» Das sagte Marlies. Und machte dabei ein sorgenvolles Gesicht.

Das waren die Reaktionen, als ich von dem beruflichen

Angebot berichtete, das mich wieder nach Hamburg führen sollte. Trotz einer gewissen Portion Skepsis war ich wild entschlossen, es anzunehmen: Ich sollte stellvertretender Chefredakteur der «Star-Revue» werden.

Der «Spiegel»-Gründer und -Herausgeber Rudolf Augstein hatte die Zeitschrift gekauft und seinem Unternehmen einverleibt. Was er, der politische Publizist, der sein Nachrichtenmagazin zu einem der besten der Welt entwickeln sollte, mit dem bunten Blatt genau bezweckte, ist nie ganz klar geworden. Vielleicht wollten er und sein Hamburger Verleger John Jahr dem «Stern» (bei dem Jahr damals noch nichts zu sagen hatte) das Wasser abgraben. Vielleicht hatten sie auch einfach zu viel Geld und sich einen Jux gemacht. Vielleicht wollten sie Steuern sparen. Sehr lange hat diese für das Haus «Spiegel» absolut untypische Episode jedenfalls nicht gedauert.

Angeheuert hatte mich der Chefredakteur Heinz Kuntze-Just, dem ich ein paarmal begegnet war, unter anderem in Cap Ferrat bei Curd Jürgens und Eva Bartok.

Mich reizte die Aussicht, bei einem Wochenblatt zu arbeiten, also mit etwas mehr Ruhe und mit längerem Atem als im hektischen Tageszeitungsrhythmus gute Geschichten zu produzieren. Und das als Mitglied der Chefredaktion, als Blattmacher.

Mich reizte auch die Nähe zum «Spiegel», dem Blatt, vor

dem die Mächtigen der Bonner Republik zitterten, Politiker wie Wirtschaftsbosse. Es gab damals im Pressewesen kaum etwas Spannenderes als den Montagmorgen, wenn die neue Ausgabe des Magazins am Kiosk hing und man sich fragte: Wen haben sie diese Woche vor der Flinte?

Verlag und Redaktion saßen im Hamburger Pressehaus, einer wuchtigen Backsteinfestung im Herzen der Stadt, die heute noch steht und mir Gänsehaut verursacht, wenn ich daran vorbeifahre. Hinter ihren Mauern entstanden noch weitere Blätter: die SPD-Zeitungen «Hamburger Morgenpost» und «Hamburger Echo», die «Zeit» und der «Stern». «Star-Revue» und «Spiegel» residierten auf derselben Etage.

Mein Gastspiel in diesem Gemäuer, das sich als noch kälter entpuppte, als es von außen wirkte, war furchtbar. Die Arbeit machte keinen Spaß, endlose Konferenzen raubten mir den Nerv, und die zweite stellvertretende Chefredakteurin Eva Windmöller war ganz und gar nicht damit einverstanden, dass man mich ihr zur Seite gestellt hatte. Sie machte keinen Hehl aus ihrer Abneigung und mir das Leben schwer. Wenigstens das sollte sich nach ein paar Wochen legen, und das Verhältnis zwischen uns beiden entkrampfte sich. Sie hat dann später Karriere als «Stern»-Autorin gemacht, und wenn wir uns auf Flughäfen trafen, umarmten wir uns und lästerten über Rudolf Augstein.

Ich hatte nicht viel mit ihm zu tun, aber doch genug, um über diesen unbestritten verdienstvollen Giganten der deutschen Pressegeschichte ein persönliches Urteil abgeben zu können: Ein größerer Kotzbrocken ist mir nie begegnet als dieser humorlose katholische Intellektuelle, angebliches Wunderkind des deutschen Journalismus, nur fünf Jahre älter als ich, aber von einem völlig anderen Stern.

Wie hatte ich mich über den öligen Axel Springer aufgeregt, den feinen Pinkel in seinen tadellosen Anzügen mit Weste, Einstecktuch und silbernen Manschettenknöpfen, dem drüben, an der anderen Seite der Binnenalster, die Hofschranzen in den Hintern krochen. Nun musste ich ihm innerlich Abbitte tun. Denn verglichen mit dem kleinwüchsigen Despoten Augstein, hinter dessen randloser Brille nie auch nur die Spur eines Lächelns zu entdecken war, wirkte dieser Axel Cäsar wie ein immerzu gutgelaunter Clark Gable.

Für mich unvergessen ist der Tag, als er mich in sein Büro bestellte, um etwas zu besprechen, was die «Star-Revue» betraf. Ich betrat das Vorzimmer, das nicht besetzt war, sah durch die geöffnete Tür, dass er telefonierte, setzte mich hin und wartete. Zehn Minuten, zwanzig Minuten. Augstein, der mich hatte kommen sehen, hatte die Füße auf seinem Schreibtisch und sprach mit einer Frau, laut und vernehmlich. Es handelte sich offensichtlich um seine Freundin. Und es ging um zwei Themen: die letzte Nacht und die kommende Nacht.

Es war kein zärtliches Gesäusel, das ich mir da anhören musste. Der bedeutende politische Moralist, der Woche für Woche in seinem Blatt anständig und vornehm geschriebene Kommentare verfasste, hatte hier am Telefon eine Sprache drauf, neben der die eines Zuhälters von St. Pauli sich fast gewählt ausgenommen hätte. Dass er es nicht für nötig hielt, das Gespräch zu beenden, als er mich da sitzen sah, oder wenigstens die Tür zu schließen, empfand ich als die ordinärste Zurschaustellung von Macht, die ich je erlebt hatte.

Es kostete mich gewaltige Überwindung, nicht aufzuspringen, das Vorzimmer zu verlassen oder wenigstens seine Tür donnernd zuzuschlagen. Nachdem er sich endlich bequemt hatte, seinen verbalen Fäkalritt zu beenden, rief er mich gönnerhaft herein, ohne weitere Erklärung. Da gab es auch nichts mehr zu erklären.

Eines Tages kam eine schriftliche Hausmitteilung aus dem «Büro des Herausgebers», die alles übertraf, was man mir von diesem emotionalen Eisklotz Augstein schon hinter vorgehaltener Hand erzählt hatte. «An alle Chefredakteure des Hauses und deren Stellvertreter: Aus gegebenem Anlass wird darauf hingewiesen, dass auf den Gängen nicht laut gelacht werden darf, gezeichnet Rudolf Augstein.»

Ganz so schlimm war es bei Springer doch eigentlich gar nicht gewesen, dachte ich.

Was war der «gegebene Anlass»? Ich erfuhr es beim Lunch in der Kneipe «Schmutziger Löffel», um die Ecke vom Pressehaus. Einer Kneipe, aus der man rausflog, wenn man am Essen etwas zu mäkeln hatte. Insofern passte die Gaststätte perfekt zum «Spiegel». Wenigstens war das Lachen im «Schmutzigen Löffel» erlaubt, obwohl es einem bei dieser speziellen Geschichte, die die «Spiegel»-Kollegen erzählten, im Halse stecken blieb:

An einem Freitagnachmittag um vier Uhr, mitten in der turbulenten Redaktionsschlussphase, wenige Stunden bevor das Heft in die Druckerei gehen sollte, hatte Augstein alle Redakteure der Ressorts Innenpolitik und Deutschland in sein Büro bestellt. Vor ihm auf dem Schreibtisch lagen sämtliche Manuskripte, die er zu genehmigen hatte, bevor sie in die Setzerei gegeben wurden – alle in der Mitte durchgerissen. Die Redakteure waren wie vom Donner gerührt. Die Arbeit der Woche – hinüber. Augstein sah nur kurz auf und sagte: «Alles Scheiße! Alles nochmal neu. In einer Stunde will ich die Sachen sehen!»

Ratlos und entsetzt verließen die Redakteure das Zimmer des Herausgebers. In einer Stunde die Sachen um- und neu schreiben, die Aufgabe schien unlösbar. Sie standen noch fassungslos auf dem Flur, als sich ihre Spannung plötzlich in einem irren, hysterischen Gelächter entlud, das immer lauter wurde. Sie konnten es nicht bremsen. Augstein muss in seinem Zimmer gesessen und geglaubt haben, dass sie ihn auslachen. Und so diktierte er seiner Sekretärin diese wohl skurrilste aller Hausmitteilungen.

Länger als acht Monate habe ich es bei meinem zweiten Versuch mit der vielgerühmten Medienstadt Hamburg nicht ausgehalten.

Reumütig kehrte ich nach Berlin zurück. «Ich hab's ja gleich gesagt, Kolleleben, aber du wolltest nicht hören», sagte Karl-Heinz Hagen, stand vom Schreibtisch auf und drückte mich an seine Brust.

Marlies freute sich. Und sie wunderte sich.

Sie freute sich, dass sie mich zurück in Berlin hatte, dass die «B. Z.» mich wieder aufnahm und dass der Familienvater Kolle sich nun endlich mal ein bisschen um seine beiden Kinder kümmerte, die vierjährige Nele und den drei Jahre alten Till.

Sie wunderte sich, dass der Familienvater jetzt offenbar häuslich werden wollte. Denn eines Vormittags, ich war schon zur Arbeit, klingelte es bei ihr in der Lindenallee, draußen parkte ein Lieferwagen, und vor der Tür standen zwei Männer mit einem großen Karton.

«Sollen wir für Herrn Kolle abgeben.»

Die Männer trugen den Karton ins Wohnzimmer, ließen sich ihren Lieferschein unterschreiben und verschwanden wieder. Marlies riss die Verpackung auf, während Nele und Till aufgeregt und neugierig herumsprangen, und traute ihren Augen nicht: ein Fernsehapparat!

Nur in wenigen Haushalten stand damals so ein Gerät. Wer «schon Fernsehen hatte», lud am Samstagabend Freunde ein, um ihnen diese wundersame Kiste mit dem kleinen ovalen, bläulich flimmernden Bildschirm vorzuführen. Marlies, die Kinder und ich hatten uns schon manchmal am Schaufenster eines Elektrogeschäftes am Kurfürstendamm, in dem ein Fernsehgerät angeschaltet war, die Nasen platt gedrückt.

Die Programmvielfalt des neuen Mediums, von dem gebildete Menschen verächtlich sagten: «So ein Unsinn kommt mir nicht ins Haus», war durchaus überschaubar. Es gab nur einen Kanal, und auch der sendete nur ein paar Stunden am Tag. Im Programmteil der Rundfunkzeitschrift «Hörzu» war für Fernsehen eine kleine Spalte am Rande des bombastisch ausgebreiteten Radioprogramms

eingerichtet.

Die Rechnung für unseren Fernsehapparat – rund 300 Mark – ging an den Ullstein Verlag. Es handelte sich nämlich um ein Dienstgerät, und wenn wir uns abends davorsetzten und leicht amüsiert das Programm ansahen, tat ich das in dienstlichem Auftrag.

Ich war jetzt Fernsehkritiker.

Wer meint, das klinge aber wenig aufregend nach all den Erlebnissen bei der Zeitung, der irrt nicht. Es war ein langweiliger Job, genauso langweilig wie das, was man sich auf diesem Apparat ansehen und kritisch bewerten musste. Da war selbst die Wochenschau im Kino noch prickelnder. Die Einzigen in unserem Haushalt, die gebannt auf die blaustichigen Figuren schauten, die sich auf dem Bildschirm bewegten und die man sogar sprechen hören konnte, waren Nele und Till.

Dass ich diese Aufgabe bekommen hatte, lag daran, dass ich nach meiner Rückkehr aus Hamburg meinen ehemaligen Stuhl als Chef des Feuilletons besetzt vorfand. Hagen wollte mich gern wieder dabeihaben, wusste aber noch nicht so genau, an welcher Stelle. So kam, gewissermaßen als fürsorgliche Übergangslösung, die Sache mit der Fernsehkritik auf.

Hagen hatte als einer der ganz wenigen Journalisten schon früh erkannt, was da mit dem Fernsehen auf uns zu-

Nele und Till vor dem Wundergerät

kam. Im Verlag und in der Redaktion winkten die meisten müde ab, wenn er davon sprach. «In Amerika vielleicht», hieß es dann, «aber in Deutschland kommt das nie.»

Ein paar Monate gingen ins Land, ich sah dienstlich in die Glotze, machte mich nützlich im Innendienst der Redaktion und wurde immer unzufriedener. Ich wünschte mir nichts sehnlicher, als wieder in die Szene eintauchen und schöne große Stücke schreiben zu können.

Da kam Hagen und erzählte mir vom Kummer meines Nachfolgers in der Feuilletonredaktion Dr. Weno. Fast

immer, wenn er draußen auf einem Termin erscheine, so hatte er sich bei Hagen beklagt, kämen die Leute auf ihn zu: «Herr Kolle ist doch wieder da, warum konnte er denn nicht selber kommen?» Manche Schauspieler fingen sogar richtig an zu meckern: «Wir sind Herrn Kolle wohl nicht mehr gut genug, dass er jetzt schon seinen Vertreter schickt.»

Kein Wunder, dass der arme Kerl hochgradig genervt und es satt war, immer wieder beteuern zu müssen: «Ich bin jetzt der Feuilletonchef, Herr Kolle ist bei uns Fernsehkritiker.»

Hagen unterbreitete mir nun einen Vorschlag. Es war eher eine Art Erpressungsversuch: «Entweder ich schmeiße jetzt deinen Nachfolger raus und du setzt dich wieder auf seinen Stuhl, bekommst mehr Geld als früher, und ich garantiere dir auch noch mindestens eine große Serie im Monat.»

«Oder?»

«Oder du gehst, versuchst dich als freier Autor. Darfst uns dann auch gerne was anbieten, aber zurückkommen in die Redaktion kannste dann nicht mehr.»

Viel zu überlegen gab es da für mich nicht. Dem Kollegen den Job wegnehmen, das kam nicht in Frage. Dann lieber raus auf die freie Wildbahn – nicht unbedingt eine todsichere Option, eher ein Wagnis. Und vielleicht deshalb reizvoll. Am Abend besprach ich mich telefonisch mit Marlies, die mit den Kindern in München war: «Wichtig ist: Was willst du? Und was du willst, das musst du tun», sagte sie. Und dann fügte sie wie immer an: «Wir kommen schon durch. Ich kann auch putzen gehen.»

Am nächsten Tag lud Hagen mich zum Lunch ins Restaurant ein. Wir tranken ein paar Gläser Wein, und ich unterrichtete ihn von meiner Entscheidung.

«Das war's, Karl-Heinz, Blick zurück im Zorn.»

Das war der Titel eines damals populären Theaterstückes von John Osborne, das wir beide liebten. Ich meinte das nicht ganz ernst, warf es nur so hin.

«Wieso Zorn?», fragte Hagen.

«Weil du mir die Pistole auf die Brust gesetzt hast und ich jetzt arbeitslos bin.»

«Du bist nicht arbeitslos. Du bist frei. Das ist ein Unterschied. Mach was draus, Kolleleben.»

Der Serienprofi

Marlies musste nicht putzen gehen, keinen einzigen Tag. Ich konnte meine Familie mit meinem Schreiben ernähren.

Ich gewöhnte mich schnell an das Dasein als freier Autor, begriff, worum es in der Branche ging und was gefragt war, stürzte mich in die Arbeit.

Das Lukrativste für einen Zeitungs- und Illustriertenschreiber waren Fortsetzungsserien und -romane. Im harten Konkurrenzkampf auf dem total überfüllten Pressemarkt konnte es sich kein Blatt leisten, seine Leser nur mit der aktuellen Berichterstattung, den Sensationen der Woche und ein bisschen Lebenshilfe abzuspeisen. Um die Kundschaft zu bewegen, jeden Donnerstag an den Kiosk zu eilen und zur selben Zeitschrift zu greifen, mussten Serienstoffe her, geschrieben mit leichter Hand und Gefühl, spannend, informativ.

Später, als Fernsehen nicht mehr so armselig war wie in den Anfängen der Flimmerkiste, ist dieses Erfolgsrezept auf die TV-Sender übergegangen. Und damit begann das große Sterben der Illustrierten. Serienprofis, die clever waren, sattelten auf Drehbuchautor um.

Doch Ende der fünfziger, Anfang der sechziger Jahre spielte das Fernsehen noch keine große Rolle. Wenn man die richtigen Leute kannte und zuverlässig lieferte, konnte man sich in unserer Branche ein goldenes Näschen verdienen. Denn das Publikum im wiederaufgeblühten Deutschland war süchtig nach Lesestoff.

Der Erste, der mir nach dem Weggang von der «B. Z.» einen großen Auftrag gab, war der Mann, den ich bei der «Star-Revue» als meinen Nachfolger vorgeschlagen hatte: Wilfried Achterfeld. Er war ein klasse Journalist, ein feiner Kerl obendrein, stammte aus dem Ruhrgebiet und war sehr clever. In unserer Schar der bunten Vögel hat er eine der beeindruckendsten Karrieren überhaupt gemacht. Nicht weil er es beim «Stern» zum Unterhaltungschef brachte, sondern dank seiner genialen Idee in den siebziger Jahren, mit dem Verleger John Jahr die Hamburger Spielbank zu gründen.

Achterfeld also rief mich an und sagte: «Osse, mein Junge, schreib uns doch mal eine Serie über Elvis Presley!»

Ich griff sofort zu. Für diesen – was meine bisherige Tätigkeit betraf – geradezu exotischen Auftrag musste ich nicht nach Memphis/Tennessee reisen, sondern in meine alte Heimat, nach Hessen. Der King of Rock 'n' Roll war inzwischen Soldat, man hatte ihm die Haare abgeschnitten, und er tat Dienst in Friedberg, in jener Kaserne, zu der mein Bruder Peter und ich einst im Auto unseres Vaters einen florierenden Taxidienst für die GIs organisiert hatten.

Da Elvis seinen Vater und, wenn ich mich recht erinnere, auch noch seine Oma, ein paar Cousins und mehrere Kumpel aus der «Memphis-Mafia» mitgebracht hatte, musste er nicht in der Kaserne übernachten. Nach Dienstschluss fuhr er in seine Villa in Bad Nauheim, in der fast jede Nacht wilde Partys stiegen und Elvis das Klavier bearbeitete. Zu den Festen hatte niemand Zutritt, der nicht zum Clan gehörte.

Immerhin gelang es mir aber, den King eine knappe Stunde lang zu interviewen. Er war so großartig wie seine Musik. Witzig und melancholisch zugleich, selbst in Uniform noch mit erotischer Ausstrahlung – und für einen Rebellen erstaunlich wohlerzogen. Ich höre noch sein kehliges, genuscheltes «Thank you, Sir!», das er mir zum Abschied zuwarf.

Es sollte mein einziger Ausflug in die Welt des Rock 'n' Roll bleiben, vier Folgen für die «Star-Revue». Die Redakteure waren fast ausnahmslos mit Jazz groß geworden wie ich auch und konnten mit dieser weltumspannenden Jugendrevolution nicht wirklich viel anfangen. Es galten die bösen Worte des berühmten Cellisten Pablo Casals: «Rock 'n' Roll ist eine Schande, ein tönendes Gift, ein heiseres Destillat aus der Widerwärtigkeit unserer Zeit.»

Was bei den Konzerten des anderen großen Rock 'n' Rollers jener Jahre, Bill Haley, abging, schien diese Vorbehalte zu bestätigen. Von ihm stammte der Schlachtruf der Bewegung: «Rock Around The Clock». Als er mit seiner Band in Deutschland gastierte, hinterließ er eine Spur der Verwüstung. Seine Fans zertrümmerten das Gestühl der Konzerthallen, schmissen Autos um und lieferten sich Straßenschlachten mit der Polizei. Die Kulturkritiker sahen das Abendland untergehen, und die Spießer zischten: «Das hätte es bei Adolf nicht gegeben.»

Kein guter Serienstoff für die großen bunten Blätter, eher Material für den Polizeireporter der Tageszeitung.

BZ gratuliert der Lollo

Blumen, Panda und Oswalt Kolle

BZ-Funkbild

GESTERN NACHT landete Gina Lollobrigida in Tempelhof. „Gina Nazionale" heißt sie in Italien — „Gina Berlinale" heißt sie jetzt bei uns. Heute abend wird sie der festlichen Vorstellung ihres Films „Anna von Brooklyn" beiwohnen und außerdem Geburtstag feiern. Ihren einunddreißigsten. Und bald wird sie auch in deutschen Filmateliers arbeiten. Oswalt Kolle hat Gina gestern abend in Frankfurt am Main im Namen der BZ-Leser zum Geburtstag gratuliert. Lesen Sie mehr darüber auf der Seite 7. Weitere Berichte von den Berliner Filmfestspielen auf den Innenseiten und der Seite 10.

Der «B. Z.»-Kolumnist, 1956

So wandte ich mich wieder meinen eigentlichen Themen zu. Auf Empfehlung von Kollegen hatte ich mir einen Agenten genommen, den besten der Branche: Josef von Ferenczy, der in einer Villa im vornehmen Münchner Vorort Grünwald residierte und geschickt wie kein Zweiter die Fäden in der deutschen Presselandschaft zog.

Ein Paradiesvogel allererster Sorte war dieser weltgewandte Mann aus Budapest, den es nach dem Krieg nach München verschlagen hatte: großgewachsen und schlank, bleistiftschmales, pechschwarzes Menjoubärtchen, stets gekleidet wie aus dem Ei gepellt, Lackschuhe, Maßanzüge, goldene Manschettenknöpfe. Dazu bestach er durch Höflichkeit, Temperament und nie versiegenden Redefluss, den man schon wegen seines liebenswürdigen ungarischen Akzentes gern über sich ergehen ließ.

In den großen Verlagshäusern wie Springer, Burda, Bauer und Kindler ging «Joschka», wie er genannt wurde, ein und aus. Und nie verließ er sie, ohne den Entscheidungsträgern eine oder mehrere Serien seiner Schützlinge verkauft zu haben. Seine Überzeugungskraft war enorm. «Hab ich wieder verkauft grosses [sic!] Thema», sagte er dann am Telefon oder, falls er zu sich nach Hause eingeladen hatte, beim Kaviarfrühstück mit Champagner.

In seiner besten Zeit hatte Josef von Ferenczy an die 130 Autoren unter Vertrag. Für jeden einzelnen setzte er sich unermüdlich ein. Er hat uns allen viel Geld beschert, weshalb man es auch widerspruchslos hinnahm, dass 25 Prozent von dem Honorar in seine Tasche wanderten. «Ohnen Ihnen nix verdienen», mit dem geflügelten Wort, an die Adresse seiner Schreiber gerichtet, hat er sich unsterblich gemacht.

«Müssen Sie schreiben Roman», war eine der ersten Empfehlungen, die Joschka mir damals gab, und so setzte ich mich hin und tat wie mir geheißen. «Filmball» hieß die Serie und war eine ineinander verwobene Liebes- und Kriminalstory aus dem Milieu der Leinwandstars.

Sie gehört zu den grässlichsten Werken, die ich je verzapft habe, mit heißer Nadel gestrickt und voller Fehler. Die «Bild am Sonntag» hat das Ganze wundersamerweise gedruckt.

Es ging dann Schlag auf Schlag. In der «Revue» bekam

ich eine regelmäßige Klatschspalte, 500 Mark die Woche, wovon man schon mal die Miete bezahlen konnte. Für die «Frankfurter Illustrierte» schrieb ich die Serie «Sie nennen es Liebe», in der ich mich – leicht moralisierend, stelle ich aus heutiger Sicht amüsiert fest – über das Liebesleben, die Affären, die Kräche und die Scheidungen der Filmprominenz ausließ.

Besonders ergiebig war da einmal mehr das Liebes- und Eheleben von Curd Jürgens und Eva Bartok und – nach der Scheidung – deren Nachfolgerinnen. Noch mehr gab das Schauspielerpaar Elizabeth Taylor und Richard Burton her. Die beiden stritten sich in aller Öffentlichkeit, gingen im Suff aufeinander los, ließen sich scheiden und heirateten dann ein zweites Mal. Da war ständig etwas zu berichten.

Dann kam Joschka mit einer tollen Nachricht: Großauftrag von der «Quick», ein ambitioniertes Projekt, das mein Herz höherschlagen ließ. Ich sollte um die halbe Erdkugel reisen und unter dem Motto «Alle Lieben dieser Welt» die Sitten und Wertvorstellungen anderer Kulturkreise erkunden.

In England, Frankreich, Italien, in den skandinavischen Ländern, in den USA und Japan sprach ich mit Ärzten und Soziologen, interviewte junge Paare, machte mich vertraut mit den jeweiligen Moralvorstellungen, die teilweise erheblich von unseren abwichen. Erstaunt war ich zum Beispiel darüber, wie freizügig die Schweden damals schon mit Liebe und Sexualität umgingen und wie verklemmt die Amerikaner.

Diese Reise brachte mich Schritt für Schritt meinem großen Lebensthema näher. Als ich nach der Rückkehr von der Reise die Ergebnisse meiner Recherchen zu Papier brachte, spürte ich das Bedürfnis, mich als Journalist stärker den Fragen zuzuwenden, die mich von jeher umgetrieben hatten: Sexualität und Moral.

Das reichte ja weit zurück. Da waren die eigenen Erfahrungen als Heranwachsender, die ich mit mir herumtrug, die Zweifel und die Ängste. Da waren die Gespräche mit Professor Schultz, der mir den denkwürdigen Satz mit auf den Weg gegeben hatte: «Sexualität gibt es in allen Variationen, von siebenmal am Tag bis zu siebenmal im Leben.» Da waren die Einblicke, die mir mein Vater aus der Sexologie der zwanziger Jahre vermittelt hatte. Da war, Ende der vierziger Jahre, der erste Kinsey-Report über die «Sexualität des Mannes», den ich in Teilen ins Deutsche übersetzt hatte.

Doch selber darüber schreiben? Das schien mir wahnsinnig schwer. In diesen frühen Jahren der Bundesrepublik war das noch ein heißes Eisen. Über Sexualität sprach man kaum, geschweige denn, dass man sie zum Gegenstand eines Zeitschriftenartikels machte.

Einmal hatte ich es versucht, noch bei der «B. Z.». Da verfasste ich eine Serie über ein junges Paar, das sich mit der Frage herumschlägt, ob es vor der Ehe Sex haben darf oder nicht. Die Frage war zwar echt, so echt wie das Leben in der prüden Adenauer-Ära, Tausende junge Leute setzten sich mit ihr auseinander. Doch das Paar hatte ich erfunden.

Es war meine allererste Fingerübung zu diesem wichtigen Thema, und insofern war sie auch wichtig für mich. Große Resonanz hat sie, ehrlich gesagt, nicht ausgelöst.

Nun aber schien es mir, als ob die Tür plötzlich offen stünde. Nach meiner Serie für die «Quick» fühlte ich keine Barriere mehr zwischen mir und dem Stoff, der mir so sehr am Herzen lag. Es musste nur noch jemand kommen und mich anschieben.

Zu «Quick» nach München

Am 13. August 1961, einem Sonntag, schalteten wir morgens das Radio ein. Wir machten Urlaub auf Sylt. Freuten uns auf Hinrichsens Frühstück im «Pükdeel» und auf den Strand.

Doch mit der Freude war es vorbei, als wir hörten, was in der Nacht in Berlin geschehen war. Die DDR hatte damit begonnen, Westberlin einzumauern. Tausende Volkspolizisten und russische Soldaten sicherten den Bau, der Stunde um Stunde weiter hochgezogen wurde. Alle Grenzübergänge waren geschlossen. Auf der Westseite liefen die Bewohner zusammen, fassungslos, aufgebracht, in ohnmächtiger Wut. In Bonn versammelte sich die Regierung zur Krisensitzung. In Washington schlief man noch, aber es hieß, Präsident Kennedy sei mit der Nachricht von diesem einmaligen Willkürakt geweckt worden.

Die ganze Welt war geschockt an diesem Sonntagmorgen. Marlies war kreidebleich geworden und lief völlig kopflos durch das Pensionszimmer. Immer wieder stammelte sie: «Nicht auszudenken. Was wäre bloß aus Till geworden.»

Im Jahr zuvor, als auch ein Sylt-Urlaub anstand, hatten wir Till in die Obhut unserer Ostberliner Putzfrau Inge gegeben, weil er nach einer Erkältung noch nicht wieder richtig auf dem Damm war. Till, der sich mit Inge prächtig verstand, fühlte sich pudelwohl in ihrer kleinen Wohnung am Prenzlauer Berg, während Marlies, Nele und ich am Kampener Nacktbadestrand bei Buhne 16 den Sommer genossen.

In diesem Jahr war Till zwar nicht krank, wäre aber trotzdem wieder sehr gern in unseren Ferien bei seiner geliebten Inge geblieben. Wir hatten es ihm mühsam ausreden müssen.

Hätte er seinen Willen durchgesetzt – wer weiß, ob wir ihn je wiedergesehen hätten. Im besten Fall hätte es einen monate-, wenn nicht jahrelangen Kleinkrieg mit den ostdeutschen und russischen Behörden gegeben. Die Vorstellung flößte auch mir nachträglich Angst und Schrecken ein.

Natürlich haben wir Inge nie wiedergesehen. Till war wochenlang todunglücklich, als wir wieder in Berlin waren und sie nicht, wie gewohnt, zu uns kam.

In der neuen politischen Situation hielt uns nichts mehr in Berlin. Wir hatten schon länger erwogen, nach Westdeutschland zu gehen. So zogen wir nach Bayern, kauften uns ein kleines Haus in Gauting südwestlich von München. Meine Eltern freuten sich, uns wieder in ihrer Nähe zu haben.

Wir wohnten in einer Art Künstlerkolonie. Keine Boheme wie in Schwabing, sondern wohlhabende, arrivierte Künstler, die es aus der Stadt gezogen hatte. Das

Nachbarhaus gehörte Walter Giller, der es an seinen Stiefvater, einen Zahnarzt, vermietet hatte.

Ein paar Häuser weiter lebte ein junger «Quick»-Mitarbeiter, der sich als guter Schreiber einen Namen gemacht hatte und an seinem ersten Roman saß. Johannes Mario Simmel war sein Name.

Ein sehr angenehmer Nachbar war Vicco von Bülow alias Loriot. Seine Knollennasen-Figuren entzückten Woche für Woche die «Quick»-Leser. Er war bei dem Blatt so etwas wie ein Hauszeichner, ähnlich wie sein Kollege Manfred Schmidt vom Starnberger See, der den berühmten Detektiv Nick Knatterton geschaffen hatte und oft in Gauting vorbeischaute.

Loriot war es auch, den ich – quasi übern Gartenzaun – dafür gewinnen konnte, zwei Serien zu illustrieren, die ich für die «Quick» geschrieben hatte. Die eine hieß «Deutscher Mann, das ist deine Frau», die andere «Deutsche Frau, das ist dein Mann». Aus heutiger Sicht vielleicht etwas trockene Überschriften, aber so sprach man damals bei derartigen Themen. Einfach und schnörkellos.

Für beide Artikelfolgen hatte ich mit Sozialwissenschaftlern und Medizinern gesprochen, dazu Unmengen von Statistiken ausgewertet. Das Ergebnis war eine Bestandsaufnahme der sozialen, gesundheitlichen und psychologischen Befindlichkeiten des jeweils anderen Geschlechts.

Die sexuellen Wünsche und Vorlieben kamen noch am Rande und eher verklausuliert vor. Aber Loriots Zeichnungen gaben der nüchternen Darstellung eine amüsante und etwas neckische Note.

Dass ich mich bei der «Quick» zusehends wohler fühlte,

hatte vor allem mit dem Mann zu tun, der dort Anfang 1962 als Chefredakteur anmusterte: mein alter Freund Karl-Heinz Hagen. Einer seiner ersten Sätze, als er mir von seiner Berufung erzählte, lautete: «Kolleleben, ich brauch gute Geschichten von dir.»

Kurz nach unserer Trennung in Berlin war er als Chefredakteur zu «Bild» gegangen, wo er allerdings nur zwei Jahre durchhielt. Dann ersetzte Springer ihn durch Peter Boenisch. Nach München, zur «Quick», die damals noch zum Theo-Martens-Verlag gehörte, hatte Hagen noch einen anderen alten Bekannten mitgebracht, den ehemaligen «B. Z.»-Lokalchef Günter Prinz, der nun als sein Stellvertreter firmierte.

Es war also fast alles wieder so wie früher. Hagen wollte mich so oft wie möglich um sich haben, mit mir Themen besprechen, in mein Zimmer stürmen können, um gemeinsam eine gute Überschrift auszubrüten. Kolleleben hier, Osse da. Immer in Rufweite.

Der Unterschied zu den alten Zeiten war nur der, dass ich kein Zimmer in der Redaktion hatte, sondern freier Autor war. Das passte ihm überhaupt nicht. Wenn ich nach einem Redaktionsbesuch meinen Kopf in sein Zimmer steckte, mit den Worten: «Tschüs, Karl-Heinz, ich geh dann jetzt», sah er mich fassungslos an und rief: «Ja, wohin denn? Wir sind doch hier noch gar nicht fertig.»

«Ich ja», antwortete ich dann, «man ist ja schließlich kein Angestellter mehr. Man arbeitet zu Hause.»

«Muss das sein?», seufzte er dann in gespielter Verzweiflung, «kannst doch hier auch einen Schreibtisch kriegen. Brauchst nur zu sagen.»

Dann kam der Herbst 1962. Er ist mit zwei Großereignissen in die Geschichtsbücher eingegangen: Die Kuba-Krise brachte die Großmächte an den Rand eines Atomkrieges. In Hamburg stürmten Polizisten die «Spiegel»-Redaktion und verhafteten Rudolf Augstein wegen des Verdachts auf Landesverrat.

Auch für mich hat dieser Herbst eine ganz besondere Bedeutung gehabt. Das hatte allerdings nichts mit der großen Politik zu tun, sondern damit, dass der «Quick»-Chefredakteur Karl-Heinz Hagen Vater wurde.

Er bestellte mich in sein Büro, erzählte mir von dem bevorstehenden freudigen Ereignis und klagte mir dann sein Leid. Seine Frau und er wüssten nichts über Kinder. Nicht, wie man sich auf sie vorbereitet, und schon gar nicht, wie man sie großzieht.

«Ich habe ihr alle möglichen Bücher gekauft über die Entwicklung des Kindes, wovon sie kein Wort begreift. Das ist alles entweder hochgestochenes Wissenschaftsgeschwafel oder alberne Babysprache.»

Schon wollte ich ihm ein, zwei Bücher empfehlen, die seinen Vorstellungen näher kämen, da unterbrach er mich: «Kolleleben, erklär du meiner Frau und mir das Kind! In einer Serie für die ‹Quick›! Traust du dir das zu?»

Ich war begeistert. «Ja», sagte ich, «das traue ich mir zu. Lass uns sofort anfangen!»

Das war die Geburtsstunde der Serie «Dein Kind, das unbekannte Wesen». Und es war gewissermaßen der Gongschlag. Der «Aufklärer der Nation» trat hinter dem Vorhang hervor. Wie er sich auf der noch ungewohnten Bühne zu bewegen hatte, erklärte ihm sein Regisseur.

«Dein Kind, das unbekannte Wesen»

«Du versuchst jetzt etwas», sagte Hagen in diesem ersten Gespräch, das kaum länger als fünf Minuten dauerte, «was deutsche Journalisten nicht können, aber alle amerikanischen: einen komplizierten Sachverhalt wissenschaftlich korrekt und trotzdem verständlich darzustellen.»

Und noch einen Satz sagte er: «Du sollst für mich der Brückenbauer zwischen der Wissenschaft und dem Publikum sein.»

Mit der Textredaktion arbeitete ich ein Exposé aus. Wir beschlossen, die Artikel sehr persönlich zu halten. Es sollte der Bericht eines Vaters werden, der mit Erziehungsproblemen ringt und sich Rat bei Experten holt. Das schien der beste Weg, den Lesern einen trockenen Stoff nahezubringen. Ein paar Storys, ein Schuss Heiterkeit, die Wissenschaft nicht zu ernst genommen, den lebensklugen Müttern ein Loblied singen.

Das wäre die übliche Illustriertenmethode gewesen. Doch Hagen, dem wir das Exposé vortrugen, lehnte es zu unserer Überraschung ab. Er stellte sich etwas anderes vor: einen Bericht über den neuesten Stand der kinderpsychologischen Forschung, nüchtern, kühl, voller Tatsachen und mit der ganzen Autorität der Wissenschaft.

Die Redaktion war gespalten, aber mir leuchtete dieser Ansatz sofort ein. Er war zehnmal besser als unsere erste Konzeption.

In München herrschte gerade Föhn, so schlimm, dass ich völlig arbeitsunfähig war. Mit einem Koffer voller Bücher flog ich nach Berlin, mietete mich in einem Hotel ein und begann zu lesen. Es war nicht nur ein wildes Durcheinander von Weltanschauungen, Meinungen und Thesen, das sich hier als Wissenschaft ausgab. Es war vor allem eines: heillos veraltet. Einer der modernen und meistgelesenen Jugendpsychologen vertrat zum Beispiel allen Ernstes immer noch die Auffassung, Selbstbefriedigung könne bei jungen Menschen zu Nervenschädigungen führen.

Diese These, mit der Generationen von Eltern und Lehrern heranwachsende Knaben in Angst und Schrecken versetzt haben, gilt längst, galt auch damals schon als «wissenschaftliche Leiche». Von sexualfeindlichen Wissenschaftlern wurde sie trotzdem immer wieder gern zur Abschreckung in die Debatte geworfen.

Wollte ich mich nicht im Dschungel der Vorurteile verirren, dann musste ich einen Fachmann finden, der eine wirkliche Übersicht besaß über die Entwicklung und den aktuellen Stand der Wissenschaft. Mit ihm gemeinsam wollte ich versuchen, das Wirrwarr in eine allgemeinverständliche Darstellung zu verwandeln.

Nach einer Woche reiste ich aus Berlin ab. Im Flugzeug fiel mir der erste Satz ein: «Das Leben des Kindes beginnt mit einem dramatischen Kampf.» Und so begann dann auch die Serie in der «Quick».

Vorher hatte ich noch den Wissenschaftler gefunden, den ich suchte, es war der Münchner Professor Gerd Biermann. Er war ein bekannter Kinderpsychotherapeut, verheiratet mit einer Kinderärztin. Ein ideales Beraterpaar. In langen Gesprächen machten mir die Biermanns klar, weshalb das Kind ein unbekanntes Wesen ist.

Ich begriff: Das Leben eines Kindes beginnt im Grunde genommen lange vor der Zeugung. Die Einstellung der Eltern zu ihrer eigenen Kindheit, zu ihren Eltern, zum eigenen Kind und zur Erziehung entscheidet mehr über das Kinderschicksal als alle bewussten Maßnahmen. Eine sinnvolle Erziehung muss deshalb immer mit der Erziehung der Eltern beginnen.

Was uns bei der monatelangen Zusammenarbeit auffiel, war das betont autoritäre Erziehungsbild der Deutschen. Das, so beschlossen wir, sollte ein Aspekt der Serie sein. Autoritär erzogene Kinder werden zu Untertanen. Dem wollten wir entgegenwirken.

Hagen gab mir einen gewaltigen Rechercheapparat an die Seite. Reporter schwärmten aus, Psychologen und Soziologen wurden auf Spezialthemen angesetzt, und die New Yorker Redaktion der Zeitschrift besorgte kistenweise Material aus amerikanischen Forschungsinstituten.

Während die zwölf Folgen liefen, stellte sich schnell heraus, dass Hagen recht gehabt hatte. Gerade die Frauen begrüßten die Nüchternheit der Darstellung. Sie hatten, wie mir eine Leserin schrieb, «die rührselige Art der meisten Schriften satt, die uns nach der Geburt des Kindes in die Hand gedrückt werden».

Es gab – von Leserseite – so gut wie keine negativen Reaktionen. Stattdessen kamen Briefe von dankbaren Eltern. Die meisten waren bereit, meiner These zu folgen: Je aufgeklärter die Eltern, desto besser für die Entwicklung des Kindes.

Aus der Serie ist im Jahr darauf, überarbeitet und aktualisiert, ein Buch geworden – mein erstes und gleich ein

Bestseller. Mehr noch: ein Welterfolg. «Dein Kind, das unbekannte Wesen» wurde in zahllose Sprachen übersetzt, es erschien in den USA, in England, in Frankreich, in Spanien, in Dänemark, in den Niederlanden, sogar in China.

Vor wenigen Jahren schrieb mir ein Kinderpsychologe einen Brief, er sei durch Zufall – in einem Antiquariat – auf das Buch gestoßen und habe zu seinem Erstaunen festgestellt, dass es in den Grundzügen heute noch gültig sei. Ein solches Lob ist mehr wert als alle Auflagenzahlen zusammen.

Es gab aber nicht nur Leserlob, sondern auch Prügel. Und zwar von der Politik.

Ich hatte ein Tabu berührt.

Ein Aspekt in «Dein Kind, das unbekannte Wesen» war die Sexualität des Kindes. Wir wiesen beispielsweise darauf hin, dass die erste Erektion beim Jungen schon im Mutterleib stattfindet, später beim Stillen und beim Waschen. Jede Mutter weiß das. Auch hatte ich eine Untersuchung zitiert, aus der hervorging, dass viele Mütter ihre Kinder deshalb nicht stillen, weil sie selber dabei sexuelle Empfindungen haben – wofür sie sich wiederum schämen.

Wegen solcher Passagen geriet ich zum ersten Mal ins Visier der berüchtigten «Bundesprüfstelle für jugendgefährdende Schriften». Wir sollten in den kommenden zwanzig Jahren regelmäßig miteinander zu tun haben. In diesem Fall erging noch keine Indizierung, die Behörde beließ es bei einer informellen Warnung an die Zeitschrift.

Das ging gerade noch gut, doch dann wurde es ernst. Der Familienminister Franz-Josef Wuermeling, ein CDU-Mann, schrieb persönlich an den Chefredakteur. Er hatte

Anstoß daran genommen, wie ich die Sexualorgane nannte: Penis oder Glied, Vagina oder Scheide. Ich hasste diese saudummen Ausdrücke wie «kleiner Pipperling» oder «kleiner Popo».

Wenn nochmal solche schmutzigen Wörter in der «Quick» stünden, schrieb Wuermeling in seinem Brief, würde er persönlich für ein Verbot der Zeitschrift sorgen. Das war schon sehr starker Tobak, und er verfehlte bei der Chefredaktion und der Verlagsleitung seine Wirkung nicht. Hagen verließ der Mut. Er bekam tatsächlich Angst, dass man die «Quick» verbieten könnte, wenn er mich mit den schon lose geplanten zwei weiteren Serien beauftragen würde: «Dein Mann, das unbekannte Wesen» und «Deine Frau, das unbekannte Wesen».

Mir ist immer unverständlich geblieben, warum ein Haudegen wie Karl-Heinz Hagen so den Schwanz einziehen konnte. Natürlich bestand die Gefahr, dass der Staat handstreichartig ein missliebiges Presseorgan mundtot zu machen versucht. Aber andererseits war ja in der «Spiegel»-Affäre gerade erst bewiesen worden, dass der Versuch manchmal zum Bumerang werden konnte.

Mich traf das doppelt. Erstens hätte ich liebend gern sofort weitergemacht mit meinem Thema. Ich fühlte mich, als wenn man mich auf die Rennbahn gelassen hätte, um mich gleich wieder wegzuholen. Und dazu kam: Ich musste ja weiterarbeiten, Geld verdienen. Bis die ersten Buchhonorare eintrudelten, sollten noch Monate vergehen.

Das eigentlich Schlimme war: Ich musste wieder ran an die üblichen Themen. Hagen sagte: «Schreib uns schöne spannende Sachen. Wie wär's mal wieder mit einer Story über Sophia Loren? Oder mit ein paar neuen Folgen Kilius/Bäumler?»

Marika Kilius und Hans-Jürgen Bäumler, das deutsche Traumpaar auf dem Eis. Beides nette Leute, gar keine Frage, wir haben uns gut verstanden und später immer mal wieder einen zusammen getrunken. Aber über sie zu schreiben, dazu hatte ich einfach keine Lust mehr.

Doch das war ein Stoff, der Auflage garantierte.

Ich hatte eine handfeste Krise, bekam Depressionen. Geht das jetzt immer so weiter, fragte ich mich, bin ich dafür freier Autor geworden? Muss ich weiter Marika Kilius fragen, wie das war, als sie auf dem Eis stürzte, muss ich wieder zu Sophia Loren nach Nizza in den Wohnwagen, in dem es so riecht wie in einer Turnhalle? Ist das mein Leben: zwei Hupfdohlen auf dem Eis und eine ungewaschene Frau im Anhänger?

Aber dann geschah in London etwas, das die Wolken auf meiner Seele mit einem Schlag verwehte.

Profumo

Eine Krise erschütterte die britische Regierung und erregte die europäische Öffentlichkeit. Der Profumo-Skandal, über den ich berichten sollte, gehört ins London der frühen sechziger Jahre wie die Beatles, wie Mary Quants Minirock, wie «Twiggy», das gertenschlanke Fotomodell.

Der Heeresminister John Profumo hatte eine Affäre mit

einem Londoner Mädchen, Christine Keeler war ihr Name. Sie war eine unglaublich attraktive Erscheinung mit langen schwarzen Haaren. Ein Foto von ihr ist um die Welt gegangen: Da sitzt sie nackt, Beine gespreizt, auf einem umgedrehten Plastikstuhl, dessen Lehne ihren Schoß verdeckt.

Ein Skandal war die Affäre aus mehreren Gründen: Erstens war Profumo verheiratet, mit der Schauspielerin Valerie Hobson, und zweitens wurde Christine Keeler noch ein weiteres Verhältnis nachgesagt – mit einem Marineattaché an der russischen Botschaft. So ergab sich eine nachgerade klassische Konstellation: die Femme fatale, die das Bett mit einem Minister ihrer Majestät und einem mutmaßlichen sowjetischen Spion teilt.

Und drittens hatte John Profumo im Unterhaus auch noch gelogen, als er zu seiner Beziehung zu dem Mädchen befragt wurde.

Scheibchenweise kamen immer neue pikante Details ans Licht. Von ausschweifenden Partys war die Rede, auf denen sich Künstler, steinreiche Adlige und junge Mädchen vergnügten. Männer in Masken, Peitschenhiebe im Lustkeller, Champagner in Strömen, Mädchen, die im Abendkleid in den Swimmingpool springen. Dolce Vita im angeblich so prüden Königreich England.

Es gab noch ein zweites Mädchen, das es in diesem Zusammenhang zu zweifelhaftem Medienruhm gebracht hat: Mandy Rice-Davies, die sich in London mit Christine Keeler die Wohnung teilte. Sie hatte mehrere Verhältnisse mit hochrangigen Gentlemen, der bekannteste war Lord Astor.

Gegen die englische Boulevardpresse ist die «Bild»-Zeitung ein Kirchenblatt. Die englischen Kollegen hetzten die beiden Mädchen nach allen Regeln der Kunst. Dabei hatten sie eigentlich überhaupt nichts verbrochen. Zwei etwas naive junge Frauen, noch keine zwanzig, die es genossen, dass die Reichen und Einflussreichen ihnen zu Füßen lagen. Große Villen, livrierte Kellner, die einem Getränke reichen, im Rolls-Royce sitzen. Wer wollte es ihnen verargen?

In der britischen Öffentlichkeit aber wurden sie als leichte Mädchen gehandelt, die wehrlose ältere Männer verführt hatten. Die alte Verschwörungstheorie: Eva mit der Schlange.

Eine entscheidende Rolle in der Geschichte spielte ein gewisser Dr. Ward, ein bekannter Knochenspezialist und Freund der Society, der in seiner Wohnung häufig Partys veranstaltete. Auf einer hatten Profumo und Keeler sich kennengelernt, in Gegenwart übrigens von Profumos Ehefrau.

Irgendwann ließ die Presse dann von Christine und Mandy ab und hielt sich an diesen Ward. Man brandmarkte ihn als eine Art Zuhälter, und er wurde vor Gericht angeklagt, von «unmoralischen Einkünften» zu leben. Er wusste überhaupt nicht, wie ihm geschah. Das merkte ich bei einem Interview, das er mir gab. Er war von der ganzen Sache völlig überrollt und nervlich am Ende. Er sah keinen Ausweg mehr.

Zwei Monate nachdem Profumo zurücktreten musste und die Regierung unter Premierminister Harold Macmillan in schwere Bedrängnis geriet, brachte er sich um.

Als deutscher Reporter hatte ich zunächst einen schweren Stand in diesem Hexenkessel. Es wimmelte von Journalisten, riesige Teams waren unterwegs, die mit Richtmikrophonen ausgestattet waren, mit Spezialkameras und mit Leitern, um notfalls irgendwo einzusteigen.

Ich hingegen war ganz auf mich allein gestellt. Es schien unmöglich, an die beiden Mädchen heranzukommen. Ich rief Karl-Heinz Hagen in München an und erklärte ihm, dass ich nicht weiterkäme in der Geschichte.

«So ist das in England», sagte er, «da muss man Geld in der Tasche haben. Ich weis dir was an.»

Ein paar Tage später lernte ich in einem Pub in der Fleet Street einen englischen Journalisten kennen, der sich auch mit dem Fall Profumo befasste. Er wusste Sachen, die mir völlig neu waren.

«Ich komme nicht an die Mädchen heran», sagte ich, «es ist zum Haareausraufen!».

Darauf er: «Da lässt sich was machen, mate!»

Er nannte mir eine Adresse außerhalb Londons, wo ich ihn am nächsten Tag treffen sollte. Ein Tea-Garden. Da könnten wir ungestört reden.

Und, ach ja: Tausend Pfund sollte ich mitbringen.

Für diese stolze Summe überließ er mir sein gesamtes Notizbuch. Was da drinstand, war das Geld locker wert. Es gab Details, die er noch nicht verwendet hatte oder in England unter seinem Namen nicht bringen konnte. «Good stuff for ‹Quick›», sagte er stolz, wenn er mir eine besonders pikante Stelle zeigte.

Dann wollte er nochmal 2000 Pfund haben: tausend für sich und je fünfhundert für Christine Keeler und Mandy

Rice-Davies. Als Honorar für zwei Exklusivinterviews an einem geheimen Ort.

Als Erstes kam Christine dran. Mit verbundenen Augen musste ich in ein Auto steigen, dann fuhr man mich irgendwohin, eine kleine Straße, kein Schild weit und breit, da saß sie in einer Wohnung. Drei Stunden sprach ich mit ihr. Sie erzählte mir viele unglaubliche Geschichten, die alle ein bezeichnendes Licht auf die Scheinheiligkeit der englischen Aristokratie warfen. Eine Episode fand ich besonders witzig, die kannte noch niemand: Für Profumo sei es das höchste der Gefühle gewesen, mit seinem Mini immer im Kreis um den Trafalgar Square zu fahren und sich dabei von ihr einen blasen zu lassen.

Bei Mandy Rice-Davies war so ein umständliches Versteckspiel nicht nötig. Mein Journalistenfreund hatte sie – unter falschem Namen – im Hotel Grosvenor House einquartiert, in einer Suite. Zum Gespräch mit ihr musste ich mich in einen Sessel am Tisch setzen, während sie im Bett lag, die halbe Brust entblößt. Sie schimpfte über die Heuchelei der englischen Oberschicht, verlor aber dabei nie ihren Humor. Irgendwie schien sie die ganze Affäre auch amüsant zu finden.

Als Zeugin im Prozess gegen den Arzt hat Mandy Rice-Davies sich vor allem mit einer Bemerkung unsterblich gemacht. Überall auf der Welt, wo Englisch gesprochen wird, wurde sie zum geflügelten Wort. Es ging um ihre Liaison mit Lord Astor.

Der Staatsanwalt zur Zeugin: «Seine Lordschaft hat ausgesagt, sich nicht daran erinnern zu können, Ihnen je begegnet zu sein.»

Mandy Rice-Davies: «He would, wouldn't he?»

Der Prozess in Old Bailey war eine schlimme Farce. Die Stoßrichtung war eindeutig: Die beiden Mädchen sollten als Callgirls dargestellt werden, die ihre Einnahmen mit dem Arzt teilten. Also ein Fall von Prostitution. Ununter-

brochen versuchten der Staatsanwalt und der Richter, sie in diese Ecke zu drängen.

«Wie viel Gewinn haben Sie gemacht?», wurde Mandy gefragt, worauf sie antwortete: «Was heißt Gewinn, Sir? Ich habe kein Geld genommen. Mein Gewinn war das schöne Leben.»

Ich war monatelang in London für die Profumo-Serie.

Auch wenn ich ziemlich entsetzt war über die Bigotterie in der englischen Oberschicht und die Justiz mit ihren vorgefassten Denkschablonen, gab ich mir doch große Mühe, objektiv zu berichten. Dass ich keine Stellung bezog in meinen per Fernschreiber durchgegebenen Artikeln, wurde mir absurderweise von der Bundesprüfstelle zum Vorwurf gemacht.

So hatte ich zum Beispiel einen Bericht sinngemäß angefangen: «Ich liebe sie nicht, ich hasse sie nicht, ich akzeptiere sie so, wie sie sind.» Damit meinte ich Christine und Mandy. Das Argument der Bundesprüfstelle, das Hagen mir nach London übermittelte, aber war: So eine Position sei sexualethisch verwirrend für Jugendliche. Ich solle Stellung beziehen, solle die «leichten Mädchen» an den Pranger stellen, denn nichts anderes seien sie ja.

Ich weigerte mich. Ich dachte gar nicht daran, meine Prinzipien für die Bundesprüfstelle zu opfern. Und so wurschtelte ich mich in vielen Formulierungen um den heißen Brei herum. Manchmal dachte ich in solchen Momenten, das Beste wäre es, nur noch wissenschaftliche Bücher zum Thema Sexualität zu schreiben.

Aber auf diesem Gebiet saßen sie einem ja auch im Nacken.

Was dringend überfällig war, das wurde mir immer deutlicher, war eine neue Moral. Fenster auf und weg mit dem verlogenen Mief!

Da traf es sich gut, dass ich einen englischen Literaturagenten kennenlernte, der ähnlich dachte wie ich. Wir gingen auf einen Gin Tonic in eine Bar hinter der St.-Paul's-Kathedrale und brüteten ein großes Thema aus: eine mehrteilige Streitschrift gegen Verklemmung und Verlogenheit. Wir fanden schnell einen Titel: «What We Need Is A New Moral Code». Der Agent war so begeistert, dass er mich gleich unter Vertrag nehmen und schon mal die Weltrechte an dem Werk anmelden wollte.

«Das geht leider nicht», bremste ich ihn, «ich habe bereits einen Agenten.»

«Too bad», sagte er.

Trotzdem beschlossen wir, dass ich in München den Stoff einem Verlag anbieten und die Möglichkeiten für so ein Projekt prüfen solle.

Er seinerseits wollte in England das Terrain sondieren und sich dann später gegebenenfalls mit Joschka von Ferenczy kurzschließen.

Mit dieser Idee im Gepäck bin ich, als die Arbeit in London beendet war, nach München zurückgekehrt. Wem sollte ich sie anbieten? Dass Karl-Heinz Hagen nicht der Richtige war, wusste ich ja bereits.

Ich entschied mich für die «Revue», in der ich meine Klatschkolumne hatte, auch schon ein paar Serien geschrieben hatte und wohlgelitten war. Die Zeitschrift gehörte dem Verleger Helmut Kindler. Bei ihm meldete ich mich an.

Das Gespräch fand in seinem Büro statt, in Gegenwart seiner Frau Nina. Beide waren auf Anhieb überzeugt von dem Vorhaben, geradezu euphorisch. «Mein Gott», rief Kindler, «was für eine großartige Idee: ein neuer Moral-Code. Da machen wir eine riesige Serie in der ‹Revue›! Erstellen Sie doch schon mal ein Exposé!»

Mit dem fertigen Exposé ging ich dann wieder zu ihm, er überflog es, nickte zustimmend, gab hier und da seinen Kommentar und schickte es schließlich dem Textchef der «Revue» weiter.

Kindler brachte mich zur Tür und gab mir die Hand. «Das wird etwas ganz Großes», sagte er feierlich.

Der Textchef war ein Mann namens Sponsel. Wir verabredeten uns in den «Tessiner Stuben», in einem Seitenflügel des Hotels «Vier Jahreszeiten».

Er bestellte eine Flasche Dole und geriet ins Schwärmen: «Ein wunderbares Exposé, ich bin ganz entzückt, was Sie da skizziert haben.»

Das fing gut an. Ich freute mich schon, morgen mit der Arbeit beginnen zu können. Er wolle nur noch kurz ein paar Kleinigkeiten mit mir durchgehen, sagte Sponsel.

Ich glaubte, meinen Ohren nicht zu trauen. Stück für Stück zerpflückte er mein Exposé. Es war, als ob ich einem Beamten der Bundesprüfstelle gegenübersäße, nicht einem Redakteur aus dem liberalen Kindler Verlag.

Also mit dem Thema Jungfräulichkeit vor der Ehe – da läge ich leider völlig falsch. Selbstverständlich sei sie ein hohes, zu schützendes Gut und nicht, wie ich notiert hatte, ein alter Zopf.

«Sie müssen den Leuten schon klarmachen, dass eine Frau unberührt in die Ehe gehen muss.»

Dann kam Masturbation an die Reihe. Auch das Thema wollte ich ja von den gängigen Vorurteilen befreien. Junge Leute sollten keine Schuldgefühle mehr empfinden, wenn sie Selbstbefriedigung praktizierten. Das hielt der Textchef der «Revue» aber für außerordentlich problematisch: «Da muss man deutlich machen, dass es sich hier um eine gefährliche Verirrung handelt», dozierte er gestelzt. Außerdem schädige Masturbation das Gehirn, das sei doch bekannt.

Schließlich der Höhepunkt: Homosexualität mit Heterosexualität gleichzusetzen, das sei völlig inakzeptabel.

«Es muss schon deutlich werden, dass Homosexuelle im Grunde Schweine sind!»

Das war der Moment, als ich explodierte. «Stecken Sie sich das Exposé in den Arsch! Schöne Grüße an Herrn Kindler!» Ich sprang auf und schüttete ihm sein Glas Dole über die Hose.

Und weg war ich. Ließ Herrn Sponsel mit seiner vom Rotwein durchnässten Hose stehen, stürmte raus auf die Maximilianstraße und gleich rein in die nächste Bar.

Ich hatte das alles gründlich satt.

Romy

Etwas völlig Unvorhergesehenes gab meinem Leben eine neue Wendung. Das Ringen um eine neue Moral, die Ohnmacht, meine Ideen weiterentwickeln zu können, der berufliche Ärger – das alles rückte schlagartig in den Hintergrund. Die Ursache war ein Erdbeben in meinem Privatleben: die leidenschaftliche Liebe zu der ersten und einzigen Frau, die unsere Ehe ernsthaft in Gefahr gebracht hat. Für sie wollte ich Marlies verlassen und unser gemeinsames Treuegelöbnis aufkündigen.

Die Frau war Romy Schneider. Ich kannte sie bereits zehn Jahre, als die Affäre ihren Lauf nahm. Umso stürmischer war sie.

Es begann damit, dass ich sie 1964 in Paris anrief, etwa ein halbes Jahr nachdem ihr Dauerverlobter Alain Delon sie verlassen hatte. Ich wollte sie zu einer ungewöhnlichen Story überreden.

Romy Schneider wurde damals von der deutschen Presse ziemlich mies behandelt. In den drei «Sissi»-Filmen hatte sie sich als junge österreichische Kaiserin Elisabeth in die Herzen der Deutschen gespielt, aber als sie dann nach Frankreich ging, wurde sie als eine Art Landesverräterin geschmäht. Ihre filmischen Ambitionen im Land der großen Regisseure wie Chabrol und Truffaut, Godard, Malle und Sautet wurden mit Hohn und Spott kommentiert, von ihrer Liebe zu dem Luftikus Alain Delon ganz zu schweigen. Und als die Geschichte mit ihm zu Ende war, kursierten abenteuerliche Versionen über die «wahren Hintergründe» der Trennung. Nun wurde sie als «Sitzengelassene» öffentlich bemitleidet, gezeichnet als eine verzweifelte, verwirrte Frau, die ihren Schmerz mit Alkohol betäubt.

Da wir gut befreundet waren und in jüngster Zeit auch ab und zu telefoniert hatten, wusste ich, wie sehr ihr diese Schmähungen zusetzten.

Besonders verletzt war sie durch eine Reportage im «Stern». Reporter und Fotograf hatten sie in Paris besucht, in freundlicher Atmosphäre, alles ganz normal, als Romy sie fragte, ob sie ihnen etwas zu trinken anbieten dürfe. Die «Stern»-Leute stimmten erfreut zu, und es wurde eine Flasche Champagner geöffnet. Die Stimmung wurde noch besser, das Gespräch kam in Fahrt. Schließlich sollten die Fotos gemacht werden. Ein paar Motive wurden ausprobiert, dann sagte der Fotograf, das sei aber ein bisschen langweilig, immer in denselben Kleidern, ob sie sich nicht mal eben etwas anderes anziehen wolle. Das tat sie, nicht nur einmal. Es war eine richtige kleine Modenschau, Romy in Hochform und Schönheit, Romy mit dem Champagnerglas in der Hand. Der Fotograf war begeistert.

Dann erschien die Geschichte im «Stern»: das Porträt einer haltlosen Frau, die schon morgens Champagner in sich hineinschüttet und sich alle zehn Minuten umzieht. Absturz eines Stars.

In dem Telefongespräch machte ich ihr nun folgenden Vorschlag: «Wir setzen uns zwei oder drei Wochen zusammen, du erzählst mir deine Geschichte, ich schreibe sie für dich auf, und das Ganze erscheint in der ‹Quick› als autobiographische Serie unter dem Titel ‹Nach all diesen Lügen ... Romy Schneider erzählt›.»

Die Idee gefiel ihr auf Anhieb. Wir beschlossen, uns nicht in München, Berlin oder Paris zu treffen, sondern uns in Kitzbühel einzuquartieren. Dort wollten wir ungestört und ohne lästige Mitwisser an dem Manuskript arbeiten.

Kennengelernt hatte ich Romy zehn Jahre zuvor in Berlin. Sie war jung, noch keine siebzehn, das entzückendste Wesen unter der Sonne. Als Schauspielerin war sie ein Naturtalent, ungekünstelt und unbefangen. Nach mehreren Interviews für die «B. Z.» war eine Art Freundschaft entstanden. Sie hatte Vertrauen zu mir. Mit Horst Buchholz drehte sie «Monpti», eine sehr erfolgreiche Frühlingskomödie, sie verknallte sich ein bisschen in ihn, und wir drei alberten viel herum.

Wenn wir uns trafen, waren meistens ihre Eltern dabei, um aufzupassen, dass sie nicht unter die Räder kam. Ihre Mutter Magda Schneider, selber eine berühmte Schauspielerin, und ihr Stiefvater Herbert Blatzheim, genannt «Daddy». Ein echter Kölner, jovial, ein bisschen zu laut. Gastronom, typischer Wirtschaftswunder-Erfolgsmensch. Immer den Sektkelch auf dem Tisch und die dicke Zigarre im Mund. Erzählte gerne Dönekes ohne Pointe.

«Soll ich Ihnen mal 'ne Wahnsinnsjeschichte erzählen, Herr Kolle?», fragte er.

«Ja, erzählen Sie!»

«Also der Adenauer kam neulich zu mir und hat jesagt: ‹Isch hab wieder hervorragend jejessen bei Ihnen, Herr Blatzheim.›»

Daddys Erzählungen. Wenigstens er liebte sie.

Er kümmerte sich sehr engagiert und in unendlicher

Fürsorge um die Karriere seiner Stieftochter, las Verträge, passte auf, dass sie nicht über den Tisch gezogen wurde, regte sich fürchterlich auf, wenn «seiner Romy» in der Presse unrecht getan worden war.

Die Zuneigung beruhte allerdings nicht auf Gegenseitigkeit. Romy fand ihren Stiefvater immer viel zu bürgerlich und spießig. Außerdem fühlte sie sich von ihm eingeengt. Doch solange sie noch nicht volljährig war, konnte sie gegen die ständige Bevormundung nichts ausrichten.

Dann war sie weg aus Deutschland. Ihr neues Leben in Frankreich hatte begonnen. Eines Tages rief Daddy mich in der Redaktion an.

«Herr Kolle, reden Sie doch mal ein ernstes Wort mit dem Mädchen! Ich hab da eine tolle Sache, aber sie will nicht auf mich hören. Wir sind nächste Woche alle in Berlin. Gehen wir doch jepflegt essen.»

Wir trafen uns zu viert – Daddy, Magda, Romy und ich – in einem der angesagten Berliner Lokale. Da löffelte man seine Suppe nicht aus dem Teller, sondern schlürfte sie aus Tier-Hirnschalen. Das war der letzte Schrei.

Blatzheim hatte ein sensationelles Filmangebot für Romy an Land gezogen. Es sollte an ihre großen «Sissi»-Erfolge anknüpfen. Eine deutsch-französische Koproduktion mit dem Titel «Die Kaiserin». Gage: eine Million, was für deutsche Verhältnisse wirklich phantastisch war. Curd Jürgens beispielsweise war in jenen Jahren glücklich, wenn er für eine Hauptrolle 200 000 Mark nach Hause tragen konnte.

Die Sache hatte nur einen Haken: Romy hatte keine Lust mehr auf solche Kostümschinken. Sie hatte in Frankreich bereits mit Delon und Maurice Ronet gearbeitet und war glücklich, das «Sissi»-Image hinter sich gelassen zu haben. Sie sträubte sich mit Händen und Füßen gegen den Plan ihres Stiefvaters.

Nun also sollte ich meine Meinung zu der Sache abgeben. Alle drei schauten mich gespannt an, ich setzte die Hirnschale ab und ergriff das Wort.

«Wenn Romy das nicht will», sagte ich, «und als Schauspielerin jetzt einen anderen Weg gehen möchte, dann sollte sie das tun. Das ist ihr gutes Recht.»

Blatzheim war schwer enttäuscht. Aber Romy sprang von ihrem Stuhl auf und umarmte mich überschwänglich. «Du bist der erste Mensch, der mich versteht!» Es war der Beginn einer großen Freundschaft, von der wir beide noch nicht ahnten, dass daraus einmal mehr werden würde.

Das sollte ja auch noch eine Weile dauern.

Zunächst einmal verlobte sie sich 1959 mit Alain Delon. Die Feier fand in Lugano statt, in der Blatzheim'schen Villa. Ich war eingeladen – als Freund und als Berichterstatter. Und zu berichten gab es einiges.

Die internationale Filmprominenz und Presse war reichhaltig vertreten. Delon trug ein bis zur Brust offenes weißes Hemd, dazu eine schwarze Hose und keine Schuhe. Er lief barfuß herum, draußen auf dem Rasen und drinnen im Salon. Ein frecher junger Hund eben, das liebte Romy ja schließlich an ihm. Herbert Blatzheim war so wütend über diesen ungehobelten Kerl, dass er ihn am liebsten am Kragen gepackt und in den Luganer See geworfen hätte. Man spürte ihre gegenseitige Verachtung.

Doch Romy war glücklich und Alain auch. Er genoss

ihre Liebe, das Fest – und die glühenden Blicke, die alle anwesenden Frauen ihm zuwarfen.

Fünf Jahre später beendete Alain Delon die Beziehung, perfiderweise über die Zeitung. Er erzählte dem Reporter einer französischen Gazette, dass er sich von Romy getrennt habe, was sie da noch gar nicht wusste, und wurde mit dem Satz zitiert: «Chérie, es ist aus, danke für die schönen Stunden.» Inzwischen hatte er eine Neue.

Romy war fünfundzwanzig, zutiefst verletzt und plötzlich allein. Manchmal, so erzählte sie mir während unserer Gespräche in Kitzbühel, habe sie sich gefürchtet, die «Bild»-Zeitung oder die Illustrierten auch nur aufzuschlagen.

Romys leiblicher Vater, von dem ihre Mutter sich hatte scheiden lassen, war der österreichische Schauspieler Wolf Albach-Retty. Ihr richtiger Name war Rosemarie Magdalena Albach-Retty. Und so ließ sie sich im Hirzinger Hof in Kitzbühel, wo sie ein paar Tage vor mir anreiste, auch eintragen: als Rosie Albach. Das Zimmer nebenan reservierte sie für einen Herrn namens Oswin Knollinger.

Das war ein alter Gag von mir. Wenn Leute mich nach meinem Namen fragten, sagte ich manchmal: «Ich heiße Oswin Knollinger.» Das hatte ich ihr irgendwann erzählt, und daran erinnerte sie sich jetzt an der Hotelrezeption, als sie mein Zimmer buchte.

Die Atmosphäre zwischen uns stimmte auf Anhieb.

«Wenn Fräulein Albach jetzt so weit wäre ...»

«Aber gewiss doch, Herr Knollinger.»

Ich erlebte das fröhliche österreichische Mädel Romy, nicht den großen Star. Sie liebte es, sich so geben zu können, wie sie war, dass niemand sie auf Schritt und Tritt beobachtete, keine Pressemeute, keine Autogrammjäger. Die Wirtsleute und die Angestellten schlossen sie sofort ins Herz, stellten keine lästigen Fragen. Nie und nimmer wäre einer von ihnen auf die Idee gekommen, bei einer Zeitung anzurufen und sich damit zu brüsten, dass die große Romy Schneider bei ihnen wohnt. Wir waren völlig inkognito, hatten niemandem von dem Projekt erzählt. Karl-Heinz Hagen wusste es, Marlies, mein Agent. Vermutlich nicht einmal Romys Mutter.

Nachmittags gingen wir zum Skifahren. Sie zog sich die Mütze tief in die Stirn und sauste mit dem glücklichsten Gesichtsausdruck der Welt und gleichzeitig hochkonzentriert den Abhang hinunter. Abends saßen wir mit dem Skilehrer Karl Koller, seiner Frau und ihrem Sohn Karli, der ein erfolgreicher Abfahrtsläufer war, in der Bar, aßen Tellergulasch, tranken viel Wein und waren bester Stimmung.

Es war die Zeit, als das Parallelskifahren in Mode kam, das die Kollers beherrschten und ihren Schülern beibrachten. Wenn wir uns verabschiedeten und gute Nacht sagten, riefen sie hinter uns her: «Keep you're legs parallel, also in bed!»

Worauf wir antworteten: «Wir geben unser Bestes.»

Das war aber nur so dahergesagt, jeder ging abends in sein eigenes Zimmer, zum Frühstück sahen wir uns wieder, und dann wurde gearbeitet. Meistens in der Bar vom Hirzinger Hof, in der wir zu dieser Tageszeit unsere Ruhe hatten.

Am ersten Arbeitstag hatte ich mein Tonbandgerät auf

den Tisch gestellt und wollte gerade auf den Knopf drücken, als Romy zu schimpfen anfing.

«Tu bloß diesen schrecklichen Apparat weg, sonst rede ich kein Wort mit dir. Ich will dir etwas aus meinem Leben erzählen, nicht diesem Ungetüm.»

«In Ordnung, Fräulein Retty, dann müssen Sie sich aber auch darauf einstellen, dass das Ganze halt a bisserl länger dauern wird.»

Darauf strahlte sie mich an und sagte: «Ist mir recht, Oswin.»

Stück für Stück machten wir uns dann über sämtliche Presseveröffentlichungen der vergangenen Jahre her.

Ich hatte mehrere dicke Ordner aus dem Archiv mitgebracht. Der Sinn des Unternehmens bestand ja darin, dass sie all die Falschmeldungen aus ihrer Sicht und unter ihrem Namen richtigstellte.

Bei einer dieser Sitzungen überraschte sie mich mit einer Art Geständnis. Dieses Image von der braven kleinen, liebreizenden österreichischen Filmprinzessin, dieser ganze «Sissi»-Mist, das alles sei ihr besonders verhasst, weil es ihrem Naturell auch nicht ansatzweise entspreche. Tatsächlich sei sie schon immer ein Luder gewesen. Alles andere als brav. Schon im katholischen Mädchenstift habe sie das an sich entdeckt. Die öffentliche Wahrnehmung ihrer Beziehung zu Alain Delon – hier der amoralische, skrupellose Verführer, dort der bezaubernde Unschuldsengel – sei deshalb eine reine Farce gewesen. In Wahrheit hätten sich zwei Gleichgesinnte gefunden.

Als sie die Geschichte erzählte, wie sie Delons Abschiedsgruß in der Zeitung gelesen hatte, kam plötzlich alles wieder in ihr hoch, der Zorn, die Enttäuschung. Sie begann zu schluchzen, ich nahm sie in den Arm, bestellte schnell zwei Cognac. Aber sie war so aufgebracht, dass sie ihr Cognacglas zerdrückte, ihre Hand fing fürchterlich zu bluten an, und der Hotelarzt wurde gerufen.

Manchmal schlenderten wir nach getaner Arbeit durch Kitzbühel, tranken einen Kaffee, schauten in die Auslagen der Geschäfte. Das waren dann Momente, wo sich die kleine schutzbedürftige Rosie aus heiterem Himmel in den großen Filmstar Romy verwandelte. Plötzlich war sie die Chefin mit viel Geld und ich einer aus ihrem Hofstaat, der eine Belohnung verdient hatte. So kam es mir jedenfalls vor, wenn sie vorm Juweliergeschäft stehenblieb und mir begeistert vorschlug: «Ich möchte dir jetzt das goldene Feuerzeug kaufen. Oder wie wär's mit der Rolex?»

Ich musste mir die allergrößte Mühe geben, ihr das auszureden. Sie war richtig beleidigt.

Dann kam der Abend, an dem sich alles veränderte. Ich brachte sie zu ihrem Zimmer, gab ihr wie immer einen Gute-Nacht-Kuss auf die Wange, da legte sie die Arme um meinen Hals und sagte: «Du riechst so gut, wo wohnst du?»

Ich war nicht einmal besonders überrascht. Ich glaube, wir beide hatten es kommen sehen.

«Gleich nebenan», antwortete ich.

Und da kam sie mit, schaute sich um, und ihre ersten Worte waren: «Der Oswin hat ja ein viel kleineres Zimmer als ich.»

Von dem Tag an verbrachten wir keine Nacht mehr getrennt. Wir waren rasend verliebt. Es war die große Leidenschaft. Wir ließen nicht mehr voneinander. Sie war in der Liebe genauso wie als Schauspielerin: unbefangen und frei. Umwerfend. Ich hatte noch nie eine solche Frau getroffen.

Doch tagsüber, wenn wir, jetzt Hand in Hand, durch Kitzbühel spazierten (dabei habe ich ihr einmal sogar erlaubt, mir etwas zu kaufen: eine Skihose), kamen die ersten Zweifel: «Wie wollen wir das leben?», fragte sie. Sie ständig auf Dreharbeiten, ich auch dauernd unterwegs – und dazu noch verheiratet und Familienvater. Wir ahnten die Schwierigkeiten, die unweigerlich auftreten würden, wenn wir das Paradies in den österreichischen Bergen verlassen mussten.

Und dann war es so weit. Wir waren fertig mit der Arbeit, sie ging zurück nach Frankreich, ich nach München. Keine Minute konnte ich sie vergessen.

In einem ihrer Briefe an mich schrieb Romy:

«Angst vor einem Gefühl – Angst es zu zeigen – Zu sagen?
Nein, wie schon, Du hast keine Angst davor» (...)
Ich weiss noch nicht wie lange ich frei – frei – frei sein will oder kann –
Wie lang kann man's leben? (...)
Umarme Dich – Und Deine Gedanken –
Und alles was Du leben willst & kannst!
Romy»

Ich konnte es kaum abwarten, sie wiederzusehen. Wie im Rausch schrieb ich die ersten drei Kapitel ihrer Geschichte, flog nach Paris, um sie ihr vorzulegen.

Wieder fielen wir uns in die Arme, und doch war etwas anders. Rosie Albach war wieder Romy Schneider, der von allen umschwärmte Star. Sie hatte unglaublich viele Termine zu absolvieren, Empfänge, Premieren, Partys.

Sie schleppte mich mit ins Cabaret «Crazy Horse», wo man auf Holzbänken saß und mit den Füßen in Sägespänen stocherte. Ich saß zwischen ihr und Nadja Tiller, die sofort spürte, was da zwischen uns beiden war. Sie hat aber immer den Mund gehalten. Ich weiß nicht mal, ob sie es ihrem Walter erzählt hat.

Einmal waren wir bei Coco Chanel, der berühmten Modeschöpferin, Erfinderin des «kleinen Schwarzen», die mich die ganze Zeit hasserfüllt anfunkelte. Später erfuhr ich den Grund: Sie hatte schon lange selber ein Auge auf Romy geworfen und sich nun – nach der Trennung von Delon – Hoffnungen gemacht. Um ihre Verachtung zu zeigen, nannte sie mich penetrant «Monsieur Schneidère».

Das war ich ja eigentlich auch: Monsieur Schneidère. Für mich interessierte sich niemand in Romys Umfeld. Wie ich wirklich hieß, wer ich wirklich war, das war völlig unwichtig.

Auf dem Heimflug war ich innerlich zerrissen. Kaum war die Maschine gestartet, hatte ich schon wieder Sehnsucht. Gleichzeitig wusste ich: Diese Romy war nicht mehr das Mädchen von Kitzbühel. Sie war ein Weltstar, der Männer nur als Anhängsel dulden würde.

Ein paar Jahre später sollte dies die Tragödie ihres Ehemannes Harry Meyen werden. In Berlin war er der gefeierte Regisseur, an ihrer Seite ein Nichts. Er ist schließlich daran zerbrochen und hat sich das Leben genommen.

Und trotzdem: Als ich wieder zu Hause war, die nächsten Folgen zu Papier brachte und per Kurier nach Paris schicken ließ, wünschte ich die ganze Zeit nichts sehnlicher, als sie wieder in meinen Armen zu halten. Die Situation war quälend. Zum ersten Mal in unserer elfjährigen Ehe hatte ich ein Problem, über das ich nicht mit Marlies sprechen konnte. Ich verstummte, ging ihr aus dem Weg.

Keine Woche war ich aus Paris zurück. Wir saßen in Starnberg auf der Veranda, blickten auf den See und die Berge im Hintergrund, die Kinder waren zur Schule, als sie sagte: «Du liebst eine andere Frau.»

«Wie kommst du denn da drauf?»

«Das sehe ich. Ich kenne dich doch. Rede mit mir! Hör auf mit diesem grässlichen Schweigen!»

Da habe ich ihr alles erzählt. Die ganze Geschichte von Anfang an. Kitzbühel, Paris, meine Liebe zu Romy, die Zweifel. Ich ließ nichts aus und endete mit dem Satz: «Ich kann es ohne sie nicht aushalten.»

Ich war grenzenlos erleichtert, dass alles raus war.

Es war, als ob mir ein quälendes Geschwür entfernt worden wäre. Und ich ließ es wie willenlos geschehen, dass Marlies ab sofort die Regie übernahm.

«Ich will lieber einen glücklichen Vater für unsere Kinder als einen unglücklichen Ehemann. Wenn sie dir wirklich so viel bedeutet, dann musst du zu ihr gehen. Sofort. Ich gebe dich frei.»

Am folgenden Morgen nahmen wir Abschied. Ich fuhr nach Riem, zum Flughafen, kaufte bei der Air France ein Ticket nach Paris, setzte mich in die Wartehalle. Halbe Stunde noch bis zum Einsteigen. Ich war wie in Trance.

Doch dann erwachte ich. Vor meinem Auge tauchte nicht die Romy auf, nach der ich mich so verzehrte, sondern der Weltstar, der mir goldene Uhren zueignen will. In dessen Hofstaat ich mich künftig einzureihen hätte. Neben dem ich aufhören würde, ein eigenständiges Leben zu führen.

Ich stand auf und zerriss das Flugticket. Dann fuhr ich zurück nach Starnberg, schloss die Haustür auf und sagte zu Marlies: «Da bin ich wieder.»

Sie nahm mich in die Arme und sagte: «Ich hab's gewusst.»

Und noch jemand hatte es offenbar gewusst: Romy. Als ich ein paar Wochen später dann doch nach Paris flog, um die letzten Folgen der Serie mit ihr durchzugehen, arrangierte sie es so, dass ihre Sekretärin stets dabei war. Abends gingen wir ins Restaurant, wie immer mit der großen Clique im Schlepptau. Zwischen Dessert und Kaffee gab ich in aller Stille, ganz für mich allein, Monsieur Schneidère einen letzten Tritt in den Hintern.

Ich war wieder Oswalt Kolle und, wenn wir telefonierten oder korrespondierten, auch immer noch Oswin Knollinger. Wir zogen keinen dramatischen Schlussstrich und führten auch keine großen Diskussionen. Es war so schön gewesen wie ein Traum, und nun war dieser Traum zu Ende. Sie hatte recht gehabt mit ihrer Befürchtung: «Wie soll man das leben?»

Die Serie in der «Quick» war ein großer Erfolg und trug dazu bei, dass die Deutschen «ihre Romy» wieder ins Herz schlossen. Und dann kam ein Anruf von Daddy Blatzheim, der von dem ganzen Drama nichts mitbekommen hatte.

«Mensch, Oswalt, lange nich jesehen. Setzt euch ins Flugzeug und kommt nach Berlin. Ich eröffne ein neues Restaurant. Möchte dich und deine Marlies janz herzlich einladen. Die Romy kommt auch.»

Große Berliner Party. Alle da. An unserem Tisch folgende Sitzordnung: Marlies, Oswin, Romy, Harry Meyen. An dem Abend haben die beiden sich kennengelernt. Da wusste Harry noch nicht, dass er bald Monsieur Schneidère sein würde.

Das Wunder geschieht

 1965 verließen wir München in Richtung Italien. In Campione, der italienischen Enklave am Luganer See, mieteten wir uns eine große Wohnung mit herrlichem Garten und Blick auf den See. Ich hoffte, mehr Zeit zum Bücherschreiben und für die Familie zu haben. Außerdem wollte ich mich ein bisschen abkoppeln vom Münchner Hexenkessel, wo es gerade kräftig brodelte, denn der Martens-Verlag, in dem die «Quick» erschien, hatte soeben Kindler die «Revue» abgekauft. Die beiden ehemaligen Konkurrenten waren nun unter einem Dach vereint. Karl-Heinz Hagen übernahm, mit Günter Prinz, die Chefredaktion der «Revue».

Das mit dem Abkoppeln hat dann natürlich doch nicht so richtig geklappt. Hagen hatte ständig neue Aufträge für mich. Und auch Joschka Ferenczy meldete sich regelmäßig am Telefon: «Hab ich wieder besorgt grosses [sic!] Thema. Muss ich Ihnen vorstellen wichtigen Mann.»

Die Situation für die Familie war schwierig. Marlies hat sich in Campione nie besonders wohl gefühlt. Sie kam mit der italienischen Sprache nicht gut zurecht, hatte nur wenige Freunde und war wieder viel allein mit den Kindern.

Unsere Tochter Nele beschwor uns inständig, sie von der Schule in Campione zu nehmen und auf ein Internat gehen zu lassen. Sie wollte weg. Ich war dagegen, weil ich Internate grässlich finde, aber sie bestand darauf, heulte und bettelte. Nach langer Suche fanden wir ein schönes Internat in Lausanne: «La Combe». Ihre Mitschüler waren hauptsächlich Diplomatenkinder, man sprach Französisch, die Gemeinschaft der Mädchen dort tat ihr gut. Sie blieb dort, bis sie sechzehn war. Auch Till fühlte sich unwohl. Wenn er von der Schule heimkam, beklagte er sich über seine autoritären Lehrer, die ihn wieder einmal getriezt hatten.

Aber dafür konnte er im Handumdrehen Italienisch. Nach ein paar Monaten sprach er akzentfrei und fließend. Als meine Filme später auch in Italien liefen, nahm ich ihn häufig als Dolmetscher auf Pressekonferenzen mit. Da stand er dann als Fünfzehnjähriger auf dem Podium und übersetzte meine Antworten in Sachen Sexualität und Aufklärung. Die Presseleute waren hingerissen, er war der eigentliche Star.

Und die Jahre in Campione sind noch mit einem anderen sehr schönen Ereignis in unsere Familiengeschichte eingegangen: 1966 kam unser drittes Kind zur Welt. Stefan. Unser Nino.

In unserem Haus gaben sich in dieser Zeit die Kindermädchen fast die Klinke in die Hand. Keine blieb länger als ein paar Monate, nicht etwa, weil wir sie so streng behandelten, sondern weil sie alle mit schöner Regelmäßigkeit schwanger wurden. Ich sei jedes Mal der Vater ihrer Kinder gewesen, wurde später verbreitet. Heinz van Nouhuys, ein Journalistenkollege aus der Münchner Szene, hatte die Sache in die Welt gesetzt.

Allerdings entbehrt die Geschichte auch nicht der Komik.

Es war kurz vor einem sommerlichen Sylt-Urlaub, mit dabei unser Kindermädchen Roswitha. Wir fuhren in Campione los. Schon bei Lugano wurde ihr schlecht.

Ob ich mal anhalten könne.

Sie verschwand hinter einem Busch, übergab sich und kam zurück. Ich ahnte das Unheil.

«Wie ist das denn passiert?»

«I woaß a net», sagte Roswitha, «ich war da mit einem Mann im Wirtshaus, da hat er Rotwein spendiert, und dann sind wir halt ins Bett gegangen.»

«Ja, hast du die Pille denn nicht genommen?»

«Nee, die nehm ich nicht, aber er hat ja auch rausgezogen.»

«Um Himmels willen, ich habe dir doch gesagt, der ‹Coitus interruptus› ist als Verhütungsmethode untauglich.»

«Mei, Herr Kolle, wenn sie auch immer lateinisch reden ...»

Diese Geschichte erzählte ich van Nouhuys, als er und der Fotograf Axel Springer junior später bei uns in Campione aufkreuzten, um eine «Homestory» für das Monatsblatt «Jasmin» («Die Zeitschrift für das Leben zu zweit») zu machen. Und ich fügte hinzu: «Am liebsten würde ich diese Kindermädchen morgens unter meiner Aufsicht die Pille schlucken lassen.» Nouhuys lachte und schenkte sich noch einen Whisky ein.

Die «Jasmin»-Geschichte aber las sich dann so, als ob sämtliche Kindermädchen im Haus Kolle vom Hausherrn schwanger würden, und dieser wolle nun in Zukunft, um weiteres Unheil abzuwehren, den jungen, unerfahrenen Dingern morgens eigenhändig die Pille verabreichen.

Das passte natürlich prima zum Sexaufklärer. In Interviews und Talkshows wurde ich zu meinem Verdruss immer wieder auf diese alberne Geschichte angesprochen.

Zehntausend Briefe

Unser Kindermädchen Roswitha, das sich darauf verlassen hatte, dass «er rausgezogen» hat, war natürlich kein Einzelfall. Über Empfängnisverhütung wusste kaum jemand richtig Bescheid, weder Frauen noch Männer.

Die Angst vor ungewollter Schwangerschaft war ein Riesenproblem für alle jungen Paare. Man lebte im Vierwochenrhythmus. Die bange Frage war stets: Kommt rot oder kommt rot nicht? Und wenn rot nicht kam, folgte die nächste Frage: Wir gehen wir jetzt damit um? Das Kind bekommen, heiraten – oder abtreiben lassen?

Abtreibung, so stand es im berüchtigten Strafgesetzbuch-Paragraphen 218, war illegal. Ärzte, die sie durchführten, mussten mit Strafverfolgung und dem Verlust ihrer Zulassung rechnen. Sie konnten nur im Geheimen arbeiten, bestellten die Frauen nach Feierabend in ihre Praxis oder suchten sie in ihren Wohnungen auf.

Wer keinen zur Abtreibung bereiten Arzt kannte, dem blieb nur die Möglichkeit, sich an eine «Engelmacherin» zu wenden. Deren Fachwissen ging selten über das hinaus, was im Konversationslexikon unter dem Stichwort «Gebärmutter» stand. Ihr medizinisches Gerät war eine Stricknadel. Der Eingriff wurde meistens auf dem Küchentisch vollzogen.

Dann kam die Antibabypille, eine wahrhaft bahnbrechende Erfindung. Sie hat das Sexualverhalten gründlich revolutioniert. Aber bis es so weit war, dass die neue Frei-

heit sich durchsetzen konnte und die Angst vor ungewollter Schwangerschaft aus den Betten verschwand, sollten noch Jahre vergehen.

Denn in Deutschland wurde jetzt diese Angst durch eine andere ersetzt, künstlich geschürt von einer Allianz aller konservativen und rückständigen Kräfte. Die katholische Kirche machte genauso mobil wie die «Bild»-Zeitung, die eine regelrechte Hetzkampagne anzettelte. Nicht nur, dass obskure Verträglichkeitsrisiken beschworen wurden. Es wurden auch die schlimmsten Erpressungsszenarien entworfen, in denen die Pille das Verhältnis zwischen Mann und Frau für immer zerrütten würde. Beispiel: die Frau, die ihrem Partner nur vorspielt, die Pille zu nehmen, um ihn mit einem Kind zur Heirat zu zwingen. Oder: der Ehemann, der sich ein Kind wünscht und darauf vertraut, dass seine Frau die Pille nicht nimmt – was sie heimlich aber doch tut, weil sie nicht Mutter werden will.

Alle diese Schreckensbilder zeichneten die Frau als die Böse, die ihre neue sexuelle Freiheit als Waffe gegen den Mann richtet. Die katholische Kirche und ihre Gesinnungsgenossen in den Zeitungsredaktionen und Rundfunkanstalten fürchteten um den Verlust der jahrhundertealten Frauenrolle: die Gebärmaschine, dem Manne untertan. Die weibliche Sexualität hat der Fortpflanzung zu dienen und nicht der Lust, so lautete das alte Dogma.

In dieser Frühphase der Antibabypille waren die Frauen völlig verunsichert. Deshalb entwarfen wir für die «Revue» eine große Serie über Empfängnisverhütung und die Abtreibungsproblematik: «Im Namen der Frauen». Sie fand große Resonanz – sowohl bei den Leserinnen wie bei der Staatsanwaltschaft München. Die nahm Ermittlungen auf wegen des angeblichen Verstoßes gegen das Verbot, Werbung für empfängnisverhütende Mittel zu machen.

Diese Verordnung stammte noch aus dem Jahre 1943, damals auf Betreiben des «Reichsführers SS» Heinrich Himmler. Die Adenauer-Regierung hatte sie einfach übernommen.

Heute laufen die Aufklärungsspots für Kondome zum Schutz vor Aids vor der «Tagesschau». In der Apotheke hebt sich keine Augenbraue, wenn ein Sechzehnjähriger eine Schachtel verlangt.

Damals aber durften Präservative, auch Gummischutz genannt, in Apotheken nur an Ehepaare abgegeben werden. Im Volksmund hießen sie Präser, Pariser oder Überzieher. Die bekannteste Marke war «Fromms», der Name wurde schnell zum Gattungsbegriff. In der Kneipe galt der Trinkspruch: «Auf dem Biere schwimmt ein Fromms – wohl bekomm's.» Und im Keller der Kneipe stand ein Automat, aus dem sich auch der Unverheiratete eine Packung ziehen konnte. Auch die Toilettenfrauen am Hauptbahnhof hatten stets ein Sortiment auf Lager.

Über Kondome, die Pille, Tabletten und Spiralen in einem Zeitschriftenartikel zu schreiben, konnte nach Ansicht der Staatsanwaltschaft bereits gegen das Werbeverbot verstoßen, selbst dann, wenn man keine Markennamen nannte. In unserem Fall ist es dann allerdings nicht zu einer Anklage gekommen. Die Ermittlungen wurden eingestellt.

Immer noch schlummerten die fertigen Exposés zu den geplanten Serien über Mann und Frau, die «unbekannten

Wesen», in meiner Schublade. Ich brannte darauf, endlich einen Chefredakteur zu finden, der Mut hatte und mich machen ließ.

In dieser Situation spielte mir das bizarre Stück in die Hände, das die deutschen Pressekonzerne Mitte der sechziger Jahre aufführten. Eine Groteske erster Ordnung. Zeitschriften wurden verkauft, verschoben, getauscht, in schneller Folge. Komplette Verlage wechselten den Besitzer, gingen in anderen Unternehmen auf. Verleger und Drucker, die vorher Konkurrenten waren, taten sich plötzlich zusammen. Die gesamte Presselandschaft war im Umbruch.

Das veränderte auch mein Arbeitsumfeld: Den Martens-Verlag, in dem die «Quick» erschien und der sich gerade erst die Kindler'sche «Revue» einverleibt hatte, erwarb der Hamburger Bauer Verlag. Bauer kaufte sich noch die Kölner «Neue Illustrierte» dazu und verschmolz sie mit der «Revue» zur «Neuen Revue», die ab sofort in Hamburg gemacht wurde. Die «Quick»-Redaktion blieb in München, bekam einen neuen Chefredakteur. Karl-Heinz Hagen und Günter Prinz nahmen Abschied und gingen als Duo zu Springer.

Der Chefredakteur der «Neuen Revue» hieß Ewald Struwe. Er war wild entschlossen, die neue Zeitschrift zum Erfolg zu führen. Ich gab ihm meine beiden Exposés.

Als er sie gelesen hatte, rief er mich in Campione an und sagte: «Machen wir, Osse.»

Wir begannen mit «Dein Mann, das unbekannte Wesen». Es wurde die weltweit erste große und umfassende Studie, die den Frauen in verständlicher Sprache die Sexualität des Mannes in allen ihren Facetten erklärte: seine körperlichen und medizinischen Befindlichkeiten, seine Träume und Wünsche, seine Vorstellungen von Liebe und Erotik, seine Lust und seine Ängste.

Als ich von der «Neuen Revue» die ersten Probefolgen zurückbekam, hatte die Rechtsabteilung des Bauer Verlages mehrere Seiten rot durchgestrichen. Am Rand waren die Kommentare vermerkt: Dies gehe auf keinen Fall, hier würde es Ärger mit dem Staatsanwalt geben, hier würde die Bundesprüfstelle einschreiten, diese Stelle bitte etwas weniger direkt, die Kirche nicht reizen, nicht zu strafbaren Handlungen aufrufen.

Das waren immer herbe Rückschläge. Doch Auflehnung war zwecklos, ich musste Kompromisse schließen. Diese Hausjuristen wollten mir ja nichts Böses. Sie hatten die Gesetze nicht gemacht, aber sie kannten sie und wussten, wie weit man gehen durfte. Ihre Einwände bewahrten mich vor Unheil – das bildete ich mir zumindest ein.

Erst später, in den folgenden Serien, begriff ich, dass diese ständigen Einwände der Anwälte in mir ein gefährliches Werkzeug zum Einsatz brachten: die Schere im Kopf. Ein Instrument, das den Autor schleichend zum Selbstzensor werden lässt.

Ewald Struwe sagte damals etwas Kluges: «Du kannst die Gesellschaft nicht von heute auf morgen verändern.

Du musst sie langsam an das Neue heranführen.» So war die Arbeit an der ersten großen Aufklärungsserie einer deutschen Illustrierten ein behutsames Herantasten.

Es ging um den Mann, geschrieben für Frauen. Weil ich im Anschluss mit der Nachfolgeserie «Deine Frau, das unbekannte Wesen» weitermachen und dazu noch Material sammeln wollte, erstellten wir einen Fragebogen für die Leserinnen und ermutigten sie ausdrücklich, eigene Erfahrungen beizusteuern. Ich rechnete mit hundert Briefen.

Es kamen fast zehntausend. Wir alle waren völlig überrascht. So etwas hatte es überhaupt noch nie gegeben. Briefe von zehn Seiten waren darunter, in denen die Leserinnen in aller Ausführlichkeit ihre Meinung kundtaten, ihre Erlebnisse schilderten, ihre Wünsche äußerten. Es war wie ein Dammbruch.

Offenbar hatten diese Frauen noch nie Gelegenheit gehabt, sich mit irgendjemandem über die intimsten Dinge auszutauschen. Mit wem auch? Dem eigenen Ehemann oder Freund? Die drehten sich um und schliefen ein, wenn die Sache vollzogen war. Für sie gab es da nichts zu reden. Wie die Frau den Beischlaf empfunden hatte, ob sie glücklich oder unbefriedigt war, das interessierte den deutschen Durchschnittsmann nicht.

Blieb allenfalls die beste Freundin oder die Kollegin am Arbeitsplatz, um sich mal auszusprechen. Doch das erschöpfte sich meist in ein paar lockeren Bemerkungen, einer kleinen Anzüglichkeit hier und da. Die Gesprächskultur unter Frauen in Sachen Sexualität war noch unterentwickelt, nicht zu vergleichen mit heute.

Natürlich spielte noch etwas anderes eine Rolle: Probleme im Bett beim Namen zu nennen, hieß ja auch zuzugeben, dass in der Partnerschaft nicht alles zum Besten stand. Keine Frau wollte sich diese Blöße geben.

Umso offener waren sie nun in ihren Zuschriften. Dass Aufklärungs- und Gesprächsbedarf herrschte, war mir klar, sonst hätte ich mich nicht an die Arbeit gemacht. Aber was da alles zum Vorschein kam, überraschte mich doch.

Die meisten Frauen, deren Briefe bei der «Neuen Revue» eingingen, hatten die traditionelle Lebensdramaturgie durchlaufen: erster Kuss, Verlobung, erster Geschlechtsverkehr, Heirat. Nach zehn Jahren Ehe waren sie häufig noch immer völlig unaufgeklärt. «Ich weiß nicht, was an der Ehe schön sein soll», schrieb mir eine Frau, «ich werde seit Jahren mehrmals in der Woche vergewaltigt.»

Ein Mädchen vom Land berichtete, was sie bei der Geburt ihres ersten Kindes in einem katholischen Krankenhaus erlebt hatte. Sie wusste überhaupt nichts, ein Kerl war über sie hergefallen, sie hatte einen dicken Bauch bekommen, und nun lag sie da auf der Entbindungsstation und fragte voller Angst die Schwester: «Wo kommt das Kind denn eigentlich raus?» Worauf die Schwester entnervt erwiderte: «Da, wo es auch reingekommen ist, das müssten Sie doch wissen.»

Sex ist etwas Ekelhaftes, Widerwärtiges, gefährlich wie eine ansteckende Krankheit – mit dieser Überzeugung waren viele der Briefschreiberinnen erzogen worden. Schon die erste Menstruation hatten sie so erlebt. «Jetzt hast du das auch, diese Schweinerei, jetzt beginnt für dich das Elend», hatten ihnen ihre Mütter prophezeit.

Demgegenüber stand die Erwartung vieler junger Mädchen, die von der großen Liebe träumten, wie sie im Kino oder in den Romanheftchen ausgemalt wurde. Da klingen alle Glöckchen, wenn man zum ersten Mal mit einem Mann ins Bett geht, da fallen wie von Zauberhand die Kleider vom Leib, da ist die finale Vereinigung der Himmel auf Erden und der schönste Moment im Leben. Doch dann die Realität: Der Kerl knöpft sein Hemd auf, legt umständlich die Uhr auf den Tisch, hängt die Hose über die Stuhllehne, springt mit seiner dreckigen Unterhose, die er sich schließlich auch noch runterreißt, ins Bett. Lust und Leidenschaft, sofern überhaupt vorhanden, sind bei der Partnerin spätestens jetzt erloschen.

Neunzig Prozent der Frauen, deren Briefe sich auf meinem Schreibtisch stapelten, gaben zu, ihre erste Sexualität als unangenehm, ekelhaft oder schmerzhaft empfunden zu haben. Ohne jedes Lusterlebnis. Da hatten keine Glöckchen gebimmelt.

Nach Meinung derjenigen, die jeden Sonntag im Dienste des Herrn die Glocken läuteten, war das auch ganz in Ordnung so. Die Kirche, vor allem die katholische, gestand den Frauen keine sexuelle Lust zu. Lust war vom Teufel. Und Aufklärung spielte dem Teufel in die Hände.

Doch ebendiese Aufklärung schrieben wir uns in der «Neuen Revue» umso mehr auf die Fahnen. Als ich die Briefe meiner Leserinnen studierte, hatte ich zwei Empfindungen, die eigentlich gar nicht zusammenpassen: Ich war erschüttert und froh zugleich. Erschüttert über das Ausmaß des sexuellen Elends im Lande, froh, dass ich auf dem richtigen Weg war, dem abzuhelfen.

Bevor ich an die Arbeit zur nächsten Serie ging, nahm

ich mir ein großes Platt Papier und schrieb darauf den ersten Kolle'schen Lehrsatz: «Liebe kann man nicht lernen, Sexualität sehr wohl.»

217
Im Würgegriff der Zensur

Mit Sex Auflage zu machen – das wurde uns von vielen Seiten vorgeworfen. Dieses Argument kam nicht nur aus der Politik oder von der Kirche. Auch die Kollegen von anderen Blättern nahmen es auf. Vermutlich war es vor allem der Ärger darüber, das Thema nicht selber erkannt zu haben.

Sicher, wir machten Auflage, und zwar ganz gewaltig. Nach «Dein Mann, das unbekannte Wesen» und der Nachfolgeserie über die Frau hatte die «Neue Revue», was die Verkaufszahlen betraf, den «Stern» überholt.

Aber das war für mich nie entscheidend. Mir ging es um die Sache. Ich bin kein Zyniker. Die Probleme der Menschen ernst zu nehmen – das war für mich wichtiger als die Genugtuung, mit meiner Arbeit die Auflage zu steigern.

Wenn ich von «den Menschen» rede, meine ich damit vor allem die sogenannten kleinen Leute. Ich schrieb nicht für meine Freunde, die Künstler und Schauspieler, nicht für Industrielle und Großbürger, nicht für Professoren und Studenten. Ich schrieb für das Milieu der kleinen Angestellten und Arbeiter, für die Stenotypistinnen und Verkäuferinnen in den Großstädten, für die Menschen auf dem Land, in den Kleinstädten und Dörfern. Ich wollte ihnen helfen, etwas weniger unglücklich zu sein.

Menschen, die außer ins Gesangbuch und in die Hausbibel kaum jemals die Nase in ein Buch gesteckt hatten, die keine Möglichkeit hatten, sich über Fragen der Sexualität irgendwo zu informieren.

Menschen, die sich nicht trauten, eine Buchhandlung zu betreten, wo das Verkaufspersonal ihnen mit Arroganz begegnete. Oder dort gar die kühne Frage zu stellen: «Können Sie mir ein Buch über Aufklärung empfehlen?»

Zu dem Thema gab es in den Buchläden ohnehin so gut wie nichts. Allenfalls in der Leihbibliothek konnte man einen Klassiker wie van de Veldes «Die vollkommene Ehe» aus dem Regal ziehen, geschrieben in den zwanziger Jahren. Theodoor Hendrik van de Velde, Holländer, Professor für Gynäkologie, wandte sich mit seinem für damalige Verhältnisse verdienstvollen Werk vornehmlich an seinesgleichen, Akademiker und Bildungsbürger. In die Geschichte der Sexualliteratur ist er, was ein bisschen ungerecht ist, vor allem als «Stellungskrieger» eingegangen, wobei er beim Beschreiben der Positionen gern lateinische Vokabeln gebrauchte – «a tergo» statt «von hinten».

Roswitha hätte ihre Freude gehabt.

Mit meinen Büchern wollte die klassische deutsche Buchhandlung am liebsten nichts zu tun haben. Der Südwest-Verlag, der in schneller Folge die «Neue Revue»-Serien in Buchform herausbrachte, war so klug, andere Vertriebswege zu nutzen. «Dein Mann, das unbekannte Wesen» und «Deine Frau, das unbekannte Wesen» wurden auch in Bahnhöfen, in Pressekiosken und in Kaufhäusern angeboten, wo sie reißenden Absatz fanden. Beide Bücher waren erneut Bestseller, wurden in elf Sprachen übersetzt, sogar in Afrikaans, und sie erreichten weltweit Millionenauflagen.

Ein bezeichnendes Erlebnis hatte ich Jahre später, als ich schon prominent war, in einer Buchhandlung in Westerland auf Sylt.

Ich kramte in den Regalen herum, als die Buchhändlerin mich erkannte und ein mieses Spiel eröffnete. Sie verschwand nach hinten, flüsterte mit zwei Jungs, achtzehn oder neunzehn Jahre alt, die daraufhin beiläufig den Laden verließen. Fünf Minuten später kamen die beiden zurück und fragten wie normale Kunden, ob Bücher von Oswalt Kolle vorrätig seien. Mit schriller Stimme, im ganzen Laden zu hören, antwortete die Verkäuferin: «Wir führen hier keine Bücher von Oswalt Kolle!»

Meine Tochter Nele fing entsetzt an zu weinen.

Die Geringschätzung, die mir aus intellektuellen Kreisen entgegenschlug, kümmerte mich jedoch herzlich wenig. Die Kollegen in den Feuilletons von der «Zeit» bis zur «Frankfurter Allgemeinen» nahmen mich, wenn überhaupt, nur herablassend und mit spöttischem Unterton zur Kenntnis. Das fand ich auch ganz in Ordnung so. Diese Leute verfassten geistreiche Artikel über das Obszöne im Werk von Henry Miller oder die hohe Kunst der Nacktszenen in Ingmar Bergmans Film «Das Schweigen» – wozu sollten sie sich mit einem wie Oswalt Kolle abgeben, dessen Artikel und Bücher eine so schlichte Thematik wie die gemeine Sexualität des kleinen Mannes behandelten?

Viel wichtiger war mir die Anerkennung anderer kluger

Köpfe: der Experten von den Universitäten. Ich hatte so anerkannte Sexualwissenschaftler wie Hans Giese und Helmut Kentler als Berater gewinnen können. Sie waren von Beginn an von der Bedeutung und dem Nutzen meiner Arbeit überzeugt, berieten und unterstützten mich, halfen

mir bei der Recherche, ebneten Wege und belohnten mich überdies mit ihrer Freundschaft.

Mit Hans Giese, 1964

«Ich stehe immer hinter dir, was auch passiert», schrieb Giese mir in einem Brief kurz vor seinem Unfalltod in Frankreich in den achtziger Jahren.

Mit Helmut Kentler arbeitete ich an mehreren gemeinsamen Studien, und wir stellten rasch fest, dass wir die gleiche Sprache und den gleichen Stil pflegten. Manchmal zeichnete ich einen Aufsatz, den er verfasst hatte, mit meinen Namen, ein andermal erschien ein Stück von mir unter dem seinigen.

Die für mich beglückendste Wertschätzung aber wurde mir durch den Ordinarius der Psychiatrie in München zuteil: Professor Kurt Kolle, meinen Vater. Er war stolz auf das, was ich tat. «Du wärst ein hervorragender Psychiater geworden», sagte er manchmal, «aber du hast deinen eigenen guten Weg gefunden.» Er sprang mir bei, wo er nur konnte, stellte Verbindungen zu Kollegen her, deren Kenntnisse für mich von unschätzbarem Wert waren und die mir halfen, wenn ich manchmal vor der Fülle des Materials zu kapitulieren drohte.

Für die Buchversion von «Dein Mann, das unbekannte Wesen» hatte ich meinen Vater als Gastautor gewonnen. Er schrieb das abschließende Kapitel über Homosexualität, in das seine Kenntnisse und Forschungsergebnisse einflossen – und in dem er aus seiner liberalen Einstellung keinen Hehl machte.

Als das Buch erschien und auch an der Münchner Uni zirkulierte, brachte ihm sein mutiger Beitrag viel Ärger ein. Die medizinische Fakultät, deren Dekan er war, galt nicht gerade als Hort der Fortschrittlichkeit. Ein Dekan wurde, wie es sich gehörte, als «Eure Spektabilität» angeredet. Im Brief eines Kollegen aus der Professorenschaft hieß es folglich: «Eure Spektabilität, also auch Sie gehören zu den Schweinen. Gezeichnet ohne Hochachtung ...»

Mit der Serie «Das Wunder der Liebe» ging ich bei der «Neuen Revue» derweil in die dritte Runde. Es war der heißeste Kampf im Ring. Aber ich ging nicht zu Boden.

Schon im Voraus hatten die Hausjuristen erneut Alarm geschlagen. Seitenweise kamen aus der Rechtsabteilung die rot markierten Manuskripte zurück. Absolut undruckbar, hieß es. Chefredakteur Struwe, Textchef Gert Braun, der sich mit großer Hingabe und Gründlichkeit aller meiner Stücke annahm, und ich rangen mit den Advokaten um jeden Satz. Doch selbst vor der gekürzten Version warnten die Herren Anwälte immer noch. Sie befürchteten Druck aus Bonn.

Irgendwann beendete Struwe das Hin und Her: «Jetzt ist aber genug. Wir drucken.»

Es gab ein Kapitel in dieser Serie, in dem auch von «Stellungen» die Rede war – das einzige Mal in meinem gesamten Œuvre. Damit wollte ich nicht etwa van de Velde nacheifern. Es ging mir darum, Kranken und Gebrechlichen zu helfen. Ein Beispiel: Für einen Mann, der zu dick oder schwer herzkrank ist, schrieb ich, sei die Missionarsstellung nicht zu empfehlen, er lege sich besser auf den Rücken und lasse die Frau die Regie übernehmen.

Von heute aus betrachtet, waren das Empfehlungen von ergreifender Harmlosigkeit. 1967 aber riefen sie, wie von der hauseigenen Rechtsabteilung befürchtet, sofort die Bonner Bundesprüfstelle für jugendgefährdende Schriften auf den Plan. Sie drohte mit Indizierung der «Neuen Revue».

Wenn eine Zeitschrift auf den Index kam, geschah zwar erst mal noch nichts. Es war aber eine Warnung, die es in sich hatte: Bei dreimaliger Indizierung durfte die Zeitschrift nicht mehr in den Regalen oder im Schaufenster ausliegen, sondern nur noch unter dem Ladentisch verkauft werden. Keine Werbeplakate oder -spots waren mehr möglich – ein Blatt im Geheimen, dessen Auflage schmolz wie Butter in der Sonne.

Beim Bauer Verlag herrschte Alarm. Fünfzehn führende deutsche Psychologen, Pädagogen und Sexologen wurden gebeten, ein wissenschaftliches Gutachten zu erstellen. Eingeleitet wurde die Studie durch den Beitrag von Hans Giese, der mir bei der Arbeit auch als wissenschaftlicher Berater zur Seite gestanden hatte.

Das Gutachten unterstrich die erzieherische Komponente der Serie «Das Wunder der Liebe». Jugendliche, so wurde argumentiert, gingen eben nicht in Bibliotheken oder Buchhandlungen, um sich Aufklärungsliteratur zu besorgen. Auch in den Schulen erhielten sie keinen Unterricht zu diesem Thema. Der Autor Kolle bediene sich im Übrigen keiner reißerischen Sprache, sondern argumentiere einfühlsam, nachgerade mit großer Zärtlichkeit. Das Gutachten schloss mit der Empfehlung, dass Jugendliche sich mit Sexualität, wie sie hier dargestellt sei, sehr wohl auseinandersetzen sollten.

Die Zensoren waren nicht ganz taub gegenüber den Argumenten der Wissenschaftler. Aber indiziert wurde trotzdem, mit folgender Begründung: Das Gutachten der fünfzehn hätte sehr wohl Eindruck hinterlassen. Schwerwiegender seien jedoch fünfzehn gleichlautende Briefe von katholischen Vätern kinderreicher Familien aus Soest in Westfalen. Fünfzehn gleichlautende Briefe – was für ein Zufall. Es war grotesk: Ein Pfarrer hatte diesen Männern von der Kanzel herab in die Feder diktiert, wie sie ihrer Empörung Ausdruck verleihen sollten. Und das zählte offenbar mehr als das Urteil renommierter Fachleute.

Hoffentlich sind die fünfzehn wackeren Männer aus Soest auch alle in den Himmel gekommen.

Dann holte die Kirche zu einem weiteren Tiefschlag gegen die «Neue Revue» aus. Konservativ-katholisch geführte Firmen wurden unverhohlen aufgefordert, keine Anzeigen

mehr in dem gottlosen Hamburger Blatt zu schalten. Als Erstes reagierte «Kukident», treuer Freund aller Gebissträger, und stornierte die laufenden Aufträge. Andere folgten, während in Arztpraxen im ganzen Land die Illustrierte aus den Wartezimmern verbannt wurde.

Das ging ans Eingemachte. Jetzt hätte Ewald Struwe mich an die Luft setzen können. Der beste Autor ist nichts wert, wenn seinetwegen Anzeigenaufträge storniert werden. Sogar ein Kollege aus dem eigenen Haus hätte sich über das Ende meiner Mitarbeit gefreut. Er hielt meine Stücke für «Schweinkram» und hatte Angst, dass seine drei Kinder sie zu Gesicht bekämen. Deshalb nahm er immer die Österreichausgabe der Zeitschrift mit nach Hause, in der meine Artikel aufgrund massiven Drucks der katholischen Kirche nicht erscheinen durften.

Aber Ewald Struwe ließ sich nicht beirren und hielt zu mir. Schließlich hatte ich seinem Blatt schöne Auflagenzahlen und ihm als Chefredakteur einen glänzenden Start beschert. Die «Neue Revue» war in aller Munde. Genauso wie ihr Autor. Die «Bild»-Zeitung brachte eine Story mit der Überschrift: «Jetzt liegt in jedem deutschen Ehebett ein dritter: Oswalt Kolle».

Insgeheim freilich begriff Struwe das alles nicht, weder den Erfolg unserer Serien noch die Proteste, noch das ganze Theater. Bei einem Glas Bier vertraute er sich einem

Kollegen an, was dieser mir tags darauf brühwarm weitererzählte: «Ich verstehe überhaupt nicht, was die Leute mit dem Zärtlichkeitsscheiß von Oswalt wollen. Bei mir zu Hause geht das immer ruck, zuck.»

Der erste Film

Selten war ich so urlaubsreif wie nach den zermürbenden Kämpfen um «Das Wunder der Liebe». Ich war achtunddreißig und konnte allerhand wegstecken, aber diesmal war es doch an die Substanz gegangen. Drei Monate Ferien auf Sylt, zum ersten Mal mit dem kleinen Nino – ich konnte es kaum abwarten. Als wir in Niebüll auf den Autozug rollten und auf dem Hindenburgdamm das Fenster runterkurbelten, fühlte ich mich unendlich befreit. Redakteure, Agenten, Staatsanwälte, Zensoren: Sie konnten mir alle gestohlen bleiben.

Mit dem Mann, der zwei Wochen später an unserer Tür klingelte, hatte ich am allerwenigsten gerechnet. Es war der Filmproduzent Gero Wecker. Er kam gleich zur Sache: «Mensch, Herr Kolle, Sie haben ja gewaltigen Erfolg mit ihren Büchern. Ich möchte Ihnen einen Film vorschlagen: ‹Das Wunder der Liebe›.»

Da war ich erst recht verblüfft.

Ich kannte Gero Wecker aus Berlin. Er war im Krieg Panzerkommandant gewesen, hatte sich nach der Gefangenschaft ins Filmgeschäft gestürzt und schnell Erfolg gehabt. Auf den Festspielen von Cannes hatte er für 50 000 Mark die deutschen Rechte an dem schwedischen Film «Sie tanzte nur einen Sommer» erworben, der mit einer Nacktszene der Hauptdarstellerin Ulla Jacobsson Furore machte und in Deutschland zu einem der erfolgreichsten Filme der Nachkriegszeit wurde. Er brachte ihm Millionen ein. Danach produzierte er selbst mehrere Kassenknüller, darunter «Liane, das Mädchen aus dem Urwald» mit der siebzehnjährigen Marion Michael, die damals als eine Art deutsche Brigitte Bardot gefeiert wurde. Obwohl verheiratet, hatte er ein Verhältnis mit ihr begonnen und reiste ihr in seiner Eifersucht ständig hinterher.

Sein Problem als Unternehmer war, dass er nie genug kriegen konnte. Irgendwann ärgerte es ihn, dass die Filmverleiher so viel Geld einstrichen, und so beschloss er, selber ins Verleihgeschäft einzusteigen. Damit überhob er sich. Er ging pleite und musste sein Studiogelände am Wannsee verkaufen.

Das alles wusste ich aber nicht, als er mich auf Sylt besuchte, denn ich hatte ihn nach meinem Weggang aus Berlin aus den Augen verloren und dem Filmgeschäft ja ohnehin den Rücken gekehrt.

Mir war auch nicht klar, dass er sich in Berlin von einem Produzenten, den das Projekt interessierte, 300 Mark geliehen hatte, um mich ordentlich zu bewirten und mir dabei das Filmprojekt schmackhaft zu machen. Mehr als die 300 hatte er nicht in der Tasche.

Ich schlug vor, zu «Fisch Fiete» nach Keitum zu gehen. Das war mein Lieblingsrestaurant auf der Insel und für ziemlich saftige Preise bekannt. Marlies begleitete uns.

Gero Wecker, er hat es mir später gestanden, schwitzte vor Angst, dass sein kleiner Etat nicht ausreichen könnte. Lieber Gott, dachte er, lass die Kolles jetzt nicht Hummer bestellen und den teuersten Wein!

Seine Furcht war unbegründet. Es reichte sogar noch fürs Taxi zum Westerländer Bahnhof, wo er den letzten Zug aufs Festland nehmen wollte.

Ich konnte mir einen Film «Das Wunder der Liebe» zunächst nicht vorstellen. Was sollte das sein, ein Spielfilm, ein Dokumentarfilm, ein Lehrfilm? Oder von allem etwas? Und: Wie würde ein Film zu meinem mühsam erarbeiteten seriösen Ruf passen, den ich, wenn schon nicht in konservativen Kreisen, so doch bei Sexualwissenschaftlern genoss?

Es gebe zwei Aspekte der Sexualität, dozierte ich am Tisch bei «Fisch Fiete», sie könne wunderbar sein, und sie schaffe Probleme. Und diese Probleme könne man nicht ausklammern. «Aber wer will im Kino sexuelle Probleme serviert bekommen?»

Andererseits: Mich reizte die Idee.

Wecker war in diesem Gespräch glänzend vorbereitet. Er hatte meine Sachen gelesen, wusste, worauf es mir ankam, stellte kluge Fragen. Zum Schluss sagte er: «Machen Sie sich keine Sorgen! Ich werde der Hüter Ihrer Arbeit sein.»

Am Ende des Abends war es beschlossene Sache.

Der Sommer war mit Vorbereitungen ausgefüllt. Wecker sondierte das Terrain, suchte Partner und Geldgeber. Angebissen hat die Interfilm in Hamburg. Sie schoss eine Million Mark in das Projekt.

Schließlich fand Gero Wecker auch einen Regisseur: Uli

Gottlieb. Er kam nach Sylt, und wir begannen das Drehbuch zu schreiben. Ein Metier, mit dem ich noch fremdelte.

Als wir fertig waren, fuhren wir nach Berlin und zeigten Wecker das Ergebnis. Er raufte sich die dünnen blonden

Haare: «Das ist ja eine Liebesschnulze. Das ist doch nicht Kolle.»

Wecker ordnete an, dass ich das Drehbuch allein schreiben sollte: «Entwickeln Sie Ihr Thema völlig frei! Machen Sie eine gute Story! Und dazwischen ganz nüchtern Ihre Kommentare!»

Plötzlich fühlte ich mich sicher. Ich war beflügelt. Es gelang mir, meinen Ansatz, dass man Sexualität lernen muss, mein Eintreten für Toleranz und Freizügigkeit, mein Plädoyer für Zärtlichkeit und Verständnis, mit filmischen Spielhandlungen zu kombinieren.

Ich entwarf eine Gesprächsrunde, in der zwei typische Fälle von sexuellen Problemen in der Ehe sowie deren Ursachen besprochen werden.

Ein jung verheiratetes Ehepaar und ein bereits sieben Jahre verheiratetes Paar berichten über ihre Schwierigkeiten. Bei den Jungverheirateten äußert die Frau Kummer über den frühen Orgasmus ihres Mannes und vermisst das liebevolle Vor- und Nachspiel. Beim zweiten Paar bemüht sich der Ehemann, ein Architekt und Vater von zwei Kindern, nicht genügend um seine Frau – die sich daraufhin selbst befriedigt. Die Diskussion wird durch Spielszenen unterbrochen, dazwischen sind kurze Kommentare eingeschoben, die auf die Konsequenzen mangelnder sexueller Aufklärung hinweisen.

Wir fanden die passenden Schauspieler, die bereit waren, auch nackt aufzutreten. Damit diese Szenen nicht so aufreizend daherkamen, wurde auf Anraten meines Beraters Hans Giese entschieden, das Ganze in Schwarzweiß zu drehen.

Um den wissenschaftlichen Anspruch des Films zu verdeutlichen, beschloss ich, ihn mit einer zehnminütigen Diskussion zu eröffnen. Teilnehmer waren Giese, Leiter des Instituts für Sexualforschung an der Hamburger Universität, Wolfgang Hochheimer, Professor an der Pädagogischen Hochschule Berlin, und ich.

Ich hatte sogar die passende Filmmusik im Ohr. Niemand anders als Martin Böttcher, damals einer der gefragten Filmkomponisten, schien mir geeignet, «Das Wunder der Liebe» musikalisch zu untermalen.

Er schrieb eine wunderschöne Musik. Mit großem Orchester.

Doch Giese hatte große Bedenken: Fünfzig Geigen unter dem Orgasmus? «Da fangen die Männer im Saal an zu onanieren. Das geht nicht.»

Das traurige Ende einer Filmmusik.

Später habe ich mich sogar an dieser wunderbaren Musik noch vergangen. Böttcher hatte sie auf Band, und irgendjemand regte an, man könne daraus doch noch «eine schöne Platte» machen. Ich sollte dazu aus dem Buch «Das Wunder der Liebe» vorlesen.

Das Ergebnis war grauenvoll. Übermüdet und verkatert, ohne geprobt zu haben, las ich ausgewählte Passagen. Die schwächste Vorstellung, die ich je gegeben habe. Komischerweise hat sich die Platte am Ende dann doch ganz gut verkauft.

Als wir den Film endlich im Kasten hatten, war er trotzdem noch lange nicht fertig. Denn jetzt begann der Kampf mit der Zensur. Diesmal nicht mit der Bundesprüfstelle, sondern mit der «Freiwilligen Selbstkontrolle der Filmwirtschaft», abgekürzt FSK.

Zwei Tage und zwei Nächte mussten wir über jeden einzelnen Meter verhandeln. Einer der Zensoren sagte zwischendurch die bezeichnenden Sätze: «Sie wollen wohl die ganze Welt auf den Kopf stellen. Jetzt soll sogar die Frau oben liegen!»

Im Film gab es eine Szene, in der ein Jugendlicher andeutungsweise masturbiert und sich sein Vater darüber furchtbar aufregt, als er in das Zimmer des Jungen stürmt. In meinem Filmkommentar sagte ich: «Hier sind zwei Fehler drin. Erstens klopft man an als anständiger Mann! Denn gerade dann, wenn es um Anstand geht, klopft man an, wenn man ein Zimmer betritt. Und zweitens ist es natürlich Unsinn, dass sich der Mann über Masturbation aufregt. Das ist eine völlig normale Tätigkeit.» Der Vorsitzende der Kommission gab zu bedenken: «Sie gehen aber leichtfertig mit dem Thema Masturbation um, es ist doch noch nicht wissenschaftlich erwiesen, dass das nicht zu Hirnschädigungen führt.»

Dem gegenüber stand die Meinung der geladenen Psychologen: Der Film sei ein Plädoyer für Zärtlichkeit, Grundlage für die so dringend notwendige offene Diskussion. Mir wurde auferlegt, immer dann, wenn die Aufklärung zu direkt wurde, lange Kommentare einzuschieben. Darin sollte unmissverständlich zum Ausdruck kommen, dass es sich um Wissenschaft und nicht um Pornographie handelte.

Als Nächstes ging es um den Titel. «Das Wunder der Liebe» reichte nicht aus – wir mussten einen Nachsatz anhängen: «Sexualität in der Ehe». Schließlich aber, nach quälendem Ringen, folgte der erlösende Urteilsspruch: Der Film wurde ohne Schnitte freigegeben.

Ende Februar 1968: Premiere in Hamburg. Der große Tag. Er begann mit einem Empfang im Hotel «Vier Jahreszeiten».

Etwas angesäuert sah ich die üblichen Filmkritiker mit ihrem Sektglas in der Hand herumstehen. Was wollen die denn hier?, dachte ich. Ich habe doch keinen Film für die Cineasten gemacht. Warum schicken die Zeitungen nicht jemand aus dem Wissenschaftsressort?

Der Chef von Interfilm, der Verleihfirma, nahm mich im Auto mit zur Uraufführung in der «Passage» an der Mönckebergstraße. Wir fuhren gerade an der Außenalster entlang, als der Mann, der immerhin einen Millionenbetrag in unser Projekt investiert hatte, plötzlich lachend erklärte: «Ich bin schon lange im Filmgeschäft, aber ich habe mir nie vorstellen können, dass wir mal eine große Premiere in einem großen Kino mit einem Schweinefilm haben werden.»

Da platzte mir der Kragen.

Er war ganz erstaunt: «Was ist denn los, worüber regen Sie sich auf?»

Ich regte mich darüber auf, dass er, nach all den Diskussionen und monatelangen Vorbereitungen, offenbar immer noch nichts begriffen hatte.

Mir schwante Böses. Wenn unser Verleiher, der den Film gewiss mehrfach gesehen hatte, immer noch annahm, dass es sich hier um Sauereien handelte – wie würden das Publikum und die Presse ihn dann aufnehmen?

Im Rampenlicht

1968, als in Deutschland die Studentenunruhen tobten, die Mehrwertsteuer eingeführt wurde und der Bundestag die Notstandsgesetze verabschiedete, als die Beatles mit «Hey Jude» die Hitparaden stürmten und von Florida die erste bemannte Apollo-Raumfähre ins All aufstieg – da strömten die Menschen noch in Scharen ins Kino.

Filme, die das Publikum anzogen, gab es in diesem unruhigen Jahr für jeden Geschmack, von künstlerisch anspruchsvoll bis seicht: «Zur Sache, Schätzchen», «Rosemary's Baby», «Der Arzt von St. Pauli», «Planet der Affen», «Spiel mir das Lied vom Tod», «Die Lümmel von der ersten Bank».

Und dann war da noch der erfolgreichste Film des Jahres. Er entstammte einem Genre, das es bis dahin nicht gegeben hatte, und stellte mit sechs Millionen Zuschauern einen neuen Kinokassenrekord auf. Ein Schwarzweißfilm aus der Sparte Aufklärung: «Das Wunder der Liebe». Auf den Filmplakaten prangten die begehrten Aufkleber: «Verlängert!»

Hätte ich mir das jemals träumen lassen als gelernter Landwirt, als Redakteur von Boulevardzeitungen, als Reporter, der den Großen der Leinwand mit Bewunderung und Notizblock gegenübergesessen hatte?

Mir blieb nicht viel Zeit, solchen Gedanken nachzuhängen.

Marlies war stolz auf mich, ebenso meine Eltern und meine Kinder, ich selbst fand mich auch ganz gut, und meine Freunde in den Zeitschriftenredaktionen beglückwünschten mich.

Aber das war's auch schon, denn jetzt musste ich mich in eine neue, noch ungewohnte Rolle einfinden: der öffentliche Kolle. Ich stand plötzlich im Rampenlicht, so exponiert wie nie zuvor.

Die Millionen Zuschauer, die die Kinos stürmten, an den überfüllten Kassen anstanden, die uns in Briefen Dank und Zustimmung signalisierten, die uns aufforderten, den eingeschlagenen Weg weiterzugehen – daneben verblasste alles andere. Durch sie fühlte ich mich bestätigt. Das Gefühl, ihnen eine wirkliche Hilfe zu sein, machte mich glücklich.

Ich war vor allem froh, dass ich jetzt auch die Männer erreichte. Meine Serien und Bücher hatten fast nur Frauen gelesen. In den Film gingen die Paare nun gemeinsam – und endlich konnten die Frauen ihre Männer mit der Nase darauf stoßen: «Mir geht es genauso wie der Frau dort oben auf der Leinwand! Du bist zu schnell, zu wenig zärtlich ...»

Dass es in den gutbürgerlichen und intellektuellen Kreisen noch immer erhebliche Vorbehalte und Schmähungen gab, bereitete mir kaum Kopfzerbrechen. Ich hatte es nicht anders erwartet.

Die linken Studenten, 1968 noch nicht Achtundsechziger genannt, beschimpften mich als «scheinliberalen Spießer» und «Bewahrer einer verkehrten und abgewirtschafteten Gesellschaft». Geschenkt.

Bei der Ulmer Justiz ging eine Anzeige wegen Pornographie ein. Zum Prozess kam es nicht, die Staatsanwaltschaft stellte die Ermittlungen bald wieder ein. Auch die katholische Kirche blieb nicht untätig. An Kirchen, Gemeindezentren und Litfaßsäulen hingen große Plakate, die die Gläubigen dringend davor warnten, sich diesen «gottlosen» und «sündigen» Film anzusehen. Pfarrer wetterten von der Kanzel herab gegen das «teuflische» Machwerk, dessen einziges Ziel es sei, «geschlechtliche Lust» zu propagieren.

Die Hauptdarsteller aus «Das Wunder der Liebe»

Und wieder, wie schon im Fall «Neue Revue», wurde zum Boykott aufgerufen. Diesmal drohte die Kirche den katholischen Blättern in der Provinz, die es wagen sollten, eine positive Rezension meines Films zu drucken.

Mir allerdings bedeutete etwas anderes viel mehr: Das Urteil der Wissenschaftler und Fachleute war bis auf wenige Ausnahmen sehr gut. Ein Psychotherapeut schrieb mir: «In Zukunft sollen meine Patienten, ehe sie zu mir kommen, sich Ihren Film ansehen.» Ein Professor der Medizin bekannte, zum ersten Mal begriffen zu haben, wie falsch man Sexualität betreiben könne. Und er fügte hinzu: «Es ist eine traumhafte erste Nacht mit meiner Frau geworden.»

Auch die Kritiken, Hunderte an der Zahl, waren wesentlich besser, als ich erwartet hatte. Selbst die Besprechungen, in denen mir ein Scheitern meines Bemühens attestiert wurde, gingen wenigstens ernsthaft an das Thema heran. Schon das wertete ich als Erfolg.

Es zeigte sich, dass meine Diskussion mit den Wissenschaftlern vor dem Beginn der Filmhandlung goldrichtig platziert war. Sie nahm vielen Rezensenten, die mit vorgefasster Meinung antraten, den Wind aus den Segeln.

Hübsch war die Bemerkung der «Bremer Bürgerzeitung»: «Damit die Sache außer Beinen und Busen auch Hand und Fuß hat, stehen zwei Wissenschaftler als beratende Beobachter an der Bett-Burg.» Der «Spiegel» berichtete von «ungemein schlichten Spiel-Szenen mit lebenden Objekten» und beschrieb meinen Auftritt so: «Den Heiligen Kinsey anrufend, tritt Kolle zwischendurch ins Bild und blickt wie beim ‹Wort zum Sonntag›.»

Etwas gedrechselt das Lob im «Bonner Generalanzeiger»: «Es geht um die Sexualität in der Ehe als integraler

Bestandteil der Gattenliebe. Kolle bleibt seinem Anliegen treu: durch sachliche Information den Eheleuten zu einer erfüllten Zweisamkeit zu verhelfen.»

Am originellsten gingen die «Pyrmonter Nachrichten» ans Werk – nicht nur wegen der gewagten Schlussfolgerung: «Was Eingeborenen in der Südsee kaum problematisch erscheinen dürfte, wird in unserer von Reizen überfluteten Gesellschaft oft ein Problem.» Die Kollegen von der Anzeigenabteilung hatten ein Inserat vom ortsansässigen «Kolle Bekleidungshaus» besorgt und platzierten es mitten im Besprechungstext.

Brutal wiederum war ein Leserbrief, den die «Stuttgarter Zeitung» veröffentlichte: Ich wurde darin als «Zerstörer von Sitten und Moral» beschimpft, und er mündete in den abschließenden Satz: «Die Karriere eines früheren Melkers erinnert an die Karriere eines früheren Malers.» Mit dem Maler meinte er Hitler, mit dem Melker mich.

Wenn die Lektüre der Presseausschnitte also auch gelegentlich ernüchternd war – ein ungetrübtes Vergnügen bot die Lektüre der Kontoauszüge. Der Film brachte uns allen viel Geld.

Ich lernte das beruhigende Gefühl kennen, mir keine finanziellen Sorgen machen zu müssen. Und Gero Wecker brauchte sich kein Geld mehr zu leihen, um mich zum Essen einzuladen.

Zum Ausruhen aber blieb uns beiden kaum Zeit. Ich arbeitete bereits an einem Drehbuch für den zweiten Teil: «Das Wunder der Liebe – Sexualität in der Partnerschaft». Er wurde im Sommer gedreht. Die Premiere war im September 1968. Diesen Film sahen drei Millionen Besucher.

2 BLICK Dienstag, 30. April 1968

BLICK-Gespräch des Monats April

SEX-Experte auch ich

Schlagzeile aus der Schweizer Illustrierten «Blick», 1968

Gero Wecker hatte inzwischen die Rechte am ersten «Wunder» ins Ausland verkauft. Und da ging es nochmal richtig los. In der Schweiz war es ganz verrückt: In manchen Kantonen wurde der Film verboten, in anderen zugelassen. So entstand der «Kolle-Tourismus»: Wer in einem Kanton wohnte, in dem «Das Wunder der Liebe» nicht gezeigt werden durfte, setzte sich ins Auto und fuhr in freies Gebiet. In Zürich gab der Polizeipräsident eine Erklärung ab: «Wir lassen uns nicht von einem Deutschen vorschreiben, wie wir uns im Bett verhalten sollen.»

In Paris passierte eine skurrile Geschichte: Die Präsidentengattin Madame de Gaulle hatte in der Zeitung über die bevorstehende Aufführung gelesen, war neugierig geworden und ließ sich die synchronisierte Fassung in einer Privatvorführung zeigen. Was sie sah, fand sie so degoutant, dass sie neben den Filmvorführer trat, eine Nagelschere aus ihrer Handtasche holte und damit an dem Zelluloidstreifen herumschnippelte.

Auch in Italien wurde «Das Wunder der Liebe» synchronisiert. Doch dann tobte ein langer Kampf um die Freigabe. Schließlich entschied ein Richter positiv, was die römischen Carabinieri aber nicht davon abhielt, ein Kino, in dem der Film lief, zu stürmen und die Zuschauer aus dem Saal zu befördern.

Dienstag, 30. April 1968 BLICK 3

O. Kolle gesteht: «Ja, habe Sex-Probleme»

Ich reiste von einer europäischen Metropole in die andere, musste öffentlich Stellung beziehen und über meine Moralvorstellungen Auskunft geben. Nach den Vorführungen im Kino wurde ich stets auf die Bühne gebeten, damit die Zuschauer mich befragen konnten. Auf Pressekonferenzen saß ich vor Scharen von Journalisten, in Rundfunkstudios gab ich zahllose Live-Interviews.

Früher hatte ich die Fragen gestellt, jetzt waren plötzlich alle Augen auf mich gerichtet, und in allen Zeitungen glotzte mich mein Foto an.

In England, wo der Film zunächst nicht freigegeben wurde, musste ich besonders schwere Überzeugungsarbeit leisten: ein zweistündiges hitziges, aber fair geführtes Gespräch mit den beiden Chefzensoren des Landes.

In Sachen Sitte und Moral war das Vereinigte Königreich zwar immer noch rückständig und verklemmt. Doch die schlimme Bigotterie in der Oberschicht, die ich anderthalb Jahrzehnte zuvor im Profumo-Skandal erlebt hatte, war einer für britische Verhältnisse erstaunlichen Offenheit gewichen. Jetzt konnte man wenigstens über die Dinge reden.

Nach der Freigabe gab es eine große Pressekonferenz mit siebzig Journalisten in London. Als alle Fragen beantwortet waren, die Fotografen ihre Kameras einpackten, kam der Kollege von der «Times» auf mich zu und sagte einen der schönsten Sätze, den ich in Bezug auf meine Arbeit je gehört habe: «Viele Leute werden mit den falschen Motiven in diesen Film gehen – aber alle kommen mit den richtigen Motiven raus.» So stand es am nächsten Tag auch in seiner Zeitung.

Mühsam erkämpfte Siege waren das, die mich mit Genugtuung erfüllten, aber auch an den Kräften zehrten. Es gab Phasen auf dieser Europatournee, in denen mir nachts nicht mehr als zwei oder drei Stunden zum Schlafen blieben. Um tagsüber wach zu bleiben, griff ich zu Aufputschmitteln: Preludin und Captagon, damals in Apotheken erhältlich. «Prelus» und «Cappis», wie die Eingeweihten sagten.

Neue Heimat

Eine Droge ganz anderer Art stürzte mich dann in schwere Abhängigkeit. Je mehr ich von ihr kostete, desto süchtiger wurde ich. Ich bin ihr heute noch verfallen.

Die Droge heißt Holland.

Als ich das Land zum ersten Mal betrat, um vor der Uraufführung meines Films in Amsterdam die Werbetrommel zu rühren, hatte ich das Gefühl, auf einem anderen Planeten angekommen zu sein.

Ich wusste wenig über unser kleines Nachbarland. Nicht viel mehr als die erfreulichen Nachrichten, die mir mein Agent Joschka regelmäßig zukommen ließ: Die holländischen Buch- und Zeitschriftenverlage waren immer die ersten, die sich um die Auslandsrechte an meinen Arbeiten bemühten. Als Autor war ich populär, aber die Leser kannten mich allenfalls vom Autorenfoto auf dem Buchumschlag.

Der holländische Verleiher holte mich am Flughafen ab: Gerard Dujardin, ein liebenswürdiger, temperamentvoller Mann, der mir gleich im Auto erzählte, wie sehr er sich freue, «Das Wunder der Liebe» in die holländischen Kinos bringen zu dürfen – wie immer in Holland in der Originalfassung mit Untertiteln.

Der Film, so bekannte Dujardin in einer Offenheit, wie sie in Deutschland undenkbar wäre von einem Mann, den man gerade zehn Minuten zuvor kennengelernt hat, habe ihm und seiner Frau sehr geholfen. Sie, eine Deutsche übrigens, habe ihm gestanden, nicht gewusst zu haben, wie zärtlich und schön Sexualität sein könne.

Ich musste an meinen Verleiher in Deutschland denken.

Auf der Fahrt in die Innenstadt von Amsterdam hatte ich dann mein erstes Aha-Erlebnis, für das ich dieses Land so liebe. Auf der Höhe des Olympiastadions hielt Dujardin plötzlich an, kramte einen Packen frankierter Briefumschläge aus seiner Tasche und winkte einen jungen Polizisten heran.

«Junge, kannst du mal eben diese Briefe hier einwerfen?»

«Aber gern, Mijnheer», sagte der Polizist, «geben Sie mal her!»

Ich war vollkommen perplex. In Deutschland wäre so etwas Beamtenbeleidigung gewesen.

«Wir sind eben anders. Sehen Sie: Dieser Polizist ist doch interessiert daran, dass der Verkehr fließt. Wenn ich aber aussteige, um zum Briefkasten zu gehen, dann stockt der Verkehr. Deshalb wirft er die Briefe gerne ein. So einfach ist das.»

Zu Mittag aßen wir mit zwei Wissenschaftlern, die sich bei der Zensurbehörde des Landes für meinen Film eingesetzt hatten – so erfolgreich, dass er als «kulturell wertvoll» (und damit steuerfrei für die Kinobesitzer) und «empfehlenswert für die Volksgesundheit» eingestuft wurde. Beide sollten noch am gleichen Tag mit mir gemeinsam die Pressekonferenz bestreiten.

Mit Kees Trimbos und Coen van Emde Boas auf einer Pressekonferenz, 1968

So lernte ich Kees Trimbos kennen, einen katholischen Psychiater, der es zu landesweiter Berühmtheit gebracht hatte, als er im Fernsehen vorführte, wie man ein Kondom benutzt. Auch für die Antibabypille hatte er sich vehement eingesetzt. Ein Katholik!

Trimbos hinkte schwer. Während der deutschen Besatzung war er im Widerstand gewesen, wurde verhaftet und ins KZ Dachau verschleppt. Dort hatten ihm SS-Leute sein Bein zertrümmert.

Der zweite Wissenschaftler war Professor Coen van Emde Boas, jüdischer Sexologe, der sein Fach Anfang der dreißiger Jahren bei Magnus Hirschfeld gelernt hatte. «Auf Ihren Film», sagte er mir gleich zur Begrüßung, «haben wir hier vierzig Jahre gewartet.»

Dann kam die Pressekonferenz. Gut achtzig Journalisten aus dem ganzen Land im Saal. Fast alle Redaktionen hatten jüdische Berichterstatter geschickt. So konnten sie sicher sein, dass dieser Deutsche besonders kritisch in die Mangel genommen würde.

Doch alle Vorbehalte schwanden dahin. Ich wurde zu meiner Lebensgeschichte befragt, zu meinem Vater. Politisch, das sahen sie schnell, stand ich eindeutig auf der richtigen Seite. Und dann auch noch, da oben auf dem Podium, flankiert von diesen beiden ausgewiesenen Wissenschaftlern. Von da ab war in der holländischen Presse klar: Der Kolle ist in Ordnung, der ist kein «Moff».

Das galt sehr viel, denn Ende der sechziger Jahre war das Verhältnis zum großen Nachbarn noch stark von Angst, Misstrauen und den Erinnerungen an die deutsche Besetzung im Krieg geprägt. Als sich die holländische Kronprinzessin Beatrix 1966 mit dem Deutschen Claus von Amsberg verlobt hatte, flogen auf den Straßen von Amsterdam Rauchbomben.

Die Kritiken nach der Pressevorführung waren sensationell und die Kinovorstellungen stets ausverkauft. Überall begeisterte Zustimmung. Ich reiste im Land umher, wurde zu Diskussionen mit Zuschauern eingeladen. Die Selbstverständlichkeit, mit der die Leute über das Thema Sexualität sprachen, war überwältigend.

Ich ging zurück nach Deutschland, um den zweiten Film fertigzustellen: «Das Wunder der Liebe. Sexualität in der Partnerschaft». Der kam in Holland dann fast gleichzeitig mit der deutschen Premiere in die Kinos.

Wieder reiste ich durch das Land, wieder Pressekonferenzen und Diskussionsveranstaltungen, wieder ein mehr als freundlicher Empfang. Einer der beliebtesten Fernsehmoderatoren lud mich in seine Sendung ein: Willem Duys. Im Vorgespräch lachte er und sagte: «Kompliment zu Ihrem Film, Herr Kolle, aber ich habe ein großes Problem damit.» Es gibt in diesem zweiten Film eine Szene, in der die Hauptdarstellerin mir erzählt, weshalb sie Sexualität seit der frühesten Kindheit als etwas Bedrohliches empfindet. Ihr Elternhaus stand direkt neben einem Bahndamm. Sie schlief bei den Eltern im Zimmer. Immer wenn die sich liebten, keuchend und ineinander verkrallt, so erinnert sich das Mädchen auf der Leinwand, sei draußen ein Zug vorbeigedonnert.

«Mein Problem ist», sagte Willem Duys, «immer wenn ich einen Zug höre, muss ich an Sex denken.»

Holländischer Humor, meine Wellenlänge.

Ich rief Marlies in Campione an. «Du kannst dir gar nicht vorstellen, was das für ein wunderbares Land ist. Ich bin hin und weg. Komm doch mal mit den Kindern!» Sie kamen. Marlies, Nele, Till und auch der kleine Nino schauten sich mit großen Augen um.

Wir beschlossen: Das ist unsere neue Heimat.

Umzug nach Holland

Im Frühjahr 1969 kauften wir ein Haus in Breukelen (dem Namenspaten des New Yorker Stadtteils Brooklyn) in der Provinz Utrecht. Ein wunderschönes altes Anwesen aus dem achtzehnten Jahrhundert mit einem Park, in dem die Kinder herumtoben konnten. Fünf herrliche Jahre sind wir dort geblieben, bevor wir nach Amsterdam zogen.

Die Kinder liebten das Land von der ersten Stunde an, besonders Till, der das Hollandgefühl in sich aufsog wie ein trockener Schwamm das Wasser. Er kam auf eine Gesamtschule, die von der ersten Klasse bis zum Gymnasium reichte. Dort verbrachte er den ganzen Tag. Der Schulbetrieb war basisdemokratisch ausgerichtet: Lehrer und Schüler duzten sich, die Kinder konnten morgens per Abstimmung mitentscheiden, was tagsüber gelernt wurde. In Campione hatte er Schwierigkeiten in der Schule gehabt, hier in Breukelen verschwanden sie so schnell, dass wir es kaum fassen konnten.

Unsere Tochter Nele kehrte mit sechzehn aus dem Internat in Lausanne zurück, um in Holland Abitur zu machen. Wir hatten sie in einem Gymnasium bei Utrecht angemeldet, aber dann wollte sie plötzlich nicht mehr. Sie war neugierig auf das Leben. Einige Jahre hat sie gejobbt, bis sie schließlich mit vierundzwanzig den Entschluss fasste, Arbeitsrecht zu studieren. Heute ist sie eine gefragte Personalberaterin in den Niederlanden, und ich bin enorm stolz auf sie.

Marlies blühte in Holland förmlich auf. Das Gefühl von Fremdheit, das sie in Campione verspürt hatte, stellte sich nie ein. Sie staunte, wie man hier völlig anders miteinander umging, als sie es je erlebt hatte.

Nicht ganz so schnell wie die Kinder, aber auch ziemlich flott, sprachen wir Holländisch. Dabei halfen uns die Untertitel von deutschen Filmen im Kino und deutschen Serien wie «Der Kommissar» im Fernsehen.

Bald lernten wir eine Organisation namens NVSH kennen, die Niederländische Sexualreform-Bewegung. Sie hatte sich nach dem Zweiten Weltkrieg vom Neo-Malthusianischen Bund abgespalten, benannt nach dem britischen Wirtschaftstheoretiker Thomas Robert Malthus, der schon gegen Ende des 18. Jahrhunderts die Gefahr der Überbevölkerung beschrieb und für Empfängnisverhütung und Familienplanung plädierte. Als wir nach Holland kamen, hatte die NVSH 250 000 Mitglieder.

Dort wurde ich mit offenen Armen empfangen. Was wir hier versuchen, hieß es anerkennend, hat der Kolle in Deutschland ganz allein hingekriegt.

In der NVSH waren alle dabei, vom Professor bis zum Arbeiter. In jedem Dorf gab es mindestens ein Mitglied, an das ein Hilfesuchender sich jederzeit wenden konnte. Da konnte man nachts an der Tür klingeln, um sich Kondome abzuholen. Oder man konnte sich in Sachen Abtreibung beraten lassen.

Abtreibung war natürlich in Holland auch verboten, aber die Gesetze – und mit ihnen die Strafen – waren weit weniger harsch als in Deutschland. Zudem wurden sie auch noch freizügig ausgelegt. Die Haltung vieler fortschrittlicher Ärzte war eindeutig: Abgetrieben wird sowieso, und wenn es nicht ein Arzt macht, dann der Kurpfuscher, der den Frauen auch noch ein Vermögen abknöpft. Wem kann damit gedient sein?

So orientierten sie sich an der Ausnahmeklausel im Gesetzestext, die einen Eingriff zum Schwangerschaftsabbruch erlaubte, wenn das körperliche oder seelische Wohl der Frau gefährdet war. Oft zeigte sich ein Arzt nach dem Eingriff sogar selber an, und der Richter sprach ihn aufgrund dieser Klausel frei. Dadurch kam die öffentliche Debatte zum Thema Abtreibung in Holland voran.

Viele Deutsche, mit denen ich ins Gespräch kam oder die mich sogar gezielt aufsuchten, fragten mich: «Wo kann man das denn hier machen lassen?» Ich schickte sie alle zum NVSH.

Natürlich dauerte es auch in Holland lange, bis das Abtreibungsgesetz in der heutigen Form galt. In den Kirchen, Parteien und im Parlament wurde jahrelang gestritten. Es ist ein Gesetz geworden, das mir und vielen anderen noch nicht weit genug geht. Es erlaubt den Abbruch bis zur zwölften Woche der Schwangerschaft. Aber das ist schon ein großer Fortschritt. Heute hat Holland, dank umfassender Aufklärung, die niedrigste Abtreibungsrate der Welt.

Auch mit einem anderen Thema ging man in Holland in beeindruckender Weise um: Euthanasie. Seit den Verbrechen der Nazis ist dies bei uns ein schreckliches Wort,

das aber in Holland nichts anderes bedeutet, als unheilbar kranken Menschen, die unter unerträglichen Schmerzen leiden, ein Sterben in Würde zu ermöglichen.

Die Position der Ärzte in Holland war (und ist) auch hier ganz unmissverständlich, abseits jeder philosophischen oder theologischen Theorie: Wenn wir nach dem hippokratischen Eid verpflichtet sind, einem Kranken zu helfen, dann gilt das auch für den Patienten, der von seinen Qualen erlöst werden will.

Die holländische Euthanasie-Vereinigung NVVE («Nederlandse Vereniging vor een Vrijwillig Levenseinde»), die heute fast 150 000 Mitglieder zählt, bildete sich 1973, wenige Jahre nach unserem Umzug in die Niederlande. Dass Marlies und ich ihr so schnell beitraten, hatte einen traurigen Hintergrund.

Im Sommer 1969 verbrachten wir die Ferien auf Sylt, wo ich gleichzeitig an einem neuen Film arbeitete. In einer Drehpause rief mich mein Bruder Peter aus München an.

Man hatte im Krankenhaus in seiner Gegenwart den Bauchraum unserer schwerkranken Mutter geöffnet. Ein Sarkom hatte sich so verbreitet, dass keine Heilung möglich war.

Es war ein Schock für uns alle, ganz besonders für Nele. Sehr vorsichtig bereitete ich sie auf den nahenden Tod der Großmutter vor. Sie weinte furchtbar und sprach dann tagelang kein einziges Wort. Es hat sehr lange gedauert, bis sie über den Schmerz hinwegkam.

Ich flog nach München. Mein Vater, im Anfangsstadium der Alzheimerkrankheit, stand am Bett der unter grauenhaften Schmerzen leidenden Mutter. Es war eine furchtbare Szene. Mein Vater wollte die Krankheit seiner Frau nicht wahrhaben. «Stell dich nicht so an, steh endlich auf», herrschte er sie an.

Und sie flehte um mehr Morphium.

Die Ärzte warnten, dies sei zu riskant und könne den Tod zur Folge haben, neues Morphium könne nur verabreicht werden, wenn die ganze Familie zustimme. Dieses Risiko wollte Peter nicht eingehen, so gern er unserer Mutter weiteres Leiden erspart hätte. Aber als Arzt, so erklärte er sehr entschieden, müsse er die Einwilligung verweigern. Ich stritt stundenlang mit ihm, aber es war zwecklos.

Als meine Mutter starb, war ich in Berlin. Die Nachricht erreichte mich im Hotel Kempinski. Ich war gefasst – bis ich am nächsten Tag in der Maschine der Air France plötzlich von Weinkrämpfen geschüttelt wurde.

Nach der Beerdigung sagten meine Kinder, sie hätten mich, am Grab der Mutter, zum ersten Mal weinen sehen.

Jetzt begann die Leidenszeit meines Vaters. Er versank mehr und mehr im Dunkel. Niemand soll mir erzählen, dass Alzheimerpatienten nicht leiden. Er litt wie ein Tier, spürte, dass er nicht mehr der war, der er gewesen war. Er sah seinen einst sprühenden Geist im Nichts verschwimmen. Er heulte, er war verzweifelt, er wollte die Erlösung.

Sein Tod im November 1975 war eine Befreiung, für ihn und für uns alle.

250 *Was kostet die Welt?*

In den späten sechziger und frühen siebziger Jahren war ich der meistbeschäftigte und bestverdienende deutsche Serienautor. Meine Buchauflagen stiegen beständig, neue Aufträge folgten, Joschka handelte saftige Vorschüsse aus. Ich drehte meinen dritten Film: «Deine Frau, das unbekannte Wesen». Er lockte wieder mehrere Millionen Zuschauer in die Kinos.

Bald machte ich zwei Filme im Jahr, nicht nur als Drehbuchautor, sondern als Gesamtverantwortlicher. Ich fand es nur gerecht, in der spärlichen freien Zeit ein wenig auf den Putz zu hauen.

Filmplakat, 1969

Plötzlich fühlte ich mich reich. Gewiss, ich konnte mich nicht mit den Wirtschaftswunderbäuchen an Buhne 16 messen. Aber ich war unvorstellbar reich, wenn ich daran dachte, wie Marlies damals angeboten hatte, putzen zu gehen, falls wir mit meinen Honoraren nicht auskommen sollten. Ich hatte keine Lust, darüber nachzudenken, dass der Wohlstand nicht ewig währen konnte.

Wir beschäftigten Hauspersonal: Köchin, Sekretärin, Kindermädchen, Putzfrau, Gärtner. In Kampen sahen wir ein wunderschönes, idyllisch gelegenes Reetdachhaus, das zum Verkauf stand, und beschlossen: Das nehmen wir.

Unser «Storchennest»: versteckt hinter Hecken und Tannen, gleich neben dem Reitplatz, mit Pool im Garten und Sauna im Keller. Drei Monate im Jahr machten wir dort Sommerferien, vermieteten Zimmer an Freunde, luden abends zu Partys ein. Filmleute kamen, Kollegen, Hamburger Kaufleute und Berliner Salonlöwen, die üblichen Sylter Platzhirsche und jede Menge hübscher Mädchen. Eine herrliche Zeit, vielleicht die glücklichste meines Lebens.

Endlich war auch Gelegenheit, mein Schuldgefühl gegenüber der Familie abzutragen. Ich hatte sie jahrelang vernachlässigt. Nun konnte ich sie zu großen Reisen einladen.

Dass man Geld auch anlegen und für sich arbeiten lassen konnte, war mir fremd.

Außer mir selbst war da noch jemand, der mein Geld zum Fenster rauswarf: Gero Wecker, der Mann, der mit geliehenen 300 Mark in der Tasche nach Sylt kam, um mich zu einem Film zu überreden. Nachdem Wecker gestorben war, erzählte mir sein Hauptbuchhalter merkwürdige Geschichten über sein Finanzgebaren im Allgemeinen – und den Umgang mit meinem Geld im Besonderen.

Das war nicht die einzige ernüchternde Erfahrung. Eine

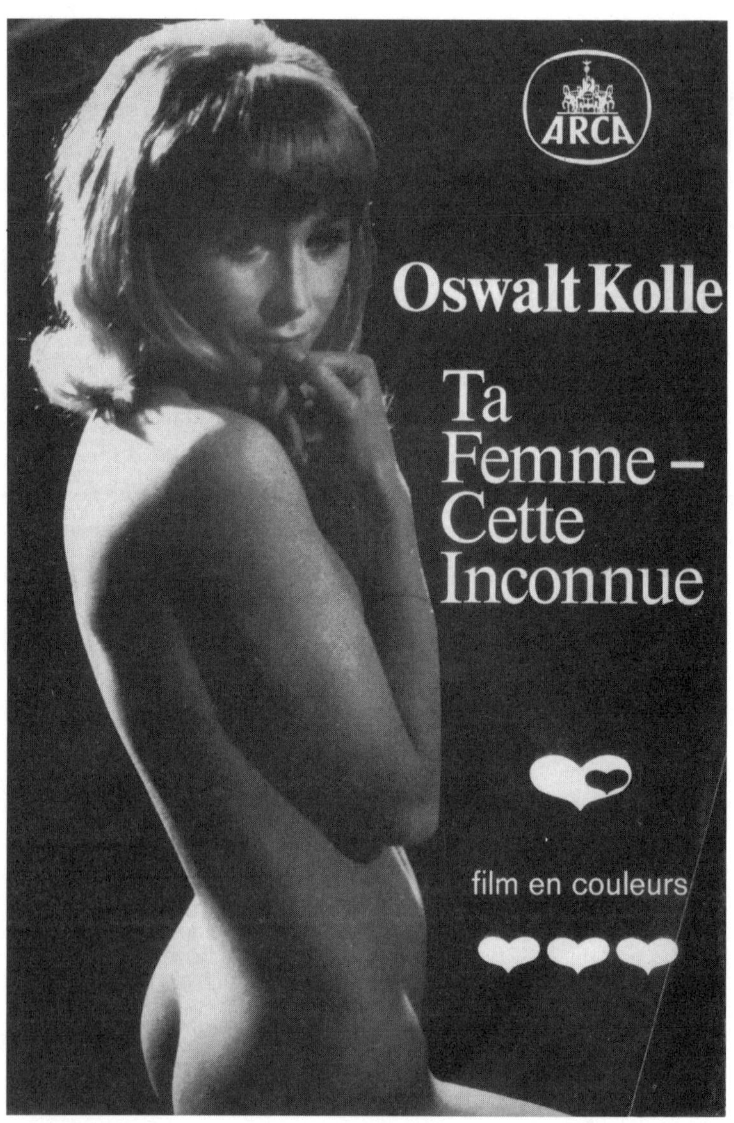

Plakat zur französischen Fassung von «Deine Frau, das unbekannte Wesen»

andere betraf die Buchhonorare aus dem Ausland. Spanien zum Beispiel. In diesem katholischen Land, wo sich merkwürdigerweise kein Zensor über meine Bücher aufregte, hatte ich eine treue, ständig wachsende Lesergemeinde, die in die Hunderttausende ging. Der spanische Verleger hatte eine besonders liebevoll gestaltete Kassette mit allen drei «Unbekannten Wesen» auf den Markt gebracht, Kind, Mann, Frau. Eltern benutzten sie gern als Hochzeitsgeschenk für die Brautleute.

Beim ersten Mal, als ich den Abrechnungsbogen in Händen hielt, hatte ich gehofft, dass die Peseten nur so sprudeln. Doch dann folgte die bittere Wahrheit im Kleingedruckten: Der deutsche Buchverlag, die Agenten hüben und drüben, die deutsche Zeitschrift, für die ich die Serie ursprünglich mal geschrieben hatte – alle pochten auf ihren Anteil.

Es reichte immer gerade für ein Abendessen mit der ganzen Familie bei unserem Lieblingschinesen in Amsterdam. Die Kinder freuten sich jedes Mal: «Papis spanisches Honorar kommt. Wir gehen zu Fong-Lie.»

Schattenseiten

Walter Giller hatte mich gewarnt: «Jetzt bist du berühmt, stell dich darauf ein!» Ganz unvorbereitet war ich ja nicht. Auf den Pressekonferenzen und Podiumsdiskussionen, in den Sitzungen bei der FSK, durch die Hetzschriften der

Kirche hatte ich schon allerhand ausstehen müssen. Ich war verrissen worden. Aber eben auch gelobt.

Aber es war jedes Mal um meine Arbeit gegangen. Was mich unvorbereitet traf, waren die Gemeinheiten, die ich als Privatperson einstecken musste. Und mit mir meine Familie. Von der Presse, von Kollegen oder von alten Weggefährten, die ich für Freunde gehalten hatte. Zugegeben reichlich naiv für einen, der seit über zwanzig Jahren im Geschäft war.

Am schlimmsten hetzte die «Bild»-Zeitung gegen mich. Dass sie schon jahrelang Hohn und Spott über den «Sexpapst» ausgoss – das nahm ich noch halbwegs gelassen hin. «Bild» war eben konservativ bis in die Knochen, machte mobil gegen alles, was man im Hause Springer für links hielt, drosch in übelster Manier auf «Langhaarige» und Studenten ein, schrieb die DDR in Gänsefüßchen und bekämpfte alles, was auch nur irgendwie entfernt nach Fortschritt roch.

Bei mir aber gingen sie jetzt ins Persönliche. Weshalb, das war mir schleierhaft. Es konnte ja wohl kaum daran liegen, dass ich mich im Jahre 1954 nicht wohl gefühlt hatte bei «Bild». Oder dass ich

Der erfolgreiche Regisseur, 1968

mir eine Axel-Springer-Aktentasche hatte nachmachen lassen.

Den Chefredakteur Peter Boenisch habe ich mal drauf angesprochen. Er war eigentlich ein netter Kerl, Sylt-Liebhaber wie ich. Auf der «Whisky-Meile» von Kampen hatten wir schon manchen Drink zusammen genommen.

Er grinste mich freundlich an, klopfte mir auf die Schulter und sagte: «Weeste, Osse, alle finden dich gut, da müssen wir dich eben schlecht finden. Du kennst doch das Spiel.»

Bei «Bild» arbeitete auch mein alter «B. Z.»- und «Quick»-Kollege Günter Prinz. Er löste Boenisch später als Chefredakteur ab. Eines Tages war er am Telefon.

«Osse, ich schick dir mal einen jungen Reporter von uns, Franz-Josef Wagner heißt der, begabter Hund, der soll einen netten Dreiteiler über dich bringen.» Von Wagner stammte der Satz: «In jedem Ehebett liegt jetzt ein dritter: Oswalt Kolle». Das wusste ich aber nicht, als ich ihn in Kampen hereinbat.

Sympathischer Kerl, nettes Lachen, lustiges rollendes R. Er machte sein Interview, stellte gute Fragen. Prinz hatte mir zugesichert, das Manuskript vor Drucklegung lesen und auf Fehler prüfen zu dürfen. Sie schickten es mir auch verabredungsgemäß, und ich dachte: Donnerwetter, wer hätte das gedacht? Keine einzige Gemeinheit.

Dann erschien die Zeitung – und ich fiel aus dem Strandkorb. Sie hatten sich zwar an die Abmachung gehalten und am Artikel nichts verändert. Aber die Bildunterschriften waren so groß gezogen, dass sie zusammengenommen mehr Text enthielten als die abgesegnete Reportage.

Und da, neben den Fotos, standen grauenvolle Dinge: Kolle könne nicht mehr schreiben, seine Hand sei verkrüppelt, sein Gehirn leer, und so ein Mann lasse sich über Sex aus! Und überhaupt war er früher ja mal Bauer. In diesem Ton.

Mein Fell war damals noch nicht so dick. Heute ist es ziemlich kompakt. Aber in jenen Jahren war ich manchmal verzweifelt vor Wut und Enttäuschung.

Das schlimmste Ding von allen, eines, das mir enormen Ärger bereitet hat, schenkte mir der ehemalige «Quick»-Kollege Rolf Palm ein. Er brauchte offenbar Geld und beschloss, ohne mit mir zu sprechen, ein satirisches Buch über mich zusammenzustellen, gespickt mit angeblichen Aussprüchen von mir. Titel: «Worte des Bett-Triebsvorsitzenden O.»

Nichts gegen einen guten Gag. Das Ganze hätte witzig sein können.

Doch zur Zitatensammlung besorgte Palm sich nicht meine Aufklärungsbücher, sondern ein Frühwerk, in dem kein einziges Wort über Sexualität zu finden ist. Ein Sachbuch über Betriebspsychologie, das ich noch in den Anfangstagen von Campione geschrieben hatte. Es trug den Titel «Der Mensch lebt nicht vom Geld allein».

Aus diesem Buch nun holte sich Palm meine Antworten auf seine Fragen zur Sexualität.

Das las sich dann etwa so:

Palm fragt: «Was muss ein Mann machen, wenn er mit einer Frau schläft?»

Kolle antwortet: «Sie müssen die Maschine von links nach rechts bedienen.»

Palm fragt: «Wie lange sollte ein Geschlechtsakt dauern?»

Kolle antwortet: «Wir rechnen mit drei Stunden, 24 Minuten.»

Das Ganze war allein schon deshalb dümmlich, weil es gar nicht Zitate von mir selbst waren, sondern von den Leuten in den Betrieben, die ich beobachtet und mit denen ich gesprochen hatte: Betriebsleiter, Maschinenmeister, Arbeiterinnen am Fließband.

Dieses Buch hat mir ungeheuer geschadet. Nicht, weil es sich besonders gut verkaufte, sondern weil viele Zeitschriften Auszüge daraus druckten. Ich war der allgemeinen Lächerlichkeit preisgegeben, und nicht nur das. Man stufte mich jetzt plötzlich als «Sexualtechniker» ein, als «Stellungskrieger» und «Bums-Experten». Meine ganze bisherige Arbeit sahen viele jetzt in neuem Licht. Und alle, die mich sowieso nicht ernst nahmen, fühlten sich bestätigt.

Was konnte ich machen? Ich schrieb Palm einen wütenden Brief, worauf er die ganze Sache wiederum dem «Spiegel» erzählte, mit der Bemerkung: «Der Kolle ist völlig humorlos.» Vielleicht hatte er ja sogar recht. In dieser Angelegenheit verstand ich keinen Spaß.

Schließlich war ich sogar bereit, einen Prozess zu führen. Mein Freund, der Münchner Strafverteidiger Rolf Bossi, hat es mir aber zum Glück ausgeredet. Nicht einmal eine einstweilige Verfügung hatte Erfolg, in dem Ablehnungsbescheid hieß es: Ein Mann, der sich öffentlich als «Sexpapst» bezeichne, der müsse auch hinnehmen, dass man ihn zum Gegenstand einer Satire mache.

Marlies und ich waren auf Sylt, als diese Sache passierte. Wir saßen im «Gogärtchen» und tranken Kaffee. Ich war wütend und verzweifelt. Jedem, der mir dumm gekommen wäre, hätte ich mit Wonne eine verpasst.

Und da saß tatsächlich jemand am Nachbartisch, der mich seltsam anstarrte. Ich sagte zu Marlies: «Wenn der jetzt ein blödes Wort rauslässt, gehe ich ihm an die Kehle.» Der Mann stand auf, kam an unseren Tisch und sagte zu mir: «Herr Kolle, lassen Sie sich niemals entmutigen. Sie müssen weitermachen, weitermachen, weitermachen!»

Liebe in den Siebzigern

Ein Herbsttag, Anfang der siebziger Jahre. Marlies und ich saßen im Zug von Amsterdam nach Köln. Wir hatten gerade Ärger mit dem deutschen Finanzamt. Immer neue Mahnungen waren eingetroffen, uns drohten gewaltige Nachzahlungen. Wir wähnten uns schon auf der Fahndungsliste.

Der Zug hielt an der Grenze. Der deutsche Grenzbeamte betrat unser Abteil, verlangte nach den Ausweisen. Wir hatten ein mulmiges Gefühl.

«Ah, Oswalt Kolle», sagte der Grenzer, «das ist ja interessant. Kommen Sie doch bitte mit raus auf den Bahnsteig!» Jetzt war es offenbar so weit.

Während ich auf dem Bahnsteig warten musste, holte der Beamte seine Tasche aus dem Personalraum und zog eine «Bild»-Zeitung hervor. Die Schlagzeile war nicht zu übersehen: «BEATE UHSE GESCHIEDEN!»

«Wollte ich Ihnen nur zeigen, Herr Kolle, falls Sie's noch nicht wissen. Jetzt könnt ihr beiden doch heiraten. Ein besseres Paar gibt es ja wohl kaum.»

Beate Uhse. Unser gemeinsames Thema war die Sexualität, das stimmt schon, aber dann hörte die Gemeinsamkeit auf. Ihr Anliegen war nicht Aufklärung. Sie betrieb einen florierenden Versandhandel mit obskuren Liebestropfen und -salben, Dildos, Gummipuppen, Reizwäsche, erotischen bis pornographischen Büchern. Man bestellte die Ware bei ihrem Flensburger Unternehmen, und dann kamen die Päckchen ohne Absenderangabe per Post ins Haus. Der Briefträger wusste meistens Bescheid, wenn er den Poststempel Flensburg las.

Auch wenn ich von Beate Uhses Mittelchen und Gerätschaften nichts hielt – als Geschäftsfrau konnte man sie nur bewundern. Sie wusste genauso wie ich vom sexuellen Notstand, der besonders in der Provinz herrschte, und dort saßen auch ihre meisten Kunden und Kundinnen.

Da sie sich immer hart an der Grenze zur Pornographie bewegte, musste sie öfter vor Gericht erscheinen. Bei einem der Prozesse hat sie einen großartigen Satz gesagt, ich las ihn in der Zeitung: «Ich versteh die Welt nicht mehr: Kolle darf alles und ich nichts.»

Ich kannte sie damals noch gar nicht persönlich, aber jetzt beschloss ich, sie anzurufen. Was sie da gesagt habe, sei völlig falsch, versicherte ich ihr, ich hätte sehr wohl auch meine Schwierigkeiten ...

Das war der Beginn einer herzlichen Beziehung.

Ihre äußere Erscheinung und ihr Metier – einen größeren Kontrast konnte man sich nicht vorstellen. Mit ihren kurzgeschnittenen Haaren und immer im tadellosen Kostüm gekleidet, erinnerte sie eher an eine pommersche Gutsbesitzerin.

Und sie war schlagfertig. In einer Talkshow, zu der auch ich eingeladen war, wurde sie auf diverse Unappetitlichkeiten in ihrem Sortiment angesprochen. Uhse erwiderte trocken: «Der Köder muss dem Fisch schmecken, nicht dem Angler.»

Neben ihrem Versandhandel betrieb sie auch noch einen Buchverlag, dessen Erzeugnisse ganz normal in den Handel gelangten. Zu diesem Verlagsprogramm passte meine Arbeit perfekt. Ich habe Ende der siebziger Jahre zwei Buchaufträge von ihr bekommen, was ich ihr nie vergessen habe, denn zu jener Zeit ging es mir finanziell schlecht. Die Bücher «Wir alle brauchen Zärtlichkeit» und «Lust ohne Tabu» (mit einem Vorwort von Helmut Kentler) wurden große Erfolge.

Mittelchen und Säfte, die angeblich geeignet waren, Libido und Potenz zu steigern, kamen in jenen Prä-Viagra-Jahren übrigens nicht nur per diskreten Versand aus Flensburg. Man konnte auch in der Apotheke fündig werden. Zu einem gewissen Ruf hatten es die Tabletten der Firma Okasa gebracht.

In der Werbung und in der Packungsbeilage hieß es, sie steigerten die «Vitalität» des Mannes. Niemand stellte sich etwas anderes vor als ein Potenzstimulans. Wenn jemand seinem Kollegen gestand, es gebe Probleme «im Bett», bekam er schon mal den freundschaftlichen Rat: «Hol dir doch eine Packung Okasa brutal!»

Man hätte genauso gut Sahnebonbons einwerfen können.

Aber natürlich war dies mehr als nur ein Thema, über das man Witze machte. Zahllose Männer litten unter Erektionsschwäche und trauten sich meistens nicht, darüber zu reden. Nicht, dass das Problem mittlerweile aufgehört hat zu existieren, aber inzwischen gibt es Abhilfe von Seiten der Medizin und der Pharmaindustrie, die mit Erektionsspritzen oder Potenzmitteln das Leiden zumindest vorübergehend lindern können.

Damals aber haben viele, die sich mit dem Thema Sexualität befassten, ob Wissenschaftler oder Fachautoren wie ich, sehnlichst darauf gewartet, dass ein Mittel erfunden wird, das die Erektionsschwäche behebt. Die weitverbreitete Auffassung war, Impotenz sei seelisch bedingt und habe mit Verklemmungen zu tun. Ich versuchte in meinen Büchern und Filmen, den betroffenen Paaren vor allem eins zu vermitteln: dass man die Sprachlosigkeit abbauen muss. Redet drüber, macht das Bett nicht zum stummen Schlachtfeld!

Kaum war ich als «Sexpapst» bekannt, trat die Versuchung an mich heran, auch auf diesem Gebiet zu Geld zu kommen. Der Chef von Okasa hatte mich angerufen und sich mit mir in der Bar vom Hotel Kempinski verabredet. Ich sollte mit meinem Namen Werbung machen. Ich könne sehr viel Geld verdienen, sagte er und schaute mich verschwörerisch an. Vergebens.

Im zweiten Fall hätte ich eigentlich noch schneller abwinken müssen, denn das war ein ganz faules Ei. Oder, besser gesagt, ein saurer Drops. Das Unternehmen hatte einen sauer schmeckenden Bonbon entwickelt, der angeblich die Potenz förderte. Über meinen Agenten Joschka von Ferenczy traten sie an mich heran. Anfangshonorar: eine Million Mark. Ferenczy hatte bereits die Verträge auf dem Tisch und rief mich in Berlin an. Er war ganz aufgeregt. Ich versuchte seinen Enthusiasmus zu bremsen.

«Joschka, ich kann so was nicht machen.»

«Aber Oswalt, nicht gleich ablehnen, müssen wir erst mal reden! Komme ich nach Berlin. Hab ich Bonbons dabei. Können wir selber probieren. Vielleicht grosse [sic!]

Mit Joschka von Ferenczy, Ende der sechziger Jahre

Wirkung, wer weiß?» Joschka kam tatsächlich nach Berlin, und ich warf ihm zuliebe zwei Bonbons ein, während er sich vornehm zurückhielt: «Kann ich nicht machen, muss ich doch beobachten, wie es bei Ihnen wirkt.» Als Testgebiet diente ein Nachtklub am Ku'damm, wo wir uns

einen strategisch günstigen Tisch aussuchten, an dem die hübschesten Frauen entlangstolzierten. Ferenczy konnte es kaum erwarten: «Und, Juhngä, schon Gefühle? Wie ist das mit Bonbon?»

Ich musste ihn enttäuschen.

Er nahm es gefasst, flog zurück nach München und sagte bei Engelhard ab. So wurde nichts aus meiner Karriere als Bonbonverkäufer.

Vielleicht hatte meine Reaktion in jenem Nachtklub auch gar nichts mit diesen Bonbons zu tun: Das rein sexuelle Abenteuer – das habe ich nie gesucht. Dafür war ich völlig ungeeignet. Ein Besuch im Bordell hat mich nie gereizt. Genauso wenig wie eine schnelle Liebe mit einer Frau, für die ich nichts empfand.

Es gibt eben nicht nur das große Ja zur Sexualität. Es gibt auch das Nein.

Mir wurde oft vorgeworfen, die Liebe auf das Sexuelle zu reduzieren. Das hat mich immer gestört, denn das genaue Gegenteil war der Fall. Liebe ist ein großartiges Gefühl, man kann es nicht lernen. Die Freude an der Sexualität sehr wohl. Und weil sie zur Liebe dazugehört, war es immer meine Überzeugung, dass man den Menschen hier etwas vermitteln muss. Dafür habe ich gekämpft, und dafür kämpfe ich noch.

Nachdem ich Frankfurt verlassen hatte, habe ich immer mit Freuden die Gelegenheit genutzt, meine Heimat Hessen wiederzusehen. Alte Freunde treffen, bei der «Neuen Presse» vorbeischauen. Mal wieder einen Äbbelwoi trinken.

Nur mit der Hauptstadt bekam ich zusehends Probleme. Ein Besuch in Wiesbaden war immer unerfreulich, quälend, ermüdend. Wenn ich Wiesbaden wieder verließ, war ich fix und fertig. Dann hatte ich jedes Mal eine Vorstellung absurdes Theater erlebt – eine Sitzung bei den Prüfern der «Freiwilligen Selbstkontrolle der Filmwirtschaft», kurz FSK.

Diesem Gremium, das stets im Wiesbadener Fürstenschloss tagte, musste ich im Lauf der Jahre alle meine Filme vorführen. In mehreren Dutzend Sitzungen. Einen Kolle-Film zu prüfen, das hieß zumeist: einen ganzen Tag verhandeln, streiten, sich empören. Die Prozedur war nicht komisch, und nichts daran war freiwillig, wie der Name der Kontrollkommission suggerierte. Sie war allenfalls nützlich, denn ohne den Stempel «Freigegeben» hätte jeder Staatsanwalt den Film beschlagnahmen können.

Da saßen wir also zusammen: zwölf Prüfer, sprich: Zensoren, der Produzent des Filmes, ein wissenschaftlicher Berater, ein Rechtsanwalt und ich. Wenn das Licht erlosch und die Vorführung begann, konnte ich mich geistig auf den späteren Kampf um «Stellen» vorbereiten.

Ich wusste, um welche Stellen es gehen würde, denn während der Vorführung flackerte mal hier, mal dort das

Leselämpchen am Tisch eines Prüfers auf: Da hatte sich wieder einmal jemand an der nackten Haut eines Mädchenschenkels gestört, am halbsteifen Glied eines Liebhabers oder an dem Stöhnen eines Paares während des Liebesaktes.

Oder hatte es den Zensor vielleicht gar nicht gestört, sondern nur erregt?

In einem Beitrag zu einer Anthologie über «Zensur und Selbstzensur» schrieb ich Mitte der siebziger Jahre: «Vielleicht sollte man Zensoren, Staatsanwälte und Richter verpflichten, ihre Urteile über erotische Literatur und Filme nackt zu sprechen. Man würde dann vermutlich besser sehen, wie die Wünschelrute aussieht, die ihnen so treffsicher verrät, welche Szenen ihre Mitbürger nicht lesen oder sehen sollen.»

Mit der Zeit lernte ich die Geschmacksrichtung einiger Zensoren – fast nur Männer – näher kennen: Der eine geriet aus der Fassung, wenn er auch nur angedeutet sah, dass ein Mann eine Frau leckte, der andere wollte stets geschnitten haben, wenn eine Frau in Reithaltung auf dem Mann saß, ein dritter nahm Anstoß an heftigen Coitus-Bewegungen.

Von den weiblichen Prüfern kam nur selten ein Einwand. Einmal kämpfte eine Frau sogar ganz allein gegen alle Männer im Gremium, die einen Penis aus einem Film schneiden wollen. Es ging um «Der Mann, das unbekannte Wesen».

Es saßen elf Männer in der Zensurkommission und eben jene Frau, eine Schauspielerin aus Frankfurt. Die Männer erklärten, dieser große Penis auf der Leinwand, das sei völlig unmöglich. Worauf die Frau, wie man mir später erzählt hat, in der internen Verhandlung empört erwiderte: «Der Schwanz bleibt drin!»

Die Szenen wurden natürlich trotzdem abgelehnt. Wir mussten dann zur Beschwerdekommission. Das ist eine weitere Instanz der FSK, allerdings anders besetzt. In diesem Fall bestand sie ausschließlich aus Männern. Mein wissenschaftlicher Berater Helmut Kentler sagte zu mir: «Du sagst nichts, nur ich spreche für uns! Ich weiß schon, was ich sage.» Und dann erklärte er den verdutzten Anwesenden, warum die Männer solche Szenen nicht drin haben wollten: weil sie dabei etwas gespürt hätten! Weil sie gemerkt hätten, dass sie eigentlich latent homosexuell seien!

Ich dachte, ich würde den Film nun komplett wegwerfen können. Aber das Gegenteil war der Fall: Natürlich wollte niemand von den Herren der Kommission als homosexuell gelten. Das Schwulentabu war noch größer als das Penistabu. So kam der erigierte Penis in die Kinosäle und rief im Publikum die entsprechenden Reaktionen hervor.

Dies alles erhärtete meine Vermutung: Nicht Abscheu oder Ekel lässt den Zensor zur Schere greifen, sondern die Lust, die er beim Betrachten einer Szene empfindet. Ich kannte das aus eigenem Erleben. Die Angst des Autors vor der Erektion.

Ich wollte meine Filme in der Öffentlichkeit zeigen, wollte nicht, dass sie verboten, auch nicht, dass sie in Pornokinos gezeigt werden. Also musste ich meine eigenen Lustempfindungen zur Vorzensur einschalten. In unserer Filmcrew galt die Regel: Wenn die eigene Erektion im

Schneideraum zu lange anhielt oder so stark wurde, dass man aufstehen musste, wurde der Film angehalten.

«Das Schlimmste, was uns passieren kann», hatte Hans Giese schon bei der Arbeit zum allerersten Film gesagt, «ist, wenn die Männer im Kino anfangen zu onanieren.»

Oft kürzten wir selber Szenen, in denen etwa die Zunge des Mannes zu genüsslich in zensiertes Gebiet eindrang. Auch das Auf- und Abgleiten des Kopfes einer Frau vor dem Unterleib des Mannes schnitt ich weg. Ein zu lautes Stöhnen nahmen wir wieder raus – lieber sprach ich einen wissenschaftlichen Kommentar dazu.

Aber nicht nur Bilder konnten gefährlich sein, auch Worte.

Auf der Pressekonferenz in Amsterdam, als mein erster Film vorgeführt wurde, hatte mich ein Journalist gefragt: «Warum sprechen die Partner im Bett nicht Klartext?» Meine Antwort war schlicht: Die Zensur würde ihn nicht freigeben.

Beim Schreiben ist es nicht anders. Schließlich will man gedruckt werden. Man will auch nicht in einer Zeitschrift veröffentlichen, die nach dreimaliger Indizierung durch die Bundesprüfstelle für jugendgefährdende Schriften unter den Ladentisch verbannt ist.

Also ist man zur Selbstzensur gezwungen und trägt zu etwas bei, was ich immer als eines der großen Probleme auf dem Weg zu einer freien Sexualität betrachtet habe: die Sprachlosigkeit. Sie hindert die Menschen, ihre Möglichkeiten voll auszuschöpfen und auszukosten. Sie haben Angst vor der offenen Sprache im Bett. Sie können ihre Lust nicht durch Worte steigern.

Dem abzuhelfen, waren mir die Hände gebunden. Ich musste spröde wissenschaftliche Begriffe verwenden: «Die Frau wird durch orale Techniken besonders befriedigt. Sie genießt den Cunnilingus.» So ging die Angst der Gesellschaft vor der sexuellen Erregung allmählich auf den Autor Kolle über. Ich stieß an die Grenzen, die ich nicht überschreiten durfte. Es war eine Wanderung auf schmalem Grat.

Gefährlich wurde es, wenn mich die Arbeit so ermüdete, dass ich die Schere im Kopf nicht mehr wahrnahm. Es ist ein kritischer Moment: Der Autor hat das Bewusstsein dafür verloren, dass er sich selber zensiert.

Es war Helmut Kentler, der mir diese Erkenntnis vermittelte, im Sommer 1975. Ich hatte ihm das Manuskript der letzten beiden Kapitel für mein neues Buch «Wir alle brauchen Zärtlichkeit» geschickt.

Die Kapitel hatten die Überschrift: «Alternativen – oder die andere Art zu lieben». Es ging darin um die Möglichkeiten des sexuellen Genusses außerhalb der traditionellen intimen Zweiergemeinschaft von Frau und Mann. Es sollte ein Plädoyer sein für Toleranz gegenüber sexuellen Minderheiten – Menschen, die sich zum gleichen Geschlecht hingezogen fühlen, Menschen, die zu dritt oder in noch größeren Gruppen sexuelle Erlebnisse haben.

Kentler schickte mir das Manuskript zurück: keine sachlichen Einwände. Aber ihm sei aufgefallen, dass diese Kapitel im Gegensatz zu den vorherigen mit großer Distanz und Kühle geschrieben seien. «Abständig» nannte er es. Es fehle ihm die Sinnlichkeit, die erotische Direktheit, die ihm in den anderen Kapiteln so gut gefallen habe.

Ich las den Text ein zweites Mal: Kentler hatte recht.

Mein Ton war kühl, zurückhaltend, so als ginge mich das Ganze nichts an.

An meiner persönlichen Einstellung hatte es sicher nicht gelegen. Ich hatte ja selber viele erotische und sexuelle Erfahrungen mit Männern hinter mir. Und zu meinen

großen Erlebnissen zählte ich sexuelle Begegnungen mit Frauen und Männern: zu dritt, zu viert oder in größerem Kreis. Ich sah das als herrliche Erweiterung des sexuellen Bewusstseins, als eine lustvolle Schule der Zärtlichkeit.

Was also hinderte mich, ausgerechnet in diesen Kapiteln eine sinnliche und offene Sprache zu wählen? Es war die Angst vor der Zensur, geschürt nicht zuletzt durch die Erfahrungen mit einem Münchner Staatsanwalt.

Während ich die zwei Kapitel schrieb, lief gerade ein langwieriges Beschlagnahmeverfahren gegen meinen Film «Liebe als Gesellschaftsspiel». Ein Film, der sich ebenfalls mit vielseitigen Sexualbeziehungen auseinandersetzt. Als Kernstück des Films hatte ich in Holland mit einer Gruppe von zwölf Freunden (sechs Frauen, sechs Männer) ein Gruppensex-Experiment gefilmt: Die zwölf gescheiten jungen Leute sprachen vor der Nacht über ihre Beweggründe und anschließend über ihre Gefühle.

Es waren nur positive Empfindungen, die sie äußerten. Ich hatte Eifersuchtsreaktionen befürchtet – aber kein Wort davon. Einige Männer im Film hatten gelernt, dass sie sich erst entspannen müssen, um zu einer Erektion zu kommen. Eine junge Lehrerin berichtete, dass sie fast vierzigmal einen Orgasmus erlebt habe.

Die wichtigste Erkenntnis für alle – auch für mich, nachdem ich die Kamera aus der Hand gelegt hatte: Erst das

Gelächter und das Gespräch, die Ruhe und die Zärtlichkeit hatten die Begegnung wirklich lustvoll und erfüllend werden lassen. Die erste Stunde mit sexuellem Überdruck und viel Spannung von allen Seiten wurde dagegen von den meisten Teilnehmern als reine «Vögelei» empfunden.

Diese positiven Erfahrungen versuchte ich im Film wiederzugeben. Das ließ den Staatsanwalt in München nicht ruhen, trotz bereits erfolgter Freigabe durch die FSK.

Fast zwei Jahre lang wollte er mir in immer neuen Anläufen (die vom Gericht jedes Mal gestoppt wurden) demonstrieren, dass die herrschende Moral die Moral der Herrschenden ist: Sie können dir den Mund stopfen, sie können dich finanziell ruinieren, sie können dich mit den übelsten Schmähungen belegen, wenn du ihre moralischen Wertvorstellungen auch nur in Frage stellst.

Bisher hatte ich die Kämpfe mit den Zensurbehörden in vielen Ländern alle durchgestanden - und sie hatten mich härter gemacht. Wer für eine befreite Sexualität eintritt, muss mit heftigen Gegenreaktionen rechnen, mit den Abwehrmechanismen der Gesellschaft, die sich ihre überkommene Moral erhalten will. Das war mir bewusst. Aber ich wusste auch: Ich bin auf dem richtigen Weg, solange sie mich bekämpfen.

Doch dieser Staatsanwalt, der immer neue Möglichkeiten ausprobierte, den Film doch wieder unter Verschluss zu nehmen, war mir offenbar tiefer unter die Haut gegangen, als ich mir selber zugeben mochte.

Deshalb die «Abständigkeit» in den Buchkapiteln, die ich an Kentler schickte. Ich hatte das Klappern der Schere im Kopf überhört.

Späte Freuden

Zu meinem fünfzigsten Geburtstag strahlte der WDR eine Sendung über mich und meine Arbeit aus. Ich wurde interviewt und porträtiert. Man befragte Zeitzeugen, Weggefährten, Kritiker und Befürworter.

Sie gingen fast alle freundlich und wohlwollend mit mir um. Ich sah die fertige Sendung und war geschmeichelt. Doch dann kam eine Stelle, die mir besonders nahe ging. Was der Mann, der da in seiner Frankfurter Wohnung saß, über mich sagte, hatte ich nicht erwartet.

Es war Reimut Reiche, einer der sexuellen Cheftheoretiker der Achtundsechziger. Von ihm hatte ich in den wilden Jahren kräftig Prügel bezogen. Reiches Forum war die Zeitschrift «Konkret» gewesen. Er schrieb darin Monat für Monat über sein Thema, die repressive Gesellschaft, über die Befreiung der Frau und die freie, revolutionäre Sexualität. Dabei ließ er selten eine Gelegenheit aus, meinen Weg zu einer sexuell aufgeklärten Gesellschaft als den falschen zu erklären: Kolle, der Kleinbürger, der tolerante Spießer. Kolle, der das marode System stützt, indem er die bürgerliche Ehe retten will.

Es hatte mich oft verletzt, nicht so sehr aus gekränkter Eitelkeit, sondern weil ich mich grundfalsch verstanden und in eine Ecke gedrängt fühlte, wo ich nach meiner Meinung nicht hingehörte. Und nicht zuletzt, weil ich dieser Bewegung in ihren Anfangszeiten den größten Respekt gezollt hatte. Ich sah mich als Sympathisanten, nicht als Gegner der Achtundsechziger.

Die Familie in Amsterdam, Mitte der siebziger Jahre

Wie die «Außerparlamentarische Opposition» Verkrustungen aufbrach, die alten Nazis bekämpfte, die sich alle wieder eingenistet hatten, wie sie von der älteren Generation verlangte, Farbe zu bekennen, wie sie Demokratie an den Hochschulen erzwang – das hatte ich bewundert.

Nur beim Thema Sexualität hatten sie, wie ich fand, falsch gelegen. Da versuchten diese «Tübinger Pfarrerssöhne», wie ich sie nannte, ihre eigenen Verklemmungen dadurch zu lösen, dass sie die freie Liebe oder das, was sie dafür hielten, persönlich ausleben wollten. In der Praxis bedeutete das den Freibrief, mit jeder Frau aus ihrem Umfeld schlafen zu dürfen. Und die Frauen hatten sich diesem pseudorevolutionären Diktat zu beugen. Ich empfand es als eine Art Gehirnwäsche zu Lasten der Frauen und zur Triebbefriedigung der Revoluzzer. Es gipfelte in diesem ebenso launigen wie albernen Aphorismus: «Wer zweimal mit derselben pennt, gehört schon zum Establishment.»

In Sachen Sexualität lagen wir weit auseinander. So weit, dass die Zensoren in der Bundesprüfstelle und in der FSK sich manchmal nicht zu schade waren, die Achtundsechziger als Kronzeugen gegen mich ins Feld zu führen: Wenn selbst die ihn schon ablehnten, hieß es dann, könne man ermessen, wie gefährlich dieser Kolle sei.

Und ausgerechnet Reimut Reiche, mein einstiger intellektueller Gegenspieler, erklärte in die Kamera: «Zu Kolle sage ich Ihnen Folgendes: Alles, was wir wollten, hat er erreicht. Ich nehme alles zurück, was ich damals über ihn geschrieben habe.»

1978 war das, und die Achtundsechziger-Bewegung war da längst mausetot. Die Frauen hatten ihre Befreiung inzwischen selber in die Hand genommen. Sie brauchten dazu keine revolutionären Männer mehr.

Vielleicht habe ich mit meinen Büchern und Filmen sogar meinen Teil dazu beigetragen: dass die Frauen nämlich lernten, ihre eigene Sexualität zu definieren und nicht die Definition der Männer zu übernehmen. Die sexuelle Befreiung hat den Weg der Frauen hin zur Selbstbestimmung und Eigenständigkeit auch in allen anderen Lebensbereichen in jedem Fall erheblich beschleunigt.

Ich fand die Frauenbewegung großartig in ihrer Zielsetzung, aber weniger imposant in ihren teilweise aberwitzigen Übersteigerungen. Wenn etwa die australische Feministin Germaine Greer behauptete: «Selbst Verführung ist Vergewaltigung», dann fehlte mir jedes Verständnis.

Mitte der siebziger Jahre lernte ich Alice Schwarzer kennen, die sich in Deutschland an die Spitze der Feministinnen gesetzt hatte. Die wackere Streiterin für alle Frauen.

Ich musste feststellen: nicht für alle. Die Bewegung suchte sich die Frauen aus, für die es sich lohnte einzutreten. Wer nicht ins Schema passte, durfte nicht mit Interesse rechnen.

Ich erinnere mich an eine Podiumsveranstaltung in Hamburg. Es ging um Frauen- und Beziehungsfragen. Als Talkgäste waren eingeladen: Alice Schwarzer, das Ehepaar Kolle und zwei Frauen, deren Fall durch die Lokalpresse gegangen war. Die beiden, Mutter und Tochter, waren Straßenmusikantinnen, ein Gesangsduo. Der alten Frau, die keine Zähne mehr hatte, war schon vor einiger Zeit das Gebiss kaputtgegangen, und die Krankenkasse hatte sich geweigert, ein neues zu bezahlen. Über dieses skandalöse Verhalten redeten wir da oben auf dem Podium. Es war herzergreifend, die Frau klagte unter Tränen ihr Leid, ohne Zähne konnte sie nicht singen, ihre Existenz stand auf dem Spiel.

Im Publikum derweil herrschte große Heiterkeit. Da saßen die jungen Feministinnen, die Schwarzer offenbar mitgebracht hatte, und fanden das alles amüsant. Ab und zu rief Alice Schwarzer ein mahnendes Wort in den Saal, aber es bewirkte nichts.

Ich fand die Situation unerträglich: Hier saßen zwei Frauen, deren Existenz vernichtet wurde, weil irgendjemand in der Krankenkasse sich weigerte, ein neues Gebiss zu bezahlen. Und die Frauen hörten nicht mal zu und lachten. Ich unterbrach das Gekicher: «Ihr solltet euch was schämen. Was ist denn das für eine Frauenbewegung?»

Nach der Diskussion nahm ich mir die Chefin persönlich vor. «Ich finde es empörend, was Sie in Ihrem Buch ‹Der kleine Unterschied› geschrieben haben: ‹Wir müssen uns wehren gegen Kinsey, Kolle, Kentler & Co.›»

Sie war etwas erstaunt. «Das meinte ich doch nicht persönlich», winkte sie ab. «Ich will Ihnen doch nichts, Herr Kolle.»

«Doch», sagte ich, «ihr werft uns alle in einen Topf. Ihr wollt Krieg mit den Männern. Ihr wollt Männer und Frauen immer weiter auseinandertreiben. Aber was wir brauchen, ist ein Ende dieses Geschlechterkampfes.» Das sah sie natürlich anders. Alice Schwarzer ist eine Kämpfernatur, für sie ist es selbstverständlich, dass man sich fetzt, wenn es drauf ankommt.

Seit jenem Abend konnten wir persönlich gut miteinander, auch wenn wir in den Talkshows immer mal wieder die Klingen kreuzten. Einmal schnitt sie mir das Wort ab: «Oswalt, du hast zweitausend Jahre geredet, jetzt bin ich mal dran.» Die Lacher im Publikum gingen an sie.

Ich bewundere, was sie geleistet hat. Eines kann ich allerdings nicht verstehen: dass sie, Verlegerin einer Zeitschrift, Schriftstellerin von Rang, Kämpferin gegen Unterdrückung, nach einem Zensurparagraphen ruft, um angeblich frauenfeindliche Bemerkungen in den Medien zu unterbinden.

Wenn ich die Zeichen der Zeit richtig deute, ist die

Mit Hans Rosenthal in einer Talkshow, 1976

Frauenbewegung von heute dabei, sich von Alice Schwarzer abzunabeln. Die Dreißigjährigen, die heute für Chancengleichheit in der noch immer männlich dominierten Welt eintreten, sind keine feministischen Kriegerinnen mehr. Sie fragen sich nicht, wie man die Männer angreifen, sondern wie man mit ihnen leben kann.

Comeback mit Spritze

Es braute sich etwas zusammen. Gegenwind war ich gewohnt: von Zensoren, Staatsanwälten, von der Kirche und von Kollegen. Doch jetzt, Ende der siebziger Jahre, blies der Wind aus einer anderen Richtung. Und darauf war ich nicht vorbereitet.

Ich hatte im Laufe von fünf Jahren acht Filme gedreht und zahlreiche Bücher geschrieben, alles große Erfolge. Doch allmählich wurde mir klar, dass meine große Zeit zu Ende ging.

«Die wollen mich einfach nicht mehr», sagte ich ein ums andere Mal, wenn ich aus meinem Arbeitszimmer kam, wo man mir am Telefon gerade wieder eine Absage erteilt hatte. Und dann hörte ich von Marlies immer die Worte, die mir von früher so vertraut waren und die mir in all den Jahren stets Halt gegeben hatten: «Wir kommen durch, verlass dich drauf!»

Wir waren ja auch keine armen Leute. Aber die Honorare sprudelten längst nicht mehr so wie in den goldenen Jahren. Und von dem Geld, das ich verdient hatte, war nicht so viel übriggeblieben, dass ich mich beruhigt hätte zurücklehnen können. Schweren Herzens verkauften wir das Sylter «Storchennest». Ich versuchte wieder hauptsächlich von Amsterdam aus Aufträge zu bekommen.

Ich grübelte, woran es lag, dass Oswalt Kolle plötzlich nicht mehr gefragt war.

Es gibt härtere Schicksalsschläge, als nicht im Fernsehen aufzutreten. Schlimmer war, dass ich sogar bei Zeitschriften kaum noch einen Fuß in die Tür bekam. Mir wurden keine Serien mehr angeboten, und wenn ich ein Thema vorschlug, folgte immer dieselbe Antwort: «Sex, das will doch heute niemand mehr wissen, Osse. Die Schlacht ist geschlagen.»

War sie das wirklich?

Sicher, die siebziger Jahre sind als das wohl freizügigste Jahrzehnt in die Sittengeschichte der Bundesrepublik eingegangen. Die Antibabypille hatte sich durchgesetzt. Sexualität war nichts Verbotenes mehr, war befreit von den alten Ängsten und Zwängen. Die Spießer waren auf dem Rückzug, die katholische Kirche hatte an Macht und Einfluss verloren. Im Zuge der Großen Strafrechtsreform von 1969 waren jene Paragraphen, die Kuppelei und Homosexualität unter Strafe stellten, abgeschafft worden. Schwule mussten nicht mehr befürchten, zusammengeschlagen oder verhaftet zu werden.

«Voulez-vous coucher avec moi?» – so hieß ein musikalischer Dauerbrenner in den Diskotheken: programmatischer Titel für eine lebenslustige, sorglose Epoche zwischen dem alten Mief und einer Bedrohung namens Aids, die bald danach auf die Menschheit niedergehen sollte.

Was aber natürlich nicht über Nacht verschwunden war, waren die alltäglichen sexuellen Probleme der Menschen. Es gab sie wie eh und je, und daran hätte ich auch mit meiner Arbeit anknüpfen können. Als großes gesellschaftliches Thema jedoch war Aufklärung nicht mehr gefragt.

Meine alten Freunde von der «Neuen Revue», Ewald Struwe und Gert Braun, denen ich einst zu Auflagensteigerungen verholfen hatte, arbeiteten inzwischen beim Frauenblatt «Constanze». Man hatte in Sachen Erotik und Sexualität den Kurs geändert. Oswalt Kolle interessierte nicht mehr, im Gegenteil, jetzt stand ich in der Schmuddelecke. Was früher die Menschen begeistert hatte, wurde zum Synonym für schlechten Geschmack: «Sex à la Kolle».

Ich ging zur «Quick», deren gefragtester Autor ich einst war, und redete mit einer Redakteurin. Sie unterbreitete mir einen absurden Vorschlag: «Sie müssen abschwören, Herr Kolle. Sie müssen sagen: Alles, was ich früher gemacht habe, war falsch, ich habe die Leute in die Irre geführt. Sie müssen katholisch werden, auf Kirchenbänken knien, zum Papst reisen. Das wäre die Sensation. Die große Story in der ‹Quick›.»

Es war eine schlimme Durststrecke. Sie zog sich länger als zehn Jahre hin. Wenn Marlies nicht gewesen wäre, hätte ich sie nicht überstanden.

Josef von Ferenczys Engagement war erlahmt. Ich konnte von Glück sagen, dass sein Sohn Andreas sich in der Agentur meiner annahm. Er brachte immer mal wieder ein wenig frischen Wind ins Auftragsbuch. Da nahm ich es sogar zähneknirschend hin, wenn die Chefredakteure verlangten, dass ich unter Pseudonym schreiben müsse. So nannte ich mich eben Dr. Christine Carstens oder Stefan Holl.

Von der «Neuen Revue» bekam ich den Auftrag, einen Fortsetzungsroman über Sylt zu schreiben. Der neue Chefredakteur Richard Mahkorn erlaubte mir sogar gönnerhaft, meinen eigenen Namen zu verwenden.

Die Sache lief gut an. Bis ich dann nach der dritten Folge das Blatt aufschlug und las: «Ein Roman von Stefan Holl.» Mahkorn musste die Veränderung in der letzten Sekunde vor Drucklegung vorgenommen haben. Später erfuhr ich: Er hatte den Namen aus dem Druckklischee rausschneiden lassen. Ein hohes Tier aus der katholischen Kirche, die seit dem Antritt der Regierung Kohl im Jahr 1982 wieder mehr Gewicht in öffentlichen Debatten hatte, hatte sich beim Verlag beschwert: Wieso räumte man diesem Schwein noch Platz in der Zeitschrift ein?

Den «echten Kolle» brachte Andreas von Ferenczy dann auch noch unter: beim Radiosender RTL in Luxemburg: «Fragen an Oswalt Kolle zur Sexualität» hieß die Sendung. Meine Aufgabe war es, auf die Fragen der Hörer live zu antworten. Es wurde ein Riesenerfolg. Das luxemburgische Telefonnetz brach mehrmals zusammen, sodass die Postverwaltung sogar einen Standortwechsel anregte. Wir zogen nach Düsseldorf um. Da riefen noch mehr Leute an.

Nach einiger Zeit bekam ich einen Anruf vom Sender, irgendein Unterchef war am Apparat. Die Sendung sei ab sofort eingestellt. Den Grund wollte mir der Mann nicht nennen. Er murmelte etwas von «neuem Programmschema».

Nach diesem erneuten Tiefschlag war ich verzweifelt: Was sollte ich tun? Einen Roman schreiben – zwecklos bei meinem Namen. Einen Film machen – aber mit wem? Ich kannte ja auch niemanden mehr im Filmgeschäft. Und die mich noch kannten, wollten mit mir nichts mehr zu tun haben.

Doch eines Tages ging das Licht wieder an.

Ein Herr aus Erlangen rief mich an. Er stellte sich als Pressechef eines Pharmaunternehmens vor und lud mich ein, einen Vortrag auf dem Deutschen Gynäkologenkongress in Dresden zu halten. Ich sagte sofort zu und bot auch gleich ein Thema an, über das ich sprechen wollte: die Probleme der Frau nach den Wechseljahren.

Ich bereitete mein Referat zwar mit wissenschaftlicher Akribie vor, mied aber allzu abstrakte Formulierungen. Ich wollte locker «rüberkommen», verständlich für jedermann und mir auch die Freiheit nehmen, die eine oder andere Anekdote einzubauen.

Der Vortrag war ein Erfolg. Die anwesenden Medizinjournalisten, junge Kollegen meistens, gratulierten mir. Einer kam auf mich zu: «Herr Kolle, das habe ich nicht gewusst. Ich habe Sie völlig falsch eingeschätzt.»

Was mir besonders gefiel, war das Urteil der Vorsitzenden der Deutschen Menopausen-Gesellschaft, der das von mir behandelte Thema naturgemäß besonders am Herzen lag: «Sie haben wie aus dem Körper einer Frau gesprochen.»

Der Pressechef bot mir einen Exklusivvertrag an, für Vorträge, Symposien, Aktionen. So kam ich auf die Gehaltsliste eines Pharmaunternehmens und habe mich keinen einzigen Tag dafür geniert.

Ich sprach über Themen wie Scham, Frigidität und Impotenz. Und über Alterssexualität. Das ist doch noch immer ein Tabu. Laut verschiedenen Umfragen glaubt die Mehrheit der (jüngeren) Deutschen, dass der Sex mit 50 Jahren praktisch zu Ende sei. Aber auch die Älteren verspüren ein Schamgefühl und denken, es sei doch peinlich, noch immer sexuelle Wünsche zu haben. Deshalb muss man den Menschen, die auch im Alter noch aktiv sein wollen oder nach neuen Partnern suchen, Mut machen und helfen. Und man muss ihnen sagen, wo die Fallstricke liegen, an denen sie scheitern können. Das finde ich sehr wichtig.

Ich begleitete die ersten Versuche mit der Erektionsspritze, und mit einem Team aus Ärzten reiste ich durch die Lande, um Freiwillige für den kleiner Piekser in den Penis zu finden.

Und da passierte das zweite Wunder: Plötzlich kamen wieder Redaktionen auf mich zu. Ob ich nicht etwas zum Thema Erektion für sie schreiben könne. Unter dem Namen Oswalt Kolle.

Trotz der Zurückweisungen, die ich zeitweise erfahren musste, hat mir dies wieder klargemacht, dass Sexualität etwas ist, über das immer Gesprächs- und Aufklärungsbedarf bestehen wird. Und jede Zeit wird dabei mit ihren besonderen Problemen zu kämpfen haben.

Heute wird ja gemeinhin eine große Freizügigkeit propagiert. Aber ich glaube nicht daran, dass der offene Umgang mit Sexualität, wie man ihn vor allem in den Medien findet, die sexuellen Probleme der Menschen wirklich gelöst hat. Genauso wenig, wie das in den sechziger und siebziger Jahren der Fall gewesen ist.

Es gibt also immer noch viel zu tun, ob es nun um die Liebe im Alter geht oder die in jungen Jahren. Dennoch verspüre ich große Zufriedenheit, wenn ich auf meine Arbeit blicke, denn sie hat ihren Teil dazu beigetragen, dass Sexualität überhaupt zu einem Thema geworden ist, über das man sprechen kann. Und das ist ein wichtiger Schritt.

Zu Beginn meiner Arbeit war ich noch überzeugt davon, dass es hundert Jahre dauern würde, bis die festgefahrene Moral ins Wanken gerät. Heute erfreut es mich, wie schnell dies am Ende doch gelungen ist.

Wo immer ich heute bin, geben mir vor allem ältere Menschen das Gefühl, wie sehr ich ihnen mit meiner Arbeit geholfen habe. Es sind freilich hauptsächlich die Frauen, die so etwas sagen. Die Männer sind da ein bisschen vorsichtiger, weil ihnen natürlich etwas von der alten Pracht genommen worden ist – was dafür den Frauen gegeben wurde.

Abschied und Neubeginn

Ich hätte viel darum gegeben, den beiden Ärzten in unserer Familie von meinem Eintritt in die Welt der medizinischen Kongresse berichten zu können. Aber das war leider nicht mehr möglich. Nicht nur mein Vater lebte nicht mehr, auch mein Bruder Peter, zuletzt Professor für Urologie in Hannover, war tot. Er starb 1985, kurz vor seinem sechzigsten Geburtstag, an einer Hirnblutung.

Für mich war das ein furchtbarer Schlag. Wir waren wie Zwillinge gewesen, von Kindesbeinen an. Wir hatten zusammen gelacht, uns Geschichten erzählt, Dinger ausgeheckt wie den nächtlichen Fahrdienst für amerikanische Soldaten im Wagen unseres Vaters. Wir waren immer füreinander da. Peter gab mir unschätzbare Empfehlungen für meine Arbeit, er half mir bei meinen Serien, begleitete mich zu Terminen, bei denen ich allein überfordert gewesen wäre. Peter hatte von uns allen zeitlebens am schlimmsten unter der Familienkrankheit Depression gelitten, so schlimm, dass seine Tochter nach seinem Tod auf eine bewundernswert kluge Art sagte: «Jetzt ist er endlich frei.»

Wenn ich jetzt weiterschreibe an diesem Kapitel, dann tue ich das, um mit Helmut Kentler zu sprechen, «abständig». Was für eine wunderbare Frau Marlies war, wie viel sie mir bedeutet hat, wie großartig unsere Liebe und unser gemeinsames Leben war, davon habe ich in diesem Buch an vielen Stellen erzählt.

Jetzt aber muss ich von ihrem Tod berichten, und da ist es mir nicht möglich, meine Gefühle in Worte zu fassen. Ich muss mich zu größtmöglicher Sachlichkeit zwingen, sonst übermannt mich, auch noch nach sechs Jahren, der Schmerz.

Wenn ich ihren Abschied von der Welt hier so ausführlich schildere, dann auch deshalb, weil er einzigartig war, so einzigartig wie sie selbst. Ihre Halbschwester Gabi sagte hinterher, als es vorbei war: «Ich habe mir nie vorstellen können, wie schön ein Tod sein kann.»

Marlies ging regelmäßig zur Mammographie, aber der Knoten in ihrer linken Brust wurde zu spät entdeckt. Das war 1991. Sie ließ sich eine Gewebeprobe entnehmen. Wir warteten auf das Ergebnis.

An einem Frühsommertag saßen wir in unserem Amsterdamer Garten. Der Regisseur Fritz Schlüter war bei uns, wir sprachen über die «Sylter Geschichten» für RTL, für die ich die Drehbücher schreiben sollte. Das Telefon klingelte, und Marlies ging ins Haus. Als sie zurückkam, schaute sie mich an und sagte nur ein Wort: «Ja.» Dann setzte sie sich wieder und war genauso fröhlich wie vorher.

Sie hatte Krebs. Mit einundsechzig. Die linke Brust musste abgenommen werden. Marlies vertrat einen ganz entschiedenen Standpunkt: Niemand sollte es je erfahren – außerhalb der Familie natürlich. «Ich will nicht, dass du ab jetzt der Mann mit der krebskranken Frau bist», sagte sie, «dann kannst du nicht mehr deine Witze machen, dann bist du der arme Mann. Das kommt nicht in Frage.»

Für sie bedeutete das: Sie musste eine Rolle spielen, die ihr große Disziplin abverlangte. Eine Rolle, für die sie sich

Ehepaar Marlies + Oswald Kolle

perfekt zu verkleiden und zu verstellen hatte. Auch die zweite Brust wurde ihr schließlich abgenommen. Sie ließ sich künstliche anfertigen. Und als ihr von der Chemotherapie die Haare ausfielen, sagte sie: «Ich möchte die beste Perücke von Amsterdam haben.»

Sie litt oft große Qualen, die fliegende Hitze setzte ihr zu – aber sie begleitete mich auf Termine oder Einladungen, sogar – acht Tage vor ihrem Tod – zur SWR-Talkshow von Wieland Backes nach Ludwigsburg, in der über

Mit Marlies auf Sylt, Anfang der neunziger Jahre

das Thema «Offene Beziehungen» geredet wurde. Niemand hat ihr je etwas angemerkt. Als sie gestorben war, sagten die Fernsehleute entsetzt: «Sie war doch letzte Woche noch völlig gesund. Hatte sie einen Herzinfarkt?»

Acht Jahre haben wir so gelebt. Wenn ich sie fragte, ob sie Angst hätte, sagte sie: «Ich habe nur eine Angst: dass du mich jetzt nicht mehr liebst.» Dann nahm ich sie in die Arme und antwortete: «Ich habe nicht deine Brust geheiratet, sondern dich.» Sie verlangte, dass ich weiterarbeitete,

zu meinen Vorträgen reiste, Fernsehtermine wahrnahm, die sich wieder häuften. Aus jedem Hotelzimmer schrieb ich ihr einen langen Brief.

Schließlich bekam sie Schmerzen im Rücken, was auf Metastasen im Mark hinwies. Aber sie wollte sich nicht mehr untersuchen lassen. «Wenn es so weit ist, dann ist es eben so weit», sagte sie.

Wir besaßen beide einen Euthanasiepass. Mit unserem Hausarzt hatten wir besprochen, im Fall von unerträglichem Leiden ihr Leben zu beenden.

Im September 2000 war Geld ins Haus gekommen: ein ordentlicher Batzen aus alten Filmrechten. Marlies und ich beschlossen, eine Italienreise zu machen, irgendwohin, in ein italienisches Bad mit schönem vornehmem Hotel.

In der Nacht hörte ich einen fürchterlichen Knall. Marlies war aus dem Bett gefallen und lag auf dem Boden. Ich konnte sie nicht aufheben, und wir bestellten die Ambulanz.

Der Arzt im Krankenhaus sagte am nächsten Morgen: «Ein aussichtsloser Fall. Wir können nichts mehr machen.» Man hatte sie gescannt: Es waren Metastasen im Rückenmark. Das Rückgrat war gebrochen. Als der Arzt das Zimmer verlassen hatte, sagte Marlies: «Du weißt, was du jetzt zu tun hast.»

Sie verlangte, die Euthanasie einzuleiten. Sie wollte

nicht für den Rest ihres Lebens an einer Maschine hängen. Mit den Ärzten vereinbarten wir eine starke Morphiumbehandlung, per Infusion. Wenn die Schmerzen unerträglich würden, wollte Marlies selber der Ärztin das Signal geben: Ich will nicht mehr.

Die Familie war fast komplett da: Nele, Till mit seiner Frau und den Kindern, Gabi. Einer fehlte noch: «Schafft mir den Nino ran», befahl Marlies, «damit der nicht hinterher wieder jammert, er ist mal wieder zu spät gekommen!» Nino lebte damals in Dublin. Er kam nicht zu spät.

Da er gerade einen Riesenstreit mit seiner Freundin

Mit Marlies in Amsterdam, 1995

hatte, sagte Marlies, kaum dass er das Krankenzimmer betreten hatte: «Setz dich und erzähl mir alles!» Sie wollte es ganz genau wissen.

Nino berichtete ausführlich und schloss: «Wenn du ihr das weitersagst, bring ich dich um.»

Marlies lächelte und sagte: «Ja, gern.»

Mir sagte sie: «Ich gebe dir drei Monate Zeit zum Trauern, und dann arbeitest du wieder! Wenn du nicht arbeitest, fühle dich, wo du auch bist, in den Hintern getreten! Du kannst nicht allein leben, also suche dir so schnell wie möglich eine neue Frau! Nicht zu jung, nicht zu alt. Zu heiraten braucht ihr nicht.»

Und zu uns allen: «Ich möchte, dass ihr, wenn es vorbei ist, in meinem schönen Garten mit Champagner feiert und über alle meine Dummheiten lacht!»

Am dritten Tag im Krankenhaus, einem Sonnabend, nachmittags um zehn nach vier, wir waren alle im Zimmer, wendete Marlies den Kopf zur Ärztin und sprach mit ganz leiser Stimme: «Ich will jetzt gehen.» Die Ärztin nahm ihre Hand und führte sie behutsam zu der Morphiumpumpe. Marlies drehte an dem Hebel. Nach zwei Minuten war sie tot.

Am Montag haben wir sie eingeäschert, sie wollte es so. Zur Trauerfeier kam mein Bruder Gert mit Frau und Tochter aus München. Wir ließen uns zu dem festlichen Essen nieder, das sie sich für uns gewünscht hatte. Als Till Champagner aus dem Keller holte, war sein siebenjähriger Sohn fassungslos: «Wie kannst du das machen, wenn die Oma gerade gestorben ist?» Wir erklärten ihm, dass die Oma es so wollte.

Die Asche verstreuten wir später auf unserem Jagdgrundstück bei Deventer. Vor den Hochsitz, auf dem sie oft stundenlang gesessen hatte, während wir zum Jagen ausschwärmten, legten wir sechzig gelbe Rosen, ihre Lieblingsblumen.

Schließlich, als alle Trauergäste gegangen waren und der Alltag einzog, saß ich allein in unserer Wohnung. Ab jetzt: in meiner Wohnung. Ich durchsuchte das ganze Haus nach Schnapsflaschen, Whisky, Cognac, Grappa, und schüttete den Inhalt in den Ausguss. Ich wollte jetzt nicht anfangen zu saufen. Eine Flasche Wein behielt ich, das war alles.

Ich saß im Wohnzimmer und dachte daran, was Marlies zwei Tage vor ihrem Tod zu mir gesagt hatte: «Nicht zu viel weinen, Junge, dann kannst du nicht schreiben.»

Die neue Liebe

Wäre ich allein in Amsterdam gewesen, ich hätte mich am Deckenbalken erhängt. Aber ich hatte meine Kinder, das rettete mich.

Meine Tochter Cornelia zog zu mir. Als gefragte Expertin für Arbeitsrecht und Umschulung von Führungspersonal hat sie einen anstrengenden Job. Trotzdem zögerte sie keine Minute.

Auch mein Sohn Till, vielbeschäftigter Rechtsanwalt, war immer für mich da. Er hat eine entzückende Frau und zwei wunderbare Söhne. Wir unternahmen viel gemeinsam, gingen an den Wochenenden auf unsere Jagdhütte – und mussten dort, an Marlies' Hochsitz, mit den Tränen kämpfen.

Nino rief mich jeden zweiten Tag aus Dublin an. Fragte, wie es mir gehe, erzählte von seinem Business in der Welt

von Computer und Internet, von der Firma, die er gegründet hatte, von seinen Terminen bei den Großunternehmen, für die er als Consultant tätig ist.

Gabi meldete sich regelmäßig von Berlin oder Mallorca, ließ mich teilhaben an ihrer Arbeit als Autorin fürs Fernsehen und an ihrem aufregenden neuen Leben in einem mallorquinischen Dorf.

Sie ließen mich nicht allein, und doch fühlte ich in mir eine große Einsamkeit und Leere. Ich hatte keine Zukunft mehr. Ich wachte morgens auf, und da lag niemand neben mir. Ich ging durch unser schönes Viertel nahe der Apollolaan, holte mir Zeitungen und Zigaretten, trank meinen Kaffee im Bistro und trottete zurück in die stille Wohnung.

Ich las meine E-Mails und beantwortete sie. Ich telefonierte mit deutschen Journalisten, die von mir ein Statement zur «Sexualität einst und jetzt» wollten. Ich arbeitete weiter an meinen wissenschaftlichen Aufsätzen für die Kongresse, freute mich, wenn ich mir ein Flugticket bestellen konnte. Aber auf dem Rückflug befiel mich tiefe Melancholie.

Neun Tage nach Marlies' Tod wurde ich zweiundsiebzig, da passierte etwas, was mich kurzfristig erheiterte. Eine Peinlichkeit, die, so war ich mir sicher, Marlies auch komisch gefunden hätte.

Ich hatte zwei Todesanzeigen aufgegeben: in den beiden Münchner Blättern «Süddeutsche Zeitung» und «Abendzeitung». An meinem Geburtstag, also eine knappe Woche nachdem die Anzeigen erschienen waren, stand in der «Abendzeitung» ein freundlicher Artikel über mich, geschrieben von meiner Kollegin und langjährigen Freundin Lotte Holetz. Was die wenigsten wüssten, schrieb sie, dieser Oswalt Kolle, dem immer alle Frauen zu Füßen gelegen haben, sei seit fünfzig Jahren mit derselben Frau verheiratet, der phantastischen Marlies.

Natürlich war es ihr wahnsinnig unangenehm. Sie rief mich in Holland an und entschuldigte sich. Ich sagte: «Macht nichts Lotte, aber du musst mir versprechen, wenn es bei mir so weit ist, dass dein Nachruf auf mich eher erscheint als meine Todesanzeige.»

Die nächste Peinlichkeit kurz darauf in Hamburg. Ich war von Carlo von Tiedemann in die «Aktuelle Schaubude» des NDR eingeladen worden. Wir trafen uns auf dem Flur im Funkhaus, er in Eile, in zehn Minuten sollte es losgehen. «Hallo Osse», begrüßte er mich, «schön, dass du da bist. Alles wie immer, bis gleich also!»

Dann waren wir auf Sendung, um mich herum die anderen Gäste: Filmleute, Musiker, Sportler. Die übliche bunte Mischung. Als ich an der Reihe war, sagte Carlo: «Was ich am meisten bei dir bewundere, Osse: Du bist seit fünfzig Jahren mit derselben Frau verheiratet. Wie macht ihr das, dass ihr trotz aller Versuchungen so glücklich miteinander seid?»

Ich hatte einen dicken Kloß im Hals. «Carlo, meine Frau ist tot.»

Er sprang auf und umarmte mich. «Furchtbar, entschuldige, das habe ich nicht gewusst.»

Große Rührung im Publikum und bei den Talkgästen.

Nach der Sendung fuhr ich für ein paar Tage hinauf nach Sylt. Ich wohnte im «Storchennest». Da konnte ich jederzeit hin, die Besitzer waren gute Freunde. Ich saß in dem leeren Haus, übernachtete in unserem alten Schlafzimmer. Es war grauenvoll. Dann ging ich ins «Gogärtchen». «Mensch, Oswalt», wurde ich begrüßt, «wie schön, dich zu sehen! Wo ist denn Marlies?»

Nach und nach aber kam wieder Bewegung in mein Dasein. Die Deutsche Gesellschaft für Sozialwissenschaftliche Sexualforschung (DGSS) in Düsseldorf verlieh mir für besondere Verdienste um die Sexualreform die «Magnus-Hirschfeld-Medaille». Damit schloss sich für mich ein Kreis: Zu den Unterstützern Hirschfelds hatte mein Großvater Wilhelm gezählt.

Auch ein neues Aufgabengebiet tat sich auf.

Auf einem medizinischen Kongress trat ein Professor von der Universität Paderborn, Facharzt für Diabetes, an mich heran: Ihm sei aufgefallen, dass seine Patienten mit ihm so gut wie nie über die negativen Nebenwirkungen der Zuckerkrankheit auf ihre Sexualität sprächen. Die Ärzte fragten nicht danach, die Patienten schwiegen. Auch auf den Fachtagungen bleibe dieser Aspekt ausgeklammert. Ob ich zu diesem Thema etwas zu sagen hätte.

Ich machte mich schlau: In der Statistik sind Diabetiker die größte zusammenhängende Gruppe mit teilweise schweren sexuellen Problemen. Ihre Libido und Potenz gehen in vielen Fällen gegen null.

Mein Vortrag in Paderborn war ein durchschlagender Erfolg. Im Auditorium saßen Hunderte von Diabetikern, die mir im Anschluss von ihren Schwierigkeiten berichteten. Sie alle hatten darunter gelitten, mit niemandem über ihre Nöte sprechen zu können.

Kurz darauf drehte die ARD einen Spielfilm über mich: «Kolle, ein Leben für Liebe und Sex». Die Autoren rückten bei mir an, fragten mich aus, ich arbeitete am Drehbuch mit.

«Arbeite und suche dir eine neue Frau», hatte Marlies auf dem Sterbebett zu mir gesagt, und sie konnte zufrieden sein, wie sehr ich den ersten Teil ihres Auftrags für mein Leben ohne sie beherzigte. Ich war fleißig und diszipliniert, arbeitete streng nach Dienstplan.

Aber eine neue Frau? Ich war zweiundsiebzig und fühlte mich wie neunzig.

Doch dann kam der April 2002, der Monat meiner Wiedergeburt.

Meine Kinder behaupten oft, ich würde mich seitdem wie ein verliebter Junge benehmen, und wenn sie es sagen, muss es wohl stimmen. So wie bei zwei schüchternen Teenagern hat es mit mir und Josee jedenfalls begonnen.

Ich ging jeden Abend zu «dal Barone», meinem Lieblingsitaliener in der Beethovenstraat. Dort hatte ich meinen Tisch, trank ein Viertel Wein, aß meine halbe Portion Spaghetti.

An jenem Schicksalsabend saß an einem der Tische eine hübsche Frau, die ich irrtümlich für eine bekannte Kollegin vom holländischen Fernsehen hielt. Meine Augen lassen mich oft im Stich.

Ich nickte ihr zu, sie nickte zurück, schenkte mir ein bezauberndes Lächeln, sagte aber nichts. Das wunderte mich, denn wenn sie diejenige gewesen wäre, für die ich sie hielt, hätte sie mich gebeten, mich zu ihr zu setzen. Zumal sie ja allein am Tisch saß.

Am nächsten Abend, auf dem Weg ins «dal Barone», fragte ich mich, ob diese schöne Frau mit dem netten Lächeln wohl wieder da sein würde. Da saß sie wieder. Ich nickte, sie lächelte.

So ging das ein paar Tage. Josee hat mir später erzählt, dass sie auf dem Weg in das Lokal gedacht hat: Vielleicht ist heute dieser traurige Vogel wieder da, ganz sympathischer Kerl eigentlich.

Ich hätte aufstehen und mich vorstellen können, aber das hatte ich noch nie gekonnt. So war sie es, die an meinen Tisch kam und nach Feuer fragte. Um sich ihre Zigarette anzuzünden, hätte sie nur einen der Kellner heranwinken müssen. Außerdem hatte sie drei Feuerzeuge in ihrer Handtasche.

Als sie fertig geraucht hatte, trat sie an die Theke, um zu bezahlen.

Da nahm ich all meinen Mut zusammen: «Verzeihen Sie, ich finde, dass wir beide niemals mehr an getrennten Tischen essen sollten. Was halten Sie davon?»

«Das finde ich auch», sagte sie und strahlte mich an.

An der Bar standen wir dann anderthalb Stunden. Tranken Rotwein, Grappa, qualmten, redeten.

Josee del Ferro, Holländerin, war seit zwölf Jahren

Witwe. Ihr Mann, ein berühmter amerikanischer Opernsänger, mit dem sie in Amsterdam gelebt hatte, war unerwartet an einem Herzinfarkt gestorben. Sie hatte jahrelang gebraucht, um über den Verlust hinwegzukommen. Jetzt lebte sie allein in ihrem Haus, nicht weit von mir entfernt, am anderen Ufer der Gracht.

Natürlich kannte ich den Namen del Ferro. Die «Del-Ferro-Methode» ist eine außerordentlich wirksame Therapie gegen das Stottern. Sie arbeitet nach anderen Prinzipien als die klassische Logopädie. Ausgehend von den Erfahrungen eines Sängerkollegen, der selber Stotterer war – nur eben beim Singen nicht –, hatte del Ferro ein Verfahren entwickelt, bei dem es auf die Zwerchfell-Atemtechnik ankommt. Erste Erfolge stellen sich binnen einer halben Stunde ein. Nach einer Gruppentherapie von zehn Tagen können die Stotterer wieder normal reden. Josee hatte nach dem Tod ihres Mannes die Leitung des Instituts übernommen, bevor sie sie in die Hände ihrer Tochter legte.

Das war unser erster Abend. Ich war zum ersten Mal seit Marlies' Tod wieder glücklich.

Die neue Liebe: Josee del Ferro

Und aufgeregt. Nach zwei Tagen traute ich mich, die auf ihrer Visitenkarte angegebene Telefonnummer zu wählen. Die Tochter war am Apparat, ich nannte meinen Namen, und sie sagte: «Da wird die Mama sich aber freuen, dass Sie angerufen haben. Ich gebe Ihnen mal ihre Handynummer.»

Ich rief sie unter der Handynummer an, fragte, ob ich sie zum Essen einladen dürfte. Ich durfte. Und es dauerte nicht lange, bis wir beide verliebt waren. Das änderte sich auch nicht, als jeder dem anderen sein Alter gestand. Wir hatten uns gegenseitig für jünger gehalten. Ich erfuhr, dass Josee über sechzig war, und sie nahm es tapfer, dass ich schon mehr als die fünfundsechzig schulterte, die sie bei mir vermutet hatte.

Ich bin dem Schicksal dankbar, dass ich ihr begegnet bin. Wir sind jetzt sechs Jahre zusammen, und immer noch, behauptet meine Tochter, klinge ich wie ein sterbender Schwan, wenn sie am Telefon ist.

Josee hat manchmal Schwierigkeiten mit meiner Vergangenheit. Ich habe ihr von meinem Pakt mit Marlies erzählt, den sie nicht versteht. Für sie gibt es keine zweigeteilte Treue. Dass es die für mich auch nicht mehr gibt, seitdem ich mit ihr zusammen bin, glaubt sie mir nicht so richtig.

«Ein Fuchs verliert seine Haare, aber nicht seine Tricks. Ein Mann, der gelebt hat wie du, der ändert sich doch nicht mehr. Das geht doch gar nicht.»

«Doch, das geht», antworte ich, «ich bin so frei.»

Anhang

Dank

Herzlichen Dank sage ich all denen, die mich bei diesem Buch unterstützt haben:

Meiner Schwägerin Gabriele Kister, die mich ermunterte, meine Biographie zu schreiben. Mit Fotos, Briefen und Berichten aus meiner fast 50-jährigen Ehe mit meiner geliebten Frau Marlies, ihrer älteren Schwester, half sie, die Erinnerungslücken zu füllen.

Meinem Freund Andreas Odenwald, der durch dramaturgisches und erzählerisches Geschick die Schicksalsfäden entwirrt hat.

Der Literaturagentur Lianne Kolf für ihren Glauben an das Projekt und den Enthusiasmus bei der Vorbereitung.

Jens Dehning, meinem Lektor bei Rowohlt · Berlin, für die liebevolle Sorgfalt im Umgang mit dem Manuskript.

Meiner Lebensgefährtin Josee del Ferro. Ohne sie hätte ich nicht die Kraft gefunden, im Vogelflug die achtzig Jahre meines Lebens zu besichtigen.

Meinen drei Kindern Nele, Till und Nino. Sie haben mir Rückhalt und Zuversicht gegeben und durch gute Fragen meiner Erinnerung auf die Sprünge geholfen.

Schließlich auch dem Team der Aslan-Kurklinik in Olsberg im Sauerland, das während der Arbeit am Buch unter Leitung von Dr. Viktor Jarosch meine Gesundheit überwacht und gefördert hat.

Dass ich in der Aslan Kurpark Villa ungestört arbeiten konnte, verdanke ich Sabine Klaucke und Petra Dahlhoff und ihrem Team.

Bücher von Oswalt Kolle

(Auswahl)

«Dein Kind, das unbekannte Wesen» (1964)
«Der Mensch lebt nicht vom Geld allein» (1967)
«Dein Mann, das unbekannte Wesen» (1967)
«Deine Frau, das unbekannte Wesen» (1967)
«Das Wunder der Liebe» (1968)
«Sexualität 70» (1970)
«Wir alle brauchen Zärtlichkeit» (1976)
«Lust ohne Tabus» (1981)
«Nach beiden Seiten offen» (1996)
«Die Liebe altert nicht» (1997)

Die Bücher sind insgesamt in siebzehn Sprachen übersetzt worden.

Filme von Oswalt Kolle

(Auswahl)

«Das Wunder der Liebe – Sexualität in der Ehe» (1968)

«Das Wunder der Liebe – Sexualität in der Partnerschaft» (1968)

«Deine Frau, das unbekannte Wesen» (1969)

«Dein Mann, das unbekannte Wesen» (1969)

«Zum Beispiel Ehebruch» (1970)

«Dein Kind, das unbekannte Wesen» (1971)

«Was ist eigentlich Pornographie?» (1971)

«Liebe als Gesellschaftsspiel» (1972)

Personenregister

Bildnachweis

72, 116, 131, 142: Heinz Köster
126: Georg Ebert
273: Benelux Press b. v.
283: Axel Strencioch
297: Anja Müller
Alle anderen Abbildungen: Privatarchiv Oswalt Kolle

Ein Jahrhundertleben – die große Biographie zum 90. Geburtstag von Helmut Schmidt.

Er führte das Land durch die Ölkrise, den Deutschen Herbst und den Kalten Krieg: Helmut Schmidt ist noch immer der beliebteste Politiker Deutschlands. Heute, in Zeiten von Terror und Globalisierung, scheint sein Rat gefragt wie nie – kaum ein anderer Staatsmann hat der Republik so leidenschaftlich Mitte und Maß vorgegeben.

Der langjährige *Spiegel*-Journalist Hans-Joachim Noack erhielt als einer der wenigen Vertrauten des Altkanzlers Zugang zu Schmidts Privatarchiv. Er legt die große Biographie des Staatsmannes vor – ein schillerndes Lebensporträt und zugleich eine Zeitreise durch neun Jahrzehnte deutscher Geschichte.

Hans-Joachim Noack
Helmut Schmidt
Die Biographie
320 Seiten, gebunden,
16-seitiger Bildteil
ISBN 978 3 87134 566 1

Das ist ja die Krönung: royale Einblicke von einem, der es wissen muss.

Alexander von Schönburg kennt sich aus in der Welt des Hochadels, seine Frau ist eine Großnichte der Queen, auf seiner Hochzeit tanzte Königin Sophia von Spanien. Nun schickt er sich an, das Wesen des Königtums zu erkunden – von den mythologischen Figuren wie König Arthur und König David bis zu den Medien-Royals unserer Tage. Dabei liefert er auch Antworten auf zahlreiche handfeste Fragen: Wie wird man König? Warum tragen Könige eigentlich Kronen? Und warum sollten Könige nicht allzu gescheit sein?

Ein ebenso unterhaltsames wie intelligentes Sittengemälde des Königtums, das auf amüsante Weise Kulturgeschichte und Klatsch vereint.

Alexander von Schönburg
Alles, was Sie schon immer über
Könige wissen wollten,
aber bisher nicht zu fragen wagten
256 Seiten, gebunden,
zahlreiche s/w-Abbildungen
ISBN 978 3 87134 604 0

80 Tage, 80 Nächte, 80 Betten – mit Helge Timmerberg durch Traum und Wirklichkeit.

Helge Timmerberg ist um die Welt gereist, in achtzig Tagen – und dabei, mit einigen Abweichungen, der Route gefolgt, die wir von Jules Verne kennen. Er erzählt vom Alleinsein in der Stadt der Liebe (Venedig) und von einer unheimlichen Begegnung auf Kreta. In Bombay versöhnt ihn ein Guru mit dem Urknall, und in den Go-go-Bars von Bangkok wird ihm nicht nur Schopenhauer und Hegel nahegebracht, sondern auch eine Rippe gebrochen …

In 80 Tagen um die Welt ist ein buntes Gegenwartspanorama, das seine Kraft nicht zuletzt durch Timmerbergs hintergründigen, lebensklugen Humor gewinnt. Eine ebenso exzentrische wie sympathische Abenteurergeschichte, wie sie heute kaum noch zu erleben ist.

«Eine Schatztruhe voll Erzählungen. Was für ein Trip!»
Focus

Helge Timmerberg
In 80 Tagen um die Welt
288 Seiten, gebunden
ISBN 978 3 87134 593 7